本書の構成と使い方

　本書は，実教出版の「最新情報Ⅰ」（情Ⅰ705）・「高校情報Ⅰ Python」（情Ⅰ703）・「高校情報Ⅰ JavaScript」（情Ⅰ704）を勉強するときに，教科書のわからないところを調べたりするうえで，また，教科書の内容を効率的・効果的に理解するうえで，皆さんのお役に立つように編集したものです。

　これら3つの教科書は，同じ学習指導要領に準拠しており，第1～6章の章立ても同じであることから，本書の特に『教科書の整理』や『例題のガイド』は「最新情報Ⅰ」をベースとし，そこにこれら3つの教科書のほぼすべての問題の解答例を掲載するようにしました。

　そのため，各章における細かな項目や扱う順序は，「高校情報Ⅰ Python」や「高校情報Ⅰ JavaScript」とは少し異なります。

　文部科学省の学習指導要領は，全国のどの地域でどの教科書を使って教育を受けても一定の水準を保つことができるように，教科の学習目標や大まかな教育内容を定めたものですので，「最新情報Ⅰ」はもちろんのこと，「高校情報Ⅰ Python」や「高校情報Ⅰ JavaScript」でも，また，どの教科書においても，本書のすべての内容は皆さんの「情報Ⅰ」の学力の養成に役立つと考えております。

　本書を十分に活用され，「情報Ⅰ」の学習の成果が飛躍的に上がることを願っております。

文研出版編集部

構　　　成		使　い　方
教科書の整理	▶	教科書のポイントをピックアップし，わかりやすく整理しました。日常の学習やテスト前の復習に活用してください。 教科書の内容の理解をはかるために，(考えよう)や(ガイド)，⚠ここがポイント なども必要に応じて示しました。
例題のガイド	▶	教科書の例題をいくつかピックアップし，解く上での重要事項や着眼点などを吹き出しなどで示しました。
確認問題・Let's try! ・問題・章末問題 ・総合問題のガイド	▶	問題を解く上でのヒント（重要事項や着眼点）・解説や解答例などを示しました。

JN059091

目 次

プライバシーマーク画像提供：一般財団法人日本情報経済社会推進協会(JIPDEC)

第1章 情報社会と私たち

「最新」**p.3〜24**
教科書「Python」**p.3〜20**
「JavaScript」**p.3〜20**

第1節 情報社会

教科書の整理

❶ 情報社会と情報

教科書「最新」**p.4〜5**

1 情報とは

・**情報** 事物や出来事の内容や様子を示し，行動や意思を決めるときの判断材料。
・**知識** 分析された情報を問題解決に役立つように体系化されたもの。
・**データ** 実験，観察・観測，調査などで得られる事項や数値。

 ビッグデータ：解析し，問題解決に活用される，蓄積された大量のデータ。

⚠️**ここがポイント**

必要なデータは情報となり，問題解決に役立つ知識として体系化される。

2 新しい情報社会の到来

・**狩猟社会** 言語が発生。
・**農耕社会** 文字の発明。
・**工業社会** 18世紀中期 第一次産業革命：蒸気機関による機械化。

 19世紀後期 第二次産業革命：大量生産（電力の利用），輸送（自動車の利用）。
・**情報社会** コンピュータの発明，メディア（ラジオ・テレビ等の発達）。

 20世紀後期 第三次産業革命：情報技術による高度な自動化。
・**新しい情報社会**（Society 5.0） 21世紀前期 第四次産業革命：人工知能，ロボット，IoT（モノのインターネット），ビッグデータ解析，データサイエンス等。

⚠️**ここがポイント**

情報技術の進展による社会や産業構造の変革

 ・スマートフォンによる生活様式の変化。
 ・仮想空間と現実空間の融合による経済発展と社会的課題の解決。

❷ 情報の特性

教科書「最新」p.6〜7

物質である「もの」の世界と異なる，形のない情報の「こと」の世界。

・**残存性**：情報が消えずに残る性質。記憶，記録。

・**複製性**：簡単に複製できる性質。

　　デジタル情報にすると，劣化がなく，すばやく，大量に複製できる。

・**伝播性**：情報が伝わりやすく，広まりやすい性質。

　　マスメディア（新聞・テレビ等）により広く伝播。

　　インターネットによる情報の個人発信，収集。

例題 1　情報の特性の活用と問題点

　情報の残存性，情報の複製性，情報の伝播性について，好ましい活用と問題点が生じる事例をそれぞれあげなさい。

- -

解答例 ・残存性

　　【活用】他人に伝えても記憶は残る。　【問題点】拡散したデマは完全には消えない。

　　・複製性

　　【活用】チラシの大量印刷，配布　【問題点】違法コピー　映画，音楽，書籍等

　　・伝播性

　　【活用】SNSで拡散　【問題点】フェイクニュースやウイルスの拡散

・**情報の個別性**　受け取る人によって情報の価値や評価が異なる。

・**情報の目的性**　情報の発信者や受信者の意図が介在する。

⚠ここがポイント

　情報をうまく活用する能力やトラブルを予測し，回避する能力が必要。

確認問題　SNSで一度発信した情報は，誤りに気付いて消去しても，完全には消すことができない理由を考えなさい。

- -

解答例　SNSのサーバーから消えても，すでに受信した人の画面に情報が残っていたり，保存されていたり，印刷されていたり，さらに発信されていたりするから。

❸ 情報のモラルと個人に及ぼす影響

教科書「最新」p.8〜9

1 不特定多数を対象としたコミュニケーション

＊情報社会のモラルとマナー

　　ネットワークの先の受信者・送信者を想像。

　　　・迷惑をかけない。

　　　・被害に遭わない。

教科書の整理 第1節

例題 **1** SNSで加害者にならないための注意

メッセージが一般に公開されるSNSでの注意点を考えなさい。

- -

ガイド 文字中心のため，意図が正確に伝わりにくい。

公開→炎上の危険性：攻撃的，感情的なメッセージのやり取りが起きやすい。

解答例

・他人の権利を侵害しない[知的財産権，プライバシーの権利，肖像権]。

・無責任な発言，誹謗・中傷しない。

・不用意な発言・画像公開をしない。→他人の信頼や利益の損失を招く。

・個人や組織への攻撃，脅迫，妨害をしない。

・嘘の情報を流したり，拡散させたりしない。→フェイクニュース

例題 **2** SNSで被害者にならないための注意

SNSを利用する際，私たちの身に生じ得る危険について考え，対策を立てなさい。

- -

ガイド 悪意のある人物との接触を避ける。→個人情報，お金をだまし取る。

なりすまし(ID，パスワードの不正利用)。

解答例

・個人情報(顔や自宅の写真，住所，電話番号などの連絡先等)は提供しない。

・プロフィールは公開しない。　　・なりすましに注意。

・SNSで初めて知り合った人には絶対に会わない。

2 情報化が個人に及ぼす影響

・**健康面**　長時間の機器利用→目の疲れ，肩こり。

　・**テクノ不安症**：情報機器が仕事で使いこなせない。

　・**テクノ依存症**：過度に情報機器に依存。

　・**ネット依存の影響**：成績低下，居眠り，遅刻，友人とのトラブル，イライラ。

考えよう 長時間のスマートフォン利用で体調や脳への影響等で考えられることは何か。

- -

解答例 睡眠不足，心の不調，集中力の低下，肩こり，スマホ首等。

考えよう スマートフォンの利点は何か。

- -

解答例 携帯性がよいので，いつでもどこでも使える。通信以外に多くの機能を受つ。

⚠ここがポイント

スマートフォンやゲーム機の屋外使用の注意

・歩きながらの操作(道路，駅のホーム，踏切等)は避ける。　・運転中に操作しない。

・公共の場所では電源を切る。　・人を撮影するときは相手の了解を得る。

> **⚠️ここがポイント**
>
> **スマートフォン利用の注意事項**
> - ・ネットいじめ：他人を中傷するような書き込み
> - ・SNSやオンラインゲームの悪用
> - ・ワンクリック詐欺や架空請求
> - ・ネットショッピングの詐欺やトラブル
> - ・プライバシーの侵害や個人情報の漏洩
> - ・著作権，肖像権の侵害
> - ・ネット依存やゲーム依存（ゲーム障害ともいわれる）

考えよう　家庭でスマートフォンを使うルールを考えよう。

解答例▶　夜9時から朝7時は使用禁止，1日2時間以内，食事中はさわらない，個人情報は書き込まない，誹謗中傷はしない，怪しいサイトには接続しない，など。

第2節　情報社会の法規と権利

教科書の整理

① 知的財産　　教科書「最新」p.10〜13

発明・考案，デザイン，音楽，著作物，営業秘密など，人の創作による無体物も財産として**知的財産**と呼ばれる。

1　知的財産権

知的財産を保護し，創作者に与えられる権利。

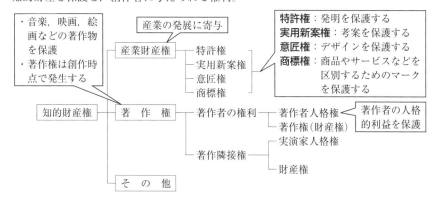

教科書の整理　第2節

考えよう　知的財産にはどのようなものがあるか。

解答例　発明，デザイン，音楽，著作物，営業秘密など。

2　産業財産権

表　産業財産権の概要

名称	内容	保護期間
特許権	ものまたは方法の技術面のアイデアのうち高度なもの。実用新案権と比べてライフサイクルが長いもの	出願から20年
実用新案権	物品の形状，構造などの技術面のアイデアで早期実施できるもの。ライフサイクルが短いもの	出願から10年
意匠権	物品（物品の部分を含む）の形状，模様，色彩など，ものの外観としてのデザイン	出願から25年
商標権	商品やサービスについて自他の識別力を有する文字，図形，記号，立体的形状，色彩，音，ならびにそれらの組み合わせ（時間とともに変化するロゴなども含む）	登録から10年（更新あり）

確認問題　次の手順にしたがって，特許や実用新案，商標などを検索して，どのようなものがあるか調べなさい。

①特許情報プラットフォームなどの Web サイトの検索機能を利用する。

②特許や実用新案では，名称や出願人，発明者で検索する。また，商標では，商標に含まれる文字や読み方で検索する。

解答例　「特許情報プラットフォーム」で特許・実用新案，意匠，商標について「簡易検索」でキーワード検索をする。「開放特許情報データベース」も利用できる。

①特許庁のサイト：https://www.jpo.go.jp/index.html を検索する。

以下は商標登録の検索サイト「Toreru」で「ソフト」を検索した例

②**検索サイト**：https://patentfield.com/applicants/home で調べよう。

3 著作者の権利

　著作物　小説，音楽，絵画，映画，写真，コンピュータプログラムのように，思想また
　は感情を創作的に表現したもの。著作物を創作した人には著作権が与えられる。
　・**著作者人格権**：著作者の人格的な利益を保護。
　・**著作権**：財産的な利益を保護。著作者の死後70年間は保護。

（**考えよう**）　著作権と著作者人格権の違いは何だろう。

解答例▶　著作権は財産的な利益を保護し，著作者人格権は人格的な利益を保護する。

確認問題　図3に示す著作物以外に，どのような著作物があるか，調べなさい。

解答例▶　服の型紙，工作の手法，詩，俳句，設計図，地図や図形，芸術的な建築物，デ
　　　　　ータベース，編集著作物（辞典や辞書，詩集等），二次的著作物（翻訳，編曲等）等。

4 伝達者の権利

　・**著作隣接権**：著作物の伝達を行う実演家，DVD製作者，放送事業者，有線放送事業者等
　の著作隣接権者に認められた権利。

5 権利の侵害例

　・**著作権侵害**：許諾を得ずに，他人の著作物を複製したり，Webサイトなどで利用した場
　合。
　・**著作者人格権侵害**：著作物を著作者に無断で公表，内容や題名を変更，著作者が匿名を
　希望しているのに勝手に本名で発表するなど。

例題 1 著作権の侵害事例

次の事例は，どのような権利の侵害になるか，（教科書の）巻末資料を見て考えなさい。

(1)

ベートーベンの曲が収録
されている最近販売され
たCDをコピーして配布

(2)

テレビで放送された映画
を録画して配布

(3)

公表されていて著作権の保護
期間内にある他人の著作物を
Webページに無断で掲載

解 答 (1) 著作隣接権　(2) 複製権と頒布権　(3) 複製権と公衆送信権

ガイド

(1) CD 製作者の権利を侵害。

(2) **複製権**：著作者は，その著作物を複製する権利を専有する。

　　頒布権：映画の著作物のみに認められた権利。

(3) **公衆送信権**：著作権者が専有する，著作物について公衆送信を行う権利。

6 著作権の例外規定

・引用（著作物の明示が必要）や私的使用のためのコピー，教育機関（授業内での利用のみ）
や公共図書館，福祉目的でのコピー等。

❷ 情報の利用と公開 　教科書「最新」p.14〜15

*注意しよう

　ユーチューブは「日本音楽著作権協会」（JASRAC）等と契約を結び，サイトで音楽が利
用された場合の著作権使用料を払っている。各事業者の管理曲を自分でピアノやギターな
どで演奏したり，その演奏に合わせて歌ったり踊ったりする動画の投稿は問題ない。一方，
市販の CD や音楽配信サービスからダウンロードした曲を，バックミュージックとして無
断で流しながら踊る動画を投稿し公開すると，レコード会社が管理する「著作隣接権」の
侵害になる。また作詞家や作曲家の許可なく替え歌動画を投稿し，公開することは，著作
者人格権侵害の恐れがある。

　ゲームは「映画の著作物」に当たり，ゲーム実況の動画配信は原則として著作権侵害。

　テレビ局の許可を得ずに，テレビ番組の無許可撮影や録画をユーチューブで公開するこ
とも著作権侵害。

　著者の許可なしで絵本を見せながら読む動画を投稿すると，著作権の侵害になる。

　著作権法違反は 10 年以下の懲役や 1000 万円以下の罰金刑となることもある。

・クリエイティブ・コモンズ・ライセンスの利用

表　著作物の利用条件を示すマーク（クリエイティブ・コモンズ・ライセンス）

マーク	条件	内容
🛈	BY：表示 (Attribution)	著作者や著作物に関する情報を表記すること（必須である）
🛇	NC：非営利 (Non Commercial)	営利目的で利用しないこと
⊜	ND：改変禁止 (No Derivative Works)	著作物を改変しないこと
↻	SA：継承 (Share Alike)	改変することは自由だが，新しい著作物にも元と同じライセンスを付けること

この2つを同時に組み合わせることはできない

確認問題　インターネットから条件付きで利用可能な画像を探して使いたい。どのようにすればよいか，調べなさい。

- -

解答例▶　安全に写真を使うには自分で用意したものか，権利者に許諾を得るか，クリエイティブ・コモンズ・ライセンス表示のあるもの（Web サイトがあるので検索できる）を活用するか，写真素材を使う。写真素材を使う場合，無料素材の場合も著作権フリーではない。クリエイティブ・コモンズ・ライセンスは，Google の画像検索で「ツール」→「ライセンス」とすると検索できる。下に画像を示す。

❸ 個人情報の保護と管理　　教科書「最新」**p.16〜19**

❶ 個人情報

情報社会では，個人の情報を適切に管理し，保護する必要がある。

・**個人情報の保護に関する法律（個人情報保護法）**：個人情報の有用性に配慮しつつ，個人の権利や利益を保護することを目的とした，個人情報の取扱いに関連する法律。

・**個人情報**：基本四情報（氏名，住所，生年月日，性別），電話番号，学歴，職業，個人識別符号（指紋，顔認識データ，パスポートや運転免許証の番号，マイナンバーなど），要配慮個人情報（人種，信条，社会的身分，病歴，犯罪の経歴など）。

考えよう スマートフォンを紛失したら，どのような被害があるか考えよう。また，紛失に気付いたときの処理はどうするのがよいか考えよう。

解答例
　・被害例：自分自身や他社の個人情報が悪用され，なりすまし電話や高額になる国際電話の不正使用，電子マネーの不正利用，詐欺で悪用等。
　・処置例：最寄りの警察に紛失の旨を届け，通信会社などのロック機能や記録内容消去などのサービスを利用。事前に顔認証，指紋認証，パスコード（パスワード），SIMカードのロック機能等を設定しておいたり，端末探索機能を設定しておくとよい。

確認問題 ほかの情報と組み合わせることで容易に個人を識別できる情報とはどのような情報か，調べなさい。

解答例 他の情報と照合すれば識別可能な「容易照合性」を持つ情報。生徒証番号や会員番号，旅券番号，運転免許証番号，マイナンバーのような個人に割り当てられた文字，番号，記号等の符号，指紋データや顔認証データなど，個人の身体の特徴をコンピュータ用に変換した文字，番号，記号等の符号のこと。

2 プライバシーの保護

　インターネットは，接続すれば誰でも見ることができるため，むやみに個人に関する情報を公開しないようにすることが大切である。
・**プライバシー**：知られたくない個人情報の公開や，他人から干渉や侵害を受けたりしない個人の私生活上の自由。
・**肖像権**：許可なしに肖像を撮影されたり，利用されたりしない権利。

考えよう インターネットに公開した情報の特徴をまとめてみよう。

解答例 誰でも閲覧できる，いくらでもコピーして拡散できるなど。

3 個人情報の提供と流出

　個人情報の提供は慎重にする必要がある。
・**フィッシング詐欺**：送信者を詐称した電子メールを送りつけたり，偽の電子メールから偽のホームページに接続させたりして，クレジットカード番号，アカウント情報（ユーザID，パスワードなど）を盗み出す行為。
・**スパイウェア**：ユーザに関する情報をユーザが意図しない形で収集し，それを情報収集者である特定の企業・団体・個人等に自動的に送信するソフトウェア。

考えよう インターネット上で個人情報が流出したら，どのような被害を被るか考えよう。

解答例 ・迷惑メールやDM（ダイレクトメール）が届く。

・Webサービスのアカウントが乗っ取られ，詐欺や架空請求に悪用される。
・クレジットカードや銀行口座，住所，氏名などの情報が不正利用される，など。

4 個人情報の保護

インターネットで世界がつながっている今日，個人情報の保護は一人ひとりが重視する必要がある。

・**プライバシーマーク**：個人情報に対して適切な保護措置を行っている
　事業者に与えられるマーク。
・**オプトアウト**：利用者がサービスの中止を事業者に伝えるまではサービスの提供を続ける方式。
・**オプトイン**：利用者がサービスを利用する意思を事業者に伝えるまではサービスを提供しない方式。

10123456(01)

考えよう　個人情報を得た事業者が行うサービスにはどのようなものがあるか。

解答例▶　事業者は商品の閲覧情報や購入情報を収集・分析し，お勧めの商品情報や，関連する情報やリンクを提示する。

確認問題　オプトインとオプトアウトの事例をそれぞれ調べなさい。

解答例▶
①**オプトイン**：広告宣伝メールやメールマガジンは，原則としてあらかじめ同意した人にだけ送信が認められる（「特定電子メールの送信の適正化に関する法律」2008年に改正）。
　　商品注文フォームにメルマガ購読のチェックボックスを設ける。
②**オプトアウト**：ネット上の各種サービスの設定の規定値（デフォルト）がONに設定されている場合，OFFに設定してオプトアウトにすることにより，その機能やサービスを停止できるようになる。受信者の許諾なく一方的に広告メールを送りつけられたり，会員登録されたままになったりしているとき，それらを拒否して設定を変更する。

第3節 情報技術が築く新しい社会

教科書の整理

① 社会の中の情報システム

教科書「最新」p.20〜21

情報システムは，ネットワークに接続された個々の情報機器の連携で，大量の情報の高速処理を行う。

1 身近な情報システム

　POS (Point Of Sales) は「販売時点情報管理」の意味。POS システムは，物品販売の売上実績を単品単位で記録し集計するシステム。

考えよう　POS システムの利点を考えよう。

解答例▶　いつ，どの商品が，どんな価格で，いくつ売れたかを経営者側が把握しやすく，売れ行き動向を観察できるため，効率よく営業できる。

考えよう　身近な情報システムにはどのようなものがあるか考えよう。

- -

解答例▶　座席予約システム，気象観測システム，銀行の ATM，GPS（全地球測位システム），高度道路交通システムの ETC など。

2 電子マネーの普及

　電子マネーは，電子的なデータで貨幣価値を表現したもの。IC カードやスマートフォンを用いた電子決済などで利用できる。

確認問題　ルート案内（道案内）サービスの仕組みを調べなさい。

- -

解答例▶　スマートフォンや自動車のカーナビゲーションシステムに搭載された，行先を指定すると走行経路や道順などを示す経路案内サービス。衛星測位システムの GPS やコンパス機能などと連携して，リアルタイムに正確に案内できる。

② 情報技術と課題解決　　教科書「最新」p.22〜23

1 注目される情報技術

- **人工知能（AI）**：学習・推論・認識・判断など，人間の知的振る舞いをコンピュータを使って人工的に模倣した技術。機械学習やそれを用いた画像・音声認識，自然言語処理，情報検索，問題解決などの研究が進められている。
- **IoT**：あらゆるモノ（物体）がインターネットに接続され，相互に通信を行う環境。モノから収集される多種多様で大量のビッグデータを人工知能で分析することによって得られた情報が，社会で有効に活用されている。
- **仮想現実（VR）**：ヘッドマウントディスプレイなどを用い，人が知覚できる仮想環境を構築する技術。利用者は仮想環境の中で行動しながら仮想の世界に働きかける。
- **拡張現実（AR）**：現実の環境にコンピュータを利用して静止画や動画などの情報を付加するなど，現実を拡張する技術。

確認問題　人工知能は，どのような分野で活用されているか調べなさい。

- -

解答例▶・解　説▶

　人工知能は，①画像認識，②音声認識，③自然言語処理などを中心に研究が進んでいる。

　①では，クレジットカードの不正使用検知，自動車の自動運転や生産物の品質管理，医療診断，手書き文字のテキスト認識，ドローンによる農業，輸送，災害時対応などがある。②では，音声入力や音声のテキスト変換などがある。③では，スマートスピーカーや質問・応答を行う対話システムや，翻訳・同時通訳などがある。その他，産業や医療・福祉，生活支援などの知的ロボットやお掃除ロボット，AI将棋や囲碁，チェスなどのゲーム，検索エンジンの最適化，ショッピングなどの推薦システムなどがある。

2 新しい社会での課題解決

　IoT の普及により，実世界 (フィジカル空間) の各種センサやカメラ，GPS などから大量に収集されるデータが，サイバー空間で集約される。そのビッグデータを人工知能 (AI) が解析して，実世界の課題を解決するための情報や，新たな価値を創造する手掛かりを提供する，データ駆動型社会になってきた。

考えよう▶　データ駆動型社会が信頼できるシステムになるにはどのような機能が必要か考えよう。

解答例▶　安心してデータを預けられる仕組み，プライバシーに配慮したデータ連携の仕組みなど。

章末問題のガイド

教科書「最新」p.24

1 次の(1)〜(4)は，情報の特性について述べたものである。それぞれにあてはまる語句をア〜ケの中から選び，記号で答えなさい。

(1) 情報を提供しても，提供した人からその情報が消えることはない。

(2) 情報の発信者や受信者の意図が介在する。

(3) 遠足のしおりをクラス全員に印刷して配布する。

(4) SNSで発信した情報は，すぐに広範囲に広がる。

ア. 情報の複製性　　イ. 情報の目的性　　ウ. 情報の残存性　　エ. 情報の伝播性
オ. 情報には形がない　カ. 情報の客観性　キ. 情報の個別性　ク. 情報の信頼性
ケ. 情報の信憑性

解　説 教科書p.6，7参照

解答 (1)　**ウ**　　(2)　**イ**　　(3)　**ア**　　(4)　**エ**

2 下記文中の空欄①〜⑤にあてはまる言葉を答えなさい。
　個人情報保護法における個人情報とは，基本四情報である（　①　），（　②　），（　③　），（　④　）や電話番号などにより，（　⑤　）している個人を識別できる情報のことをいう。

解　説 教科書p.16参照。　　個人情報保護法は生存している個人に関する情報である。

解答 ①　**氏名**　　②　**住所**　　③　**生年月日**　　④　**性別**　　⑤　**生存**
　　　（①〜④は順不同）

3 次の文章を読んで，(1)〜(4)に書かれている内容と関係の深いものをア〜エの中から選び，記号で答えなさい（複数選択可）。
　「文化祭でのクラスの出し物は，クラスの担当者が創作した台本による演劇である。その演劇は，文化祭で大好評であった。」

(1) 著作者に無断で，この台本の内容を書き換えてはいけない。

(2) この演劇の練習風景や舞台道具の製作の様子を撮影し，数分のメイキング動画を作成したが，一般公開は避けた。

(3) 原作の台本には配役の名前と連絡先が記載されているため，適切に管理を行い，情報が外部に流出しないようにしている。

(4) 後輩などに自分たちの演劇を参考にして，よりよいものを作ってもらおうと考えた。原作の台本を改善し，クラス全員の同意を得て，下のマークを付けて一般に公開した。このマークでは，改変が可能であるので，適切に著作者の表記などを行えば，原作の台本から小説や漫画などの二次的著作物を自由に作ることができる。

ア. 肖像権　　イ. 個人情報　　ウ. 著作者人格権　　エ. 著作権（財産権）

解　説 教科書p.12〜19参照　　(4)は「BY」があるので著作者名が表記される。

解答 (1)　**ウ**　　(2)　**ア，イ**　　(3)　**イ**　　(4)　**ウ，エ**

Let's try!・問題のガイド

教科書「Python」「JavaScript」**p.4～19**

第1章　情報社会

01 情報と情報社会

Let's try! (p.5)

「○○は情報である」の○○に当てはまる具体例をできるだけたくさんあげてみよう。

- -

解答例▶ 天気予報，津波予報，日の入り，日の出，気温，湿度，個人情報，体重，身長，血圧，速度，加速度，pH，物質量，成績，医療カルテ，購入履歴等。

Let's try! (p.7)

　超スマート社会が実現されると，私たちの生活はどのように変わるだろうか。いろいろな具体例をあげながら，話し合ってみよう。

- -

ヒント▶ 人工知能の進展による自動走行車，AI制御交通システム，ドローン配送，介護・見守りロボット，オンライン診療，遠隔ロボット治療，スマート農業，自動決済システムによる無人のコンビニやレストラン等について話し合ってみよう。

02 問題解決の考え方

03 法規による安全対策

Let's try! (p.11)

　ヒューマンエラーの例を考えてみよう。

- -

解答例▶ **記憶エラー**(記憶できない，思い出せない)，**認知エラー**(見逃し，見間違い，聞き逃し，聞き間違い)，**判断エラー**(やるべき対応の判断を間違える)，**行動エラー**(とるべき方法や手段の間違い。情報の入ったUSBメモリーの紛失や，他人にアクセス権を間違えて付与する等)，**決まりを守らないエラー**(手抜き，横着。データが消去されないままハードディスクを廃棄する等)，**リスクテイキング**(危険性のあることをあえてやってしまう)。

04 個人情報とその扱い

Let's try! (p.13)

　監視社会といわれる今日，個人のプライバシーはどこまで守られるべきか，話し合ってみよう。

- -

ヒント▶ 監視カメラによる犯罪の抑制効果があるが，プライバシー侵害行為が発生することもある。インターネット上での個人情報の監視の例としてネットショッピングでの消費行動が監視され，顧客に最適化された広告が表示されるメリットはあ

るが，意図しないのに，企業に消費活動が漏れたり，コントロールされたりすることがある。マイナンバーカードの安全性なども調べ，これらの具体例を元に話し合うとよい。

05 知的財産権の概要と産業財産権

Let's try! (p.14)

特許権などの知的財産権を取得する意義について話し合ってみよう。また，権利を取得した人の立場だけでなく，社会全体の立場からも考えてみよう。

ヒント 以下の事項等を参考に考えてみよう。
・創造した知的財産の保護やその活用→価値を創造し，文化の発展に寄与するとともに，新規ビジネスにつながる。
・発明が保護されないと，発明者自身もそれを有効に利用できず，他の人が同じものを発明しようとして無駄な研究投資をしてしまう。
・商標権で自社ブランドや商品名を守る→企業の信用力を高め，顧客を開拓し，売り上げの増大につなげる。
・不正競争の防止（公正な競争秩序の構築，模倣を防ぐ等）。

問題 (p.15)　次のものはカッコ内の権利の対象とはならない。表を参考にしてその理由を述べなさい。
(1) ニュートンの万有引力の法則の発見（特許権）
(2) 暗号化のための計算方法（実用新案権）
(3) 漫画のキャラクタのぬいぐるみ（意匠権）
(4) においや味（商標権）

表　産業財産権

名称	法律	保護対象	保護期間
特許権	特許法	自然法則を利用した技術的思想の創作のうち高度なもの。発明。	出願から20年
実用新案権	実用新案法	自然法則を利用した技術的思想の創作のうち物品の形状，構造などの考案。発明ほど高度な技術的アイデアでなくてよい。	出願から10年
意匠権	意匠法	物品の形状や模様，色彩などの視覚を通じて美感を起こさせる斬新なデザイン（意匠）。	出願から25年
商標権	商標法	自分が取り扱う商品やサービスと，他人が取り扱う商品やサービスとを区別するためのマーク（商標）。	登録から10年（更新可）

解答例 (1) 万有引力の法則はすでに存在している自然法則の発見であり，発明ではない。
(2) 物品の形状，構造など自然法則と関連のない計算方法は該当しない。

(3) すでに公表された漫画のキャラクタは著作権を持つので，ぬいぐるみは斬新なデザインに相当しない。

(4) においや味はマーク（商標）の対象ではない。

06 著作権

Let's try! (p.16)

現行の著作権法の本文を見てみよう。また，時代に合わせて，どの部分が改正されてきたのかを調べてみよう。

ヒント 著作権法の条文のサイト：https://hourei.net/law/345AC0000000048

章末問題のガイド

教科書「Python」「JavaScript」p.20

❶ 次の文章は問題解決のそれぞれの過程を説明したものである。適切な順番に並べ替えなさい。
A．問題解決の遂行　　B．表現と伝達（他者との共有）　　C．問題の把握（発見）
参考 教科書 p.8
解答 C→A→B

❷ 次の行為は，個人情報を保護する上で適切ではない場合がある。その理由を述べなさい。
(1) クラスの住所録をメールで自宅に送付した。
(2) 知らないところから広告メールがきたので，今後送らないでほしいという趣旨の返信メールを送付した。
(3) クラス展示の参加者を把握するために，1枚に20名分の氏名と住所が記入できる用紙を受付に置いて記入してもらった。
参考 教科書 p.10〜12
解答 (1) 宛先を誤ると意図せずに第三者に流出する可能性がある。また，メールは暗号化されていないので，傍受される恐れがある。
(2) この場合，ランダムに文字を組み合わせてメールアドレスを作って送っている場合があるので，返信メールの送付は実在するアドレスを教えることになるので危険である。
(3) ほかの入場者の氏名や住所がわかってしまうので，個人ごとに記入票に書いてもらい，箱に入れる等の配慮がよい。また，入場者情報に，住所の情報が必要かどうかは考えた方がよい。

❸ 次の行為はどのような権利を侵害しているか。該当するものをそれぞれ一つずつ解答群の中から選びなさい。

(1) 有名な会社のロゴマークを，無断で自社の製品に使用した。
(2) 発明した会社に無断で，青色発光ダイオードを製造し，販売した。
(3) 考案した会社に無断で，片手で開くことができるジャンプ傘を製造し，販売した。
(4) ある会社のゲーム機のコントローラについて，別の会社が形状をそっくりまねて製造し，販売した。
　ア．商標権　　イ．複製権　　　　ウ．翻案権　　エ．特許権　　オ．パブリシティ権
　カ．肖像権　　キ．実用新案権　　ク．意匠権
　　参考 教科書 p.14〜p.15
　解答 (1) **ア**　(2) **エ**　(3) **キ**　(4) **ク**
　解説 (1) ロゴマークは商標権がある。
　　　　 (2) 特許権の侵害になる。
　　　　 (3) 製品の構造は実用新案法で守られている。
　　　　 (4) 製品のデザインは意匠法で守られている。

❹ 次の行為はどのような権利を侵害しているか。該当するものを解答群の中からすべて選び，記号で答えなさい。
(1) 他人の Web ページに掲載されている風景の写真を無断で自分の Web ページに利用した。
(2) 市販の CD に入っている音楽を無断で Web ページのバックグラウンドミュージックに利用した。
(3) 最新のヒット曲が入っている市販の CD を無断でコピーして他人に貸した。
(4) 自分が撮影した有名人の写真を無断で Web ページに掲載した。
　ア．著作隣接権　　イ．複製権　　ウ．肖像権　　エ．パブリシティ権　　オ．公衆送信権
　カ．譲渡権　　キ．頒布権　　ク．貸与権
　　参考 教科書 p.12〜p.17
　解答 (1) **イ，オ**　(2) **ア，イ，オ**　(3) **ア，イ，ク**　(4) **ウ，エ**
　解説 (1) 勝手に使ったので複製権を，Web に送信して掲載したので公衆送信権を侵害している。
　　　　 (2) 市販のものを複製し，Web サイトにアップロードしているので，複製権，公衆送信権，著作隣接権を侵害している。
　　　　 (3) 最新のものなので，著作隣接権，複製権，貸与権を侵害している。
　　　　 (4) 自分で撮影した写真なので，著作権の侵害はないが，肖像権と，有名人なのでパブリシティ権を侵害している。

第2章　メディアとデザイン

「最新」p.25〜60
教科書「Python」p.21〜42
「JavaScript」p.21〜42

第1節　メディアとコミュニケーション

教科書の整理

① メディアの発達

教科書「最新」p.26〜27

1　メディアの機能

　情報を表現する手段，情報を送受信する仕組み，さらに情報を伝達する物体も**メディア**である。

*メッセージを記録するのにSDカード，ハードディスクなどの記録メディアがある。狭義の意味でメディアというとこれらを指す。

2　メディアの分類

　情報メディア，表現メディア，伝達メディアが関連しながら機能する例を考える。

（**考えよう**）　パソコン，インターネットはそれぞれ何メディアか。

- -

解答例▶　**パソコンは情報メディア。インターネットは伝達メディア。**

3　メディアの発達

情報を伝える歴史：動作や表情で情報を表現→情報を口頭で表現→情報を筆記で表現→新聞や書籍などの印刷物で表現→電信・電話などの通信技術の利用→電波で情報を伝達するラジオ・テレビ（一方向）→インターネットを介して電子メールやSNSで双方向の伝達。

② メディアの特性

教科書「最新」p.28〜31

1　表現メディアの特性

　各表現メディアの特性を活かした情報の伝達をする。

例題 1　**図形や色の特性**

次の看板の問題点を指摘し，どのように改善すればよいか考えなさい。

この道路は配管工事中です。
通行の際には足元に十分
気を付けてください。

文字情報はすべて読まないと伝わらない。意味が伝わるのに時間がかかる。

教科書の整理 第1節

解答例▶ 文字は詳しい説明には向いているが，危険を知らせるなど緊急時の情報伝達は難しい。そこで，例えば，次のように文字と図形を組み合わせて色を工夫すると，瞬時に注意をうながすことができる。

図形情報は瞬時に遠くからでもわかる。色情報で注意喚起できる。

考　察▶ 伝えたいことを端的に表現するためには，文字と図形を組み合わせたり，色の特性を利用したりする。

例題 2 表現メディアの特性

文字，図形，音声，静止画，動画の特性を表にまとめなさい。

解答例▶

	表現メディアの特性
文字	・詳細な説明に向いている。 ・危険を知らせるなど，緊急時の情報伝達は難しい。 ・受信者の状況などにより文字だけでは伝わらない場合がある。
図形	・多くの人にわかりやすい。 ・国や地域などにより伝わる情報が異なる場合がある。
音声	・どちらを向いても受信できる。 ・サイレンなど，注意をうながす場合などには特に利用される。
静止画	・写真やポスターなど，短時間で多くの情報を伝達できる。
動画	・スポーツなど動きのある情報を伝える時は有効である。

具体的なイメージは伝わりにくい

詳細な情報伝達は苦手

聞き逃すと伝わらない

目を向けないと伝わらない

見逃したり，詳細な情報伝達は苦手

考　察▶ 表現メディアの特性を理解し，使い分けたり，組み合わせたりするなどの工夫が大切である。

考えよう 文字と図形の特性を考えよう。

解答例▶
・文字：読める人に伝わり，誤解が生じにくい。詳しい説明向きだが，長い文章は瞬間的な理解が困難。
・図形：雰囲気で伝えられるが，正しく伝わらない可能性がある。瞬間的に伝わるが，正確性に欠けやすい。

2 情報メディアの特性

新聞，書籍，雑誌，ラジオやテレビ放送のように，不特定多数の受信者へ向けての情報

伝達にかかわる情報メディアを**マスメディア**という。

確認問題　新聞，ラジオ，テレビ，インターネットで使われる表現メディアの種類について調べ，各情報メディアの特徴をまとめなさい。

教科書の整理　第1節

解答例
- ・新聞：文字，静止画。社会的信頼が高い。一般紙，経済紙，地方紙，専門紙とあり，読者層に合わせて伝達できる。
- ・ラジオ：音声。不特定多数の年代層に素早く情報を届けるが，音声のみ，かつ電波が届く範囲が限られ，地域性が強い。低コストで不特定多数に伝達できる。
- ・テレビ：音声，静止画，動画。最も普及し，不特定多数の年代層に素早く伝達できる。
- ・インターネット：文字，音声，静止画，動画。双方向性があり，メッセージを送受信したり，写真や動画でコミュニケーションをしたりすることができる。不特定多数，特定の人に伝達が可能である。

3 伝達メディアの特性

伝達メディアは記録と通信を担う。
- ・**記録メディア**：情報を記録・保持して時間的に伝達する。紙，CD，DVD，BD，フラッシュメモリ，ハードディスクドライブ，SSD など。
- ・**通信メディア**：情報を空間的に伝達する。通信機器や電話回線，LAN ケーブル，光ファイバなどの通信ケーブル，スマートフォンなどで使う電波や，声や音を伝える空気など。

考えよう　有線と無線の通信メディアの特性を考えよう。

解答例
- ・有線：端末へのケーブル配線が必要だが，情報は漏れにくい。
- ・無線：ケーブルが不要なので移動時の制約が少ないが，情報が洩れないためのセキュリティ対策が必要である。

4 メディアリテラシー

インターネットの情報は，信憑性が保証されているとはいえない。受信者自身が情報を客観的にとらえ，複数の情報と比較（クロスチェック）して調査，検証する必要がある。

情報の信頼性
- ・**インターネット情報の誤り**：不正アクセスによる書き換え，ハードウェアの故障，プログラムの誤り (bug)，操作上のミス，自然災害等。
- ・**デジタル情報の誤り**：電気的なノイズの影響を受けにくいが，まれに送信データと受信データが一致しない。
- ・**メディアリテラシー**：メディアからの情報を主体的に読み解く能力，メディアにアクセスして活用する能力，メディアを通じてコミュニケーションを行う能力などの総称。

❸ コミュニケーションの形態 教科書「最新」p.32〜33

コミュニケーションはお互いの情報を理解，共有するために行うもの。コミュニケーションは以下のように分類できる。

・発信者と受信者の人数による分類

1対1(個別型)：発信者1人に対し，受信者も1人。

1対多(マスコミ型)：発信者1人に対し，受信者が複数。

多対1(逆マスコミ型)：受信者1人に対し，発信者が複数。

多対多(会議型)：発信者も受信者も複数。

・発信者と受信者の位置関係による分類

直接コミュニケーション(対面型)と間接コミュニケーション(遠隔地等)に分類。

・コミュニケーションの同期性による分類

相手からすぐ反応がある同期型コミュニケーションと相手がいつ受信したかわからない非同期型コミュニケーションがある。

確認問題 SNSやメッセージアプリの利点を活用しトラブルを防ぐためには，どのような利用方法が望ましいか，今までの経験もふまえて，グループで話し合ってみなさい。

- -

ガイド 1対1のMessengerや1対多のLINEは無料通話やビデオ通話が利用できる。後者はさらにスタンプが利用でき，簡単に感情表現ができる。また「既読」機能は確認の利点はあるが，「既読スルー」と受け取られないかと返信強要の負担感がある。

SNSの利点には，①同じ趣味や嗜好を持つ人とつながり合える。②自分の知りたい情報を簡単に得ることができる。③仲間といろんな関係が築け，楽しみが増える，などがある。また，欠点には①やりとりを通じて犯罪に巻き込まれたり，②個人情報が流出して事件に巻き込まれてしまったりする可能性があるので，これらをもとに話し合いをしよう。SNSを利用する前に，①プライバシーの設定，公開範囲の設定を確認する。②誰でも閲覧可能な項目や投稿に掲載する情報は慎重に取り扱う。③直接的な個人情報ではなくても，具体的な情報は家族や信頼のおける友人だけに共有する。④リンクは安易にクリックしないなど，の注意が必要である。

考えよう SNSやスマートフォンアプリによるビデオ通話のメリットは何か。

- -

解答例

・通話料金が発生しないので，時間を気にせず会話できる。

・視覚情報が使えるため，詳細な情報を正確に伝え易い。 など

④ インターネットのコミュニケーション 教科書「最新」p.34〜37

1 電子メール

・**宛先入力欄**　同時に多数に送信できる（同報性）。「宛先（To）」は同列にメールを送りたい場合。「CC」は同報メールで，参考のために同じ内容のメールを送る場合。「BCC」は指定したメールアドレスは受信者側に表示されず，受信者どうしが知り合いではない場合や，送付先を知られたくないときに利用する。

・**件名入力欄**　見出しとして，わかりやすく表示する。何に関するメールか，目的と用件が簡単にわかるようにする。

・**本文入力欄**　機種依存文字の使用を避ける。署名を入れる。HTML形式の文書は相手が読めない場合がある。受信したメール本文の引用は必要最低限におさえる。

2 電子掲示板（BBS）

インターネット上でメッセージをやりとりするシステム。文字中心で不特定多数が発言し，誤解や感情的な書き込みが生じやすい。

3 メッセージアプリ

テキストや写真のやりとり，無料通話等が利用でき，個人またはグループで気軽にコミュニケーションを取ることができる。

確認問題　メッセージアプリは，テキストメッセージの交換機能をもつアプリの総称であるが，その中には，ほかの機能をもち合わせているものがある。どのような機能をもっているか調べなさい。

解答例▶
- ・静止画，動画，スタンプ，ステッカーの交換
- ・画像や動画，音楽ファイルの共有
- ・グループチャット
- ・アドレス帳の作成　など

例題 3　コミュニケーション手段の選択

次のような場合，音声通話とメッセージアプリのどちらを利用するのが適当か，その理由とともに答えなさい。
・友人や知人と，普段のやり取りをする時
・親しい友人に，悩みごとの相談をしたい時

解答例▶　普段のやり取りでは，気軽にコミュニケーションを取ることができ，時間に制約のないメッセージアプリを利用する方がよい。また，悩みごとの相談などのように込み入った内容の場合は，直接声を聞いたり，反応を確かめられたりできる音声

教科書の整理　第1節

通話をする方がよい。

考察▶ 音声通話は時間や場所（他人に聞かれたくない場所）の制約がある。相手の状況やコミュニケーションの内容に応じて，コミュニケーション手段を選ぶことが大切である。

4 ビデオ通話

インターネットなどを通して，お互いの映像を見ながらリアルタイムに会話ができるサービス。

5 Q&Aサイト

回答を募って疑問を解消するための Web サイト。不特定多数の利用者から回答を募ることができる。

6 ブログ

日記や話題にしたことなどを時系列に公開できる Web ページの総称。閲覧者がその記事に感想（コメント）を投稿したり，ほかのブログから逆リンク形式で参照（トラックバック）したりする機能がある。

7 SNS

インターネット上におけるコミュニケーションを促進し，社会的なネットワークの構築を支援する。自分のプロフィールや日常生活の公開で，より親密なコミュニケーションが期待できるが，安易な個人情報やプライバシーなどの公開により，本来知られたくない情報を不特定多数の人に知られてしまう危険性がある。

8 Web メール

Web ブラウザ上で，電子メールの作成や送受信を行うシステム。システム自体がデータセンタに置かれ，インターネットを通じて同一のメールをパソコン，タブレット端末，スマートフォンなどから読める。

9 動画投稿サイト

動画共有サイトともいい，不特定多数の利用者が動画を投稿（アップロード）し，不特定多数の利用者と共有して視聴できる。ストリーミング方式で再生される場合が多い。

確認問題 大地震などの災害発生時，音声通話がつながりにくくなることがある。そのような時，SNS やメッセージアプリなどの手段を利用することが有効だといわれている。そこで，災害時に家族の無事を確認したり，自分のことを家族に知らせたりするのに役立つメッセージアプリの使い方について調べなさい。

ガイド

・GPS 機能を ON にして自分の居場所を表示したり，コメントして知らせたりする。

・カメラ機能で自撮り写真を撮り，アップロードする。

　その他，安否情報等をトーク機能で個別に連絡をすることも，グループを作っておけば，複数人に同時に連絡することもできる。地域の防災速報を受け取る設定や，「災害連絡サービス」も利用できる。

第2節 情報デザイン

❶ 社会の中の情報デザイン
教科書「最新」p.38〜41

効果的なコミュニケーションや問題解決のための技術を情報デザインという。

1 情報バリアフリー

障がい者や高齢者など心身の機能に制約のある人の情報送受信のバリアを取り除くこと。

2 ユニバーサルデザイン

年齢，言語，国籍，身体能力などに関係なく，すべての人にとって使いやすい製品や生活しやすい環境を，はじめから障壁が無いように設計すること。一例として，言語に頼らないピクトグラム（絵文字）がある。

考えよう 下のパラリンピックのピクトグラムは，それぞれ何の競技だろうか。

(1) (2) (3)

解答
(1) ボッチャ　(2) ゴールボール　(3) 柔道

3 Webアクセシビリティ

障がい者や高齢者など心身の機能に制約のある人でも，Webページで提供されている情報に問題なくアクセスし，利用できること。

例えば，画像などに同等の内容を記述した代替テキスト（代替文字列）を付けることで，視覚障がい者に対し音声読み上げソフトウェアにより情報を伝えられ，Webアクセシビリティが高くなる。

4 ユーザビリティとユーザインタフェース

ユーザビリティ：ソフトウェアやWebサイトなどの使いやすさ。さまざまな機能に，簡単な操作でアクセスでき，ストレスを感じないなど。**ユーザインタフェース**（情報の表示形式やデータ入力方式）が利用者の心理や特性に合っていないと低下する。

② 情報デザインの工夫

教科書「最新」p.42〜45

情報を正確に伝えるためのデザイン。

1 フォントと文字の工夫

文字情報の印象や見やすさは，フォントの選び方や文字の使い方で決まるといえる。

・**明朝体**や**筆書体**：伝統的で高級感のある印象を与える。明朝体は読みやすく，目が疲れ
　にくいので長文向き。

・**ゴシック体**や**ポップ体**：現代的でカジュアル。目立ちやすいのでプレゼンテーションの
　スライド向き。

＊研究発表やビジネスでは，明朝体とゴシック体が使われる。

タイトルや小見出しなどの強調箇所は，文字を大きく太くすることにより，情報の受け
手がどこを優先して読むべきか，直感的にわかりやすくなる。

2 図の利用

図解は複雑な情報をわかりやすく伝えるのに効果的。

3 表やグラフの利用

表：データの正確な値を表したいときに用いる。じっくり読む資料に適している。

グラフ：データの全体的な傾向を見たいとき，直感的に理解できる。プレゼンテーショ
　ンのスライドに適している。

例題 4　表の工夫

次の表について，見やすくわかりやすくなるように改善しなさい。

スマホの平均利用時間	人数	平均睡眠時間	テストの平均点
30 分間未満	36	7.5	84.3
30 分間以上1時間未満	100	7.2	80.7
1時間以上2時間未満	80	6.8	81.0
2時間以上	24	6.5	78.2

- -

解答例▶　フォントを変更し，罫線を除き，背景色を
　　　利用し，文字揃えを変更した。

スマホの平均利用時間	人数	平均睡眠時間	テストの平均点
30 分間未満	36	7.5	84.3
30 分間以上1時間未満	100	7.2	80.7
1時間以上2時間未満	80	6.8	81.0
2時間以上	24	6.5	78.2

見やすい表の工夫
・線を減らす
・行ごとに背景色を変える。
　（ストライプ）
・行間を広げる
・数値の大小は，最小桁の位
　置をそろえる

考えよう グラフ表示を見やすくする工夫として，左のグラフを右のように修正した。どの点が改善されているか考えよう。

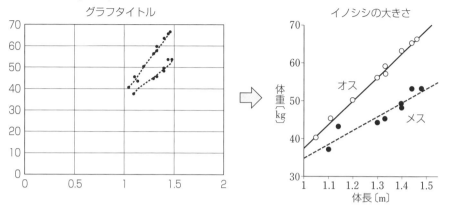

解答例

・余計な目盛りや補助線を消した。

・両軸の余計な範囲を消した。

・(英数字) フォントを欧文のフォントにして読みやすくした。

・凡例や軸の名前を入れた。

・色覚バリアフリーのため，一方の系列をベタ塗り，他方を白抜きにした。

4 配色の工夫

色がもつ心理的特性は，住環境の配色や交通標識など，さまざまな場面で利用されている。色には色相 (赤，青，緑などの色合い)・彩度 (鮮やかさ)・明度 (明るさ) の三つの属性がある。

5 色覚バリアフリー

人の色覚には多様性があり，これに配慮することを色覚バリアフリーと呼ぶ。一般に，明度の離れた暖色系と寒色系の組み合わせがわかりやすい。

考えよう 見分けやすい色，見分けにくい色の組み合わせを考えよう。

解答例

①見分けやすい色…明度の離れた暖色系と寒色系の組み合わせ。

②見分けにくい色…暖色系どうし，寒色系どうし，明度が近い色どうし。

第3節　情報デザインの実践

❶ 文書の作成

教科書「最新」**p.46〜49**

ワードプロセッサによる，報告書やレポート，論文の作成手順。

1 レイアウトの検討

文書，表や図，グラフ，写真など視覚的に全体的なデザインを検討。

2 文書の構成を考える

序論→本論→結論

序論：自分たちで解決したい問題（テーマ）を簡潔に示し，問題解決のための目的や手段，方向性を示す。

本論：問題解決に必要な調査・実験方法を示し，実際に得られた結果とその結果の考察を行い，理由を考える。

結論：序論と本論をまとめ，残された課題を示す。

序論，本論，結論の具体的な項目例を下の図に示す。

図　各論の項目例

3 調査方法や実験方法に従って調査を行う

　行いたい調査や実験に関して最適な方法を検討し，場所や日時，具体的な調査方法を検討する。得られた結果以外にも気付いた点をメモしておくとよい。

　必要に応じて書籍や論文など参考資料を検索し，参考にした場合には，最後に参考文献として記載する。すでに公表されている著作物の一部の掲載を**引用**という。

4 全体のデザインを調整する

　文字の**フォント**や**サイズ**，**スタイル**，および配置を変えて伝わりやすくする。見出しや重要な用語，タイトルはゴシック体にして，サイズを大きくしたりセンタリングしたりする。また，段落ごとに改行して見やすくする。本文の文章は，読みやすくするために**明朝体**にする。調べた結果は表やグラフで見やすくする。

5 レイアウトの確認

　全体の構成・配置を見直して調整する。文書の中に表や図を用いた場合は，表○や図○といった通し番号とともにタイトル（表の上，図の下）を配置する。

　各小見出しには，項目番号を付け，**インデント**を用いて項目の左端の位置をそろえ，範囲を明確にする。

考えよう レポートと感想文の違いを考えよう。

- -

解答例 レポートは作業手順や結果，考察等事実や意見を客観的に書くが，感想文は感じたことを自分の意見を交えて主観的に書く。

② プレゼンテーション　　教科書「最新」**p.50〜53**

相手に直接自分の意思やアイデアを効率よく伝える情報伝達手段。

1 プレゼンテーションの流れ

効率よく準備し，効果的なプレゼンテーションを行うためには，下の図のような流れを意識するとよい。リハーサルや実施した際の評価をもとに改善や調整をすることをフィードバックという。

図　プレゼンテーションの流れ

2 プレゼンテーションの企画

プレゼンテーションのテーマや，目標や目的を定める。参加者の人数，関心の度合い，年齢層，知識や経験などを事前に調べる。さらに，本やインターネット，アンケート調査，話し合いなどから必要な情報を収集・整理・分析して，プレゼンテーションで説明する内容や表現方法を考え，次の3つにまとめる。

① 　導入(テーマ，目的，概要を示す)
② 　展開(内容を整理し，順序立てて示す)
③ 　まとめ(主張をまとめる)

企画の作業を効率的に進めるために，主題と目標，伝達の内容と方法，論理構成や展開をまとめたプランニングシートを作成するとよい。

3 スライドの作成

ひな型(テンプレート)を用いたり，スライドマスタを作成したりして，デザインを統一する。以下に工夫の例を示す。

・文章ではなく，キーワード，箇条書きや図を利用する。
・文字は太く大きくし，行間を詰めない。　　　　・書体や配色を考える。
・データは表やグラフにして，見やすくする。　　・関連するグループにまとめる。

4 リハーサル

プレゼンテーションの実施前には，必ずリハーサルを行う。あらかじめ次の図のようなリハーサル用のチェックシートを作っておき，確認するとよい。

①準備	会場の事前確認	✓	③態度	身振り手振り	✓
	利用機器の確認	✓		アイコンタクト	✓
	コンピュータの動作確認	✓		身体の向き，位置，姿勢	✓
	配布資料の準備	✓		身なり，くせ	✓
	発表時間の確認	✓		やる気，好感度	✓
②話し方	声量，質，明瞭さ	✓	④内容	ストーリー構成	✓
	抑揚	✓		文字の大きさや見やすさ	✓
	リズム，間の取り方			図・表の効果的な利用	✓
	スピードと時間配分	✓		配色や配置	✓
	言葉遣い，話ぐせ			主張の伝達度	

図　リハーサル用チェックシート（各項目の右はチェック欄）

考えよう kiss (keep it short and simple)の法則とは，プレゼンテーションをどのようにすることか考えよう。

ガイド
- 言いたいこと，伝えたいことは短くシンプルにまとめよ（アメリカ航空機メーカーの技術者が造った格言）。
- 本当に伝えたいことは，短く・シンプル（平易）な言葉で表すことが，読み手・聞き手の理解を助けることになる。

5 プレゼンテーションの実施

スライド発表者（プレゼンター）の注意事項
- 適切な声の大きさと速さではっきりと話す。
- 原稿を棒読みしないで，抑揚を付ける。
- 重要な部分はゆっくりと話す。
- 主語と述語を明確にして一文を短くする。
- 身振りや手振りなどのジェスチャーを適度に使い，表現を豊かにする。
- 説明中は下を向かず，聴き手の方を向く。
- アイコンタクトを行って聴き手が注目しているかなど，状態を把握する。

6 プレゼンテーションの評価

　実施後に，聴き手に依頼してプレゼンテーションを評価してもらい，目的がどれだけ達成されたかを把握する。話し手と聴き手が交代する場合は相互に評価し合う。
　得られた評価の結果については，精査・フィードバックを行ってプレゼンテーションを改善する。グループで分担してプレゼンテーションを実施するときは
　① グループごとに何を分担するのか決める。
　② プレゼンテーションスライドを全員で共有する。
　③ どのグループがどのスライドを担当するか確認する。

④　グループで話し合いながらスライドを作成する。

⑤　全員でスライドを再生し，状況を共有する。

7 PDCA サイクル

プレゼンテーションは，評価や改善など各段階を流れに沿って何度も繰り返すとよい。その手法の一つが PDCA サイクルである。

・Plan　　：問題を整理し，目標を立て，それを達成するための計画を立てる。

・Do　　　：目標と計画をもとに，実行する。

・Check　：実施した内容が計画通り行われて，当初の目標を達成しているか確認し，評価する。

・Action：評価結果をもとに，内容の改善を行う。

PDCAサイクル

教科書の整理　第3節

確認問題　右図はプレゼンテーションの評価記入用紙の例である。この評価記入用紙に，7 番目の評価項目を加えたい。どのような評価項目が考えられるか，グループで話し合いなさい。

- -

解答例▶　プレゼンの目的（主張の伝達度）が達成されたか，を第一に，他に，時間配分，ストーリー構成，提示した資料のわかりやすさなどがある。

　リハーサル前に，評価項目を各自あるいはグループで考えよう。話し方重視と内容重視の評価が考えられる。

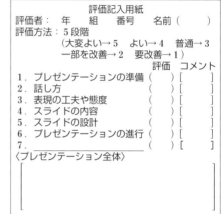

評価記入用紙

評価者：　年　　組　　番号　　名前（　　　）

評価方法：5 段階
（大変よい→ 5　よい→ 4　普通→ 3
一部を改善→ 2　要改善→ 1）

	評価	コメント
1．プレゼンテーションの準備	（　　）	［　　　　　］
2．話し方	（　　）	［　　　　　］
3．表現の工夫や態度	（　　）	［　　　　　］
4．スライドの内容	（　　）	［　　　　　］
5．スライドの設計	（　　）	［　　　　　］
6．プレゼンテーションの進行	（　　）	［　　　　　］
7．＿＿＿＿＿＿＿＿＿＿	（　　）	［　　　　　］

〈プレゼンテーション全体〉

③ Web ページ

教科書「最新」**p.54～59**

1 Web ページとは

インターネット上で，**ブラウザ**を用いて閲覧するページを **Web ページ**といい，それらのまとまりを **Web サイト**という。Web サイト内は，**階層構造**や**ハイパーリンク**構造をとる。

2 HTML

Web ページを作るには，HTML という Web ページ記述言語を使用する。HTML では，「＜」と「＞」で挟まれたタグで文字列を囲う。リンク先を示す href やファイル名を示す src のように，開始タグには，タグの動作を定義する属性もある。ブラウザは，HTML を読み込むと，タグを解釈して指示通りに画面上に表示する。

教科書の整理　第3節

3 CSS

　Web ページの文字や画像の大きさ，色，配置，背景色など文書の視覚的なスタイル（レイアウトやデザイン）を定義する規格を CSS（スタイルシート）という。CSS の書式を次に示す。

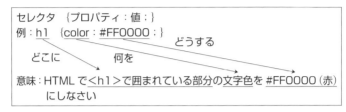

4 Web サイト公開の流れ

　次の図のように，公開後に評価を受けてフィードバックを行う。

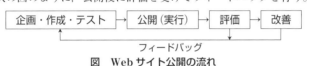

図　Web サイト公開の流れ

5 HTML ファイルの作成

　〈html〉と〈/html〉の間の部分が Web ページの内容として解釈される。〈head〉と〈/head〉の間（ヘッダ部）には，次の図に示すように，表示する Web ページのタイトルなど，ファイル全体に関係するヘッダ情報を入力する。タイトルは，〈title〉タグで表示指定する。

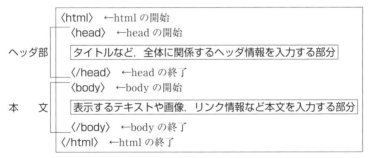

図　HTML の基本的な書式

　Web ページに画像を表示するには，〈img src="画像ファイル名"〉とする。メニューから各自が作成した Web ページを表示できるようにするには，index.html に次の1行を付け加える。

〈a href="リンク先ファイル名"〉リンク文字列〈/a〉

章末問題のガイド

教科書「最新」**p.60**

1 音楽 CD やテレビ放送は，それぞれおもにどのような表現メディアと伝達メディアを用いているか答えなさい。

ヒント ケーブルはケーブル TV に使われる。電線とケーブルは構造上の違い。

解 説 教科書 p.27 参照

・表現メディアは，伝えたい情報を表現するためのメディアで，文字，音声，図，表，静止画，動画など。

・伝達メディアは情報を物理的に伝達するためのメディアで，紙，インク，電線，空気，電波，光ファイバ，ケーブルなど。

解答例 音楽 CD　表現メディア：音声，伝達メディア：CD

テレビ放送　表現メディア：動画，文字，音声，伝達メディア：電波，電線，ケーブル

2 相互にメールアドレスを知らない人たちへ一斉にメールを送る場合，メールアドレスは To，CC，BCC のどの欄に書けばよいか答えなさい。

ヒント ほかの受信者には受信を知られたくない。

解 説 教科書 p.34，35 参照

解答 BCC

3 報告書やレポート，論文を作成する場合に，次のうちどの構成で書くのが適当か，答えなさい。

(1) テーマ 〉 目的 〉 調査 〉 方法 〉 結果 〉 考察 〉 まとめ

(2) テーマ 〉 調査 〉 結果 〉 目的 〉 方法 〉 考察 〉 まとめ

(3) テーマ 〉 目的 〉 方法 〉 調査 〉 結果 〉 考察 〉 まとめ

(4) テーマ 〉 調査 〉 目的 〉 結果 〉 方法 〉 考察 〉 まとめ

解 説 教科書 p.46 参照。最初に目的を示し，方法を示して調査する。構成は序論（テーマ，目的），本論（方法，調査，結果，考察），結論（まとめ）の順になる。

解答 (3)

4 プレゼンテーション用のスライドを作成する際の工夫として，次の(1)〜(5)は　アー企画段階での工夫，イースライド作成時の工夫，ウー工夫として適当でない　のどれに相当するかそれぞれ答えなさい。

(1) 伝えたい情報が多かったが必要なものだけに厳選した。

(2) 統一感が出るようAさんの考えたスライドをもとにしてほかの人も作成した。

(3) スライドの枚数が多くなったので，説明しなくてもわかるよう各スライドに補足の文章を加えた。

(4) まとめのスライドでは注目してもらうために，1文字ずつ表示されるアニメーションを利用した。

(5) 調べるのにすごく苦労したことを展開の部分ではなく，まとめの部分で発表するようにした。

解説 教科書 p.50～53 参照

(1) 作成前の企画で，内容を精査する。

(2) スライドの作成時にひな型を作り，スライドマスタを作成してデザインを統一する。

(3) スライドの作成時に内容が瞬時に理解できる簡潔な文を付加する。

(4) 1文字ずつ表示するアニメーションは，注目される要素にならない。内容や項目を絞り，簡潔にまとめたり，ゆっくり丁寧に説明したり，背景色を最後だけ変えたりの表現の工夫を行う。

(5) 感想は述べる必要はない。まとめでは主張を簡潔にまとめ，聴き手にわかりやすく，伝わるように説明する。

解答 (1) **ア**　(2) **イ**　(3) **イ**　(4) **ウ**　(5) **ウ**

5 次の文章の空欄に適する言葉を書きなさい。

Webページは，(1)という言葉で記述されており，テキスト形式の文章の中に，(2)と呼ばれる文字列を埋め込んで作られている。(3)は，この書式の意味を解釈し，コンピュータの画面に表示するソフトウェアである。

また，Webページを作成する時に，文書構造の記述を(1)で行い，レイアウトやデザインなどの定義を(4)で行うと，役割を分担させることができて，効率よくWebページを作成することができる。

解説 教科書 p.54～59 参照

(1) HTML は Web ページの記述言語である。

(2) HTMLでは「〈」と「〉」で挟んだ文字列のタグで，Web ページのレイアウトやリンクを設定する。

(3) 書かれた HTML を解釈して指示通りに画面表示するソフトがブラウザである。

(4) CSS は，Web ページの文字や画像の大きさ，色，配置，背景色など文章の視覚的なスタイルを定義する規格である。

解答 (1) **HTML**　(2) **タグ**　(3) **ブラウザ**　(4) **CSS**(スタイルシート)

Let's try!・問題のガイド

第2章 情報デザイン

07 コミュニケーションとメディア

Let's try! (p.23)

公共の場でスマートフォンを利用する際のマナーについて話し合ってみよう。

ヒント 以下の事例や，インターネットを使って調べた内容も話し合おう。

・使用が禁止されている病院，コンサート会場，電車やバス内，レストラン，授業，試験等でのマナー。
・歩きながらや，運転中の使用。
・公共の場所での大声の通話や大音量の音楽や動画等。

08 情報デザインと表現の工夫

Let's try! (p.27)

身の回りの「よい」あるいは「よくない」(問題がある) デザインを探し，なぜそういえるのか話し合ってみよう。

ヒント 身近に，いろいろな例が散見される。経験したことを話し合おう。そのデザインの問題点と改善策について話し合ってみよう。

例として，トイレの男女のマークが区別しにくい (見る角度で光の反射により色が逆転して見える)，押しボタン (ON と OFF) が間違えやすい表示 (似たような漢字「開」と「閉」など)，キー配列が碁盤の目のキーボード，細すぎて持ちにくい箸などがある。

ADVANCE プレゼンテーション

Let's try! (p.31)

各自でルーブリック (評価の観点と基準の表) を考えてグループ内で検討し，全体で発表しよう。

解答例 省略。教科書 p.31 例題1を参照し，創意工夫をしよう。

09 Web ページと情報デザイン

問題 (p.34) 企業などの Web ページを閲覧して，ヘッダ領域やナビゲーション領域，メイン領域など領域がどのようなものか確認しなさい。

解答例 例えば，「Google Chrome」では確認したい Web ページを開き，「右クリック」してメニューバーを表示させ，「ページのソースを表示」でソースコードが表示

される。そのすぐ下の「検証」をクリックすると，上の段に HTML，下の段に CSS のソースコードが表示される。また，Web ページ上で「CTRL＋U」を押してもソースコードが表示される。

　「Internet Explorer」では，確認したい Web ページを開き，「右クリック」してメニューバーを表示させ，「ソースの表示」をクリックする。

　「Microsoft Edge」では確認したい Web ページを開き，「右クリック」してメニューバーを表示させ，「開発者ツールで調査する」をクリックすると，上の段に HTML，下の段に CSS のソースコードが表示される。

　他のブラウザについても調べてみよう。

問題 (p.36)　次の HTML を入力して，同じように表示されることを確かめなさい。なお入力した HTML は，ファイル名 kotonara.html で保存すること。

```
<html>
  <body>
    <h1>古都奈良の文化財</h1>
    <p>「古都奈良の文化財」は，東大寺，春日大社，春日山原始林，興福寺，元興寺，薬師寺，唐招
      提寺，平城宮跡の8資産のことであり，1998年に世界遺産として認定されました。
    </p>
    <h2>東大寺</h2>
    <p>東大寺は，奈良時代（8世紀）に聖武天皇が国力を尽くして建立した寺です。奈良の大仏とし
      て知られる盧舎那仏を本尊とし，大仏が鎮座する大仏殿は，木造建築としては世界最大級のもの
      です。
    </p>
  </body>
</html>
```

古都奈良の文化財

「古都奈良の文化財」は，東大寺，春日大社，春日山原始林，興福寺，元興寺，薬師寺，唐招提寺，平城宮跡の8資産のことであり，1998年に世界遺産として認定されました。

東大寺

東大寺は，奈良時代（8世紀）に聖武天皇が国力を尽くして建立した寺です。奈良の大仏として知られる盧舎那仏を本尊とし，大仏が鎮座する大仏殿は，木造建築としては世界最大級のものです。

解答例　省略。入力して確認しよう。

問題 (p.38)　動画配信サイトで公開されている動画を Web ページに埋め込みなさい。

解答例　教科書 p.37 例題2の解答中にある〈video src="ファイル名.mp4" controls〉〈/video〉を利用するとよい。

問題 (p.41)　これまで設定した CSS の内容を外部ファイル style.css にまとめ，index.html と kotonara.html を同じスタイルの Web ページにしなさい。

解答例　省略。

章末問題のガイド

教科書「Python」「JavaScript」p.42

❶　次の文章に相当する語句を答えなさい。
　(1)　できるだけ正確に意味や意図を伝えてコミュニケーションを成り立たせる役割をもつメディア
　(2)　マスメディアで報じられた情報の真偽を正しく判断する能力
　(3)　情報を抽象化して単純な構図と明瞭な二色で表された視覚記号

ヒント　参考　教科書 p.24〜26

解説　(1)　コミュニケーションに成果を生み出すメディアのことで，この存在により，コミュニケーションが円滑になり，その成果が出しやすくなる。
　　　　(2)　悪意のある情報に惑わされないなど，発信者の意図を理解するために必要な能力である。
　　　　(3)　ユニバーサルデザインの一例で，言語に頼らず情報を伝えることができる絵文字のことである。

解答　(1)　**成果メディア**
　　　　(2)　**メディアリテラシー**
　　　　(3)　**ピクトグラム**

❷　クラブの対外試合で知り合った異なる高等学校の友人らに交流試合の案内を伝えたい。友人どうしは知り合いとは限らない。メールアドレスをどのように入力してメールを送信すればよいか。最も適当なものをア〜エから一つ選びなさい。
　ア．宛先に友人のうち1人のメールアドレスを指定し，CC欄に残りの友人のメールアドレスを指定する。
　イ．宛先に友人全員のメールアドレスを入力する。
　ウ．宛先に自分のメールアドレスを入力し，CC欄に友人全員のメールアドレスを入力する。
　エ．宛先に自分のメールアドレスを入力し，BCC欄に友人全員のメールアドレスを入力する。

ヒント　参考　教科書 p.23　コラム　メールの作成

解説　BCCでは宛先と同じメールが届くが，その欄に記載された他の受信者には互いにメールアドレスは見えないので，個人情報保護の観点から利用される。

解答　エ

❸　プレゼンテーションに関する次の文章を読んで正しいものに○，誤りがあるものに×を付けなさい。
　(1)　準備段階でプランニングシートを作成するとよい。
　(2)　対面型なので，受け手の状況はその場で考えればよい。
　(3)　アニメーションや音声をたくさん使うと効果的である。
　(4)　本番前に十分なリハーサルが必要である。
　(5)　発表する時にコンピュータを使わないこともある。

ヒント 参考 教科書 p.30, 31

解説 (2) 事前に受け手がどういう状況か想定し，対処できるようにいろいろな方法を準備する。

(3) アニメーションや効果音は，ポイントだけに使う。使いすぎると聴き手は集中力が低下し，理解が妨げられる。

(4) リハーサル時に確認した項目に不備があれば必ず対処して，本番に臨む。必要に応じて，発表用の原稿を作成しておくとよい。

(5) 実物やポスターを提示したり，または話の際は身振り手振りしたりするだけのプレゼンテーションもあり，受け手やその場の状況や発表の条件に合わせる。伝えたいことが効果的に伝わる手法を選択する。

解答 (1) ○ (2) × (3) × (4) ○ (5) ○

❹ 次の HTML のタグについて，その表す内容をア～オの中から選び，記号で答えなさい。

(1) 〈body〉～〈/body〉　(2) 〈a href="ファイル名"〉～〈/a〉　(3) 〈br〉

(4) 〈p〉～〈/p〉　(5) 〈table〉～〈/table〉

ア．改行　イ．表　ウ．段落　エ．文書の本体　オ．ハイパーリンク

ヒント 参考 教科書 p.34 表1

解答 (1) エ (2) オ (3) ア (4) ウ (5) イ

第3章　システムとデジタル化

教科書「最新」p.61〜90
「Python」p.43〜68
「JavaScript」p.43〜68

第1節　情報システムの構成

教科書の整理

① コンピュータの構成と動作　　教科書「最新」p.62〜65

1 コンピュータの構成

　キーボードやマウスなどの**入力装置**から入った情報（データやプログラム）は，**主記憶装置（メインメモリ）**やハードディスクドライブ，SSDなどの**補助記憶装置**に保存され，**演算装置**によって計算される。処理結果は，ディスプレイやプリンタなどの**出力装置**に出力される。これらの装置は**制御装置**の指示で動かされ，各装置を**ハードウェア**という。このうち演算装置，制御装置を合わせて**中央処理装置（CPU）**という。

（考えよう）　コンピュータの五大機能とは何か考えよう。

ガイド　「入力」，「出力」，「制御」，「演算」，「記憶」の機能を総称して，コンピュータの五大機能という。

　コンピュータを構成する装置としてのスマートフォンやタブレットPCなどでは，タッチスクリーンが入力と出力を兼ねている。スキャナを備えたプリンタも入出力装置となる。

2 CPUの動作

　CPUでは命令の取り出し・解読・実行が行われる。

表1　基本構成

装置	内容
主記憶装置	命令やデータが保存されている。
プログラムカウンタ	主記憶装置のどの番地の命令を次に取り出すかを指定する。
命令レジスタ	主記憶装置から取り出した命令を一時的に保存する。
命令解読器	命令を解読して各部を制御する。
データレジスタ（レジスタ）	データを一時的に保存する。
演算装置	加算などの算術演算やその他の演算を行う。

表2　仮想コンピュータの命令一覧

READ	メモリからレジスタに読み出し
WRITE	レジスタからメモリに書き込み
ADD	レジスタ間の和
STOP	プログラムの停止

3 計算の仕組み

　仮想コンピュータで加算 (3+5=8) を行い，CPU内の各装置と主記憶装置間の命令の流れやデータの流れを追う。

　主記憶装置にはデータや前ページ表2の命令群が保存されているとする。

① 1番地の命令の取り出し・解読・実行

　プログラムカウンタの値が「1」なので，1番地に保存されている命令を命令レジスタに取り出し，命令解読器で解読し，「READ A,(10)」で10番地のデータ「3」を演算レジスタAに読み出す。プログラムカウンタは1増えて2になる。

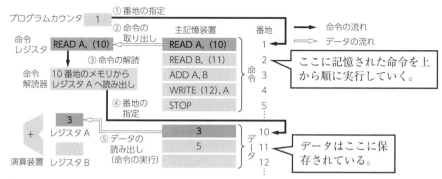

② 2番地の命令の取り出し・解読・実行

　次に2番地の命令「READ B,(11)」を実行し，11番地のデータ「5」をレジスタBに読み出す。プログラムカウンタは1増えて3になる。

③ 3番地の命令の取り出し・解読・実行

　次に3番地の命令「ADD A,B」を実行し，レジスタAの内容「3」とレジスタBの内容「5」を加算し，その和「8」をレジスタAに取り込む。プログラムカウンタは1増えて4になる。

④ 4番地の命令の取り出し・解読・実行

　次に4番地の命令「WRITE (12),A」を実行し，レジスタAの内容「8」を12番地に書き込む。プログラムカウンタは1増えて5になる。

⑤ 5番地の命令の取り出し・解読・実行

　次に5番地に保存されている命令「STOP」を実行し，プログラムの実行を停止する。

例題 2　コンピュータの計算

　このコンピュータで加算 (2+4+6=12) を行うとき，主記憶装置にどのような命令とデータを保存しなければならないか，考えなさい。

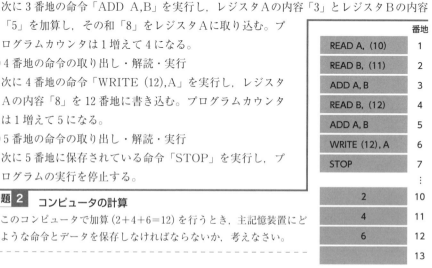

考え方　3つの数を加算するには，まず始めに2つの数の加算を行い，さらにその結果に残りの1つの数を加算する。

解答例　前ページの図のように，主記憶装置に命令とデータを保存する。

解説　レジスタA，Bは次のように値が変化する

演算レジスタA　2　→　2+4=6　→　6+6=12

レジスタB　　　　　4　→　6

考えよう　単純な足し算を，次の3人でできることを順を追って確認しよう。

- -

①進行役：プログラムカウンタを進めて，何番地を実行するか告げる。

②司会役：言われた番地から命令を取り出し（あらかじめ，プログラム領域を書いたホワイトボードに，命令を貼っておくとよい），読み上げる。

③実行役：命令を解釈して実行する。

ガイド

もし，コンピュータの中にロボットがいて計算しているとしたら，ちょうどこんな感じね。

プログラムカウンタ

進行役ロボット　プログラムカウンタを進めて，番地をつける。

司会役ロボット　言われた番地から命令を取り出し読み上げる。

実行ロボット　命令を解釈し実行する。

演算レジスタ（そろばん）

プログラム領域

データ格納用の箱

❷ ソフトウェアとインタフェース　教科書「最新」p.66〜67

1 ソフトウェアの種類

　ソフトウェアには，**オペレーティングシステム（OS）**のような**基本ソフトウェア**のほかに，ワードプロセッサ，表計算ソフトウェア，Webブラウザ，画像処理ソフトウェアなどの**応用ソフトウェア（アプリケーションソフトウェア）**がある。

　OSは，周辺機器を動作させる**ドライバ**というプログラムを追加することで，さまざまな周辺機器に対応できる。多くのOSでは，画面上に**アイコン**と呼ばれる画像で応用ソフトウェアやファイルを表示し，マウスで操作するとウィンドウが開いて命令を実行したり内容を表示したりする**GUI**という環境を備える。

例題 1 ソフトウェアの働き

OS とアプリケーションソフトウェアとハードウェアの関係を表す次の図を見て OS の役割を答えなさい。

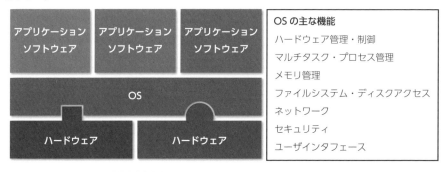

OS の主な機能
ハードウェア管理・制御
マルチタスク・プロセス管理
メモリ管理
ファイルシステム・ディスクアクセス
ネットワーク
セキュリティ
ユーザインタフェース

解答例▶ OS はハードウェアの違いを吸収してアプリケーションソフトウェアとの仲介をしている。

確認問題 アプリケーションソフトウェアや OS の名称を，コンピュータとスマートフォンに分けて調べなさい。

解答例▶

・**コンピュータ**

　　アプリ：Word, Excel, PowerPoint, Illustrator, Photoshop など

　　OS：Windows, macOS, ChromeOS, Unix, Linux など

・**スマートフォン**

　　アプリ：Safari, Dropbox

　　OS：iOS, iPadOS, Android など

2 情報機器の接続

情報機器を相互に接続する規格を**インタフェース**という。コンピュータとプリンタ，キーボード，ハードディスクなどの周辺機器との接続は **USB インタフェース**や無線を利用する。**ハブ**や**ルータ**などの通信機器とコンピュータを接続するには，有線の場合は，LAN ケーブルを用いて**イーサネット**規格を使用する。タブレットやスマートフォンなど，無線を利用できる情報機器では，無線通信規格 **IEEE802.11**（アイトリプルイー）を利用して接続する。

確認問題 デジタルカメラなどで撮影した写真をコンピュータに入力するための方法を 3 通りあげなさい。

解答例▶

①**USB ケーブルで接続してカメラから直接入力する。**

②カメラのスロットに差し込んだ**SD**カード等のメモリーカードを，コンピュータのカードスロットまたは接続したカードリーダに接続して入力する。

③**WiFi**（無線 **LAN**）や **Bluetooth** 機能を搭載したカメラでは，無線機能で接続し，入力できる。

第2節　情報のデジタル化

❶ アナログとデジタル　　　教科書「最新」p.68～69

時間や温度のように連続して変化する量を，時計の針の位置や水銀柱（アルコール柱）の長さ高さのような連続した量で表現することを**アナログ**という。一方，一定の間隔で区切った数字や段階的な数値で表現することを**デジタル**という。

1 情報の正確な再現

アナログは，ノイズ（雑音）が混じると波形が変化し，もとの情報が変わってしまうが，デジタルの場合は，ノイズが混じっても，波形の高低がわかれば，情報を元通りに復元できる。デジタルでは，多少のノイズには影響されず，情報を正確に再現できる。

考えよう　デジタル時計とアナログ時計の利点を考えよう。

ガイド

①デジタル時計：瞬時に時間がわかる。機械式に比べ精度がよい。いろんな機能を持たせることができる（スマートウオッチ等）。

②アナログ時計：時間の経過，残り時間などを針の位置で瞬時に目算できる。メンテナンスをしっかりやれば，長期間使用可能。短針と太陽の位置で方位（南）がわかる。

2 情報の容易な加工

デジタル化で情報は数値化されるため，修正や編集など加工が容易になる。また，**圧縮**や暗号化など複雑な計算も可能となる。圧縮とは，一定のルールに従って，データの意味を保ったままデータ量を小さくする処理のことをいい，これには，**可逆圧縮**（圧縮前と展開後のデータが同じ）と**非可逆圧縮**がある。

文書ファイルやプログラムファイルは，1ビットでもデータが変わっていると正しく利用できないため，可逆圧縮を使う。一方，非可逆圧縮は，多少のデータの変更を認めて圧縮効率を高める方式である。画像や音声などは，人間が認識しにくい成分を削るなどして，高い圧縮率を実現させる。

3 情報の統合的な扱い

数値，文字，音声，静止画や動画などの情報を0と1で表すと，記録メディアやコンピュータに取り込んで，統合的に扱うことができる。

確認問題　AAAAAAAABBBBB を A8B5 と圧縮したとき，次のデータを圧縮すると，どのようになるか示しなさい。また，何文字分削減できたか求めなさい。

白白白白白黒黒白白白黒黒黒黒黒

解　説　「白5黒3白3黒5」となり，16文字から8文字分削減できた。

解答例　8文字分

❷ 2進数と情報量

教科書「最新」p.70〜71

　コンピュータ内部では，高低2種類の電圧を1と0に対応させている。また，ハードディスクでは磁気のN極とS極の状態で，CDではピットとランドの変化する部分を「1」，連続している部分を「0」に対応させている。「0」と「1」で数を表現する方法を**2進法**，2進法で表した数値を**2進数**と呼ぶ。

　0と1の2つの状態の**情報量**の最小単位を**ビット**といい，1ビットで0と1の2通りの状態を表現できる。この情報量を1ビットという。また，8ビットを1**バイト**といい単位は[B]で表す。1バイトは256通りの情報を表現できる。

例題 1　**コイン投げによる情報量**

　片面を黒，もう一方を白に塗ったコインがある。このコインを1回から3回まで投げた時に表現できる組み合わせは，それぞれ何通りあるか考えなさい。

考え方　コインを投げた時に上側になるのは，黒か白のいずれか一方であるので，このコインを1回投げた時の情報量は1ビットと考えることができる。

解　答　1回投げると「黒」と「白」の**2通り**になる。2回投げると2ビットの情報量と考えることができ，「黒黒」「白黒」「黒白」「白白」という**4通り**の組み合わせになる。3回投げると3ビットの情報量と考えられ，図のように**8通り**の組み合わせになる。

　このように，nビットでは2^n通りを区別することができる。

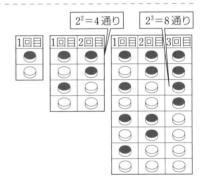

確認問題　サッカー1チームで同時に出場できるのは11名である。11名の背番号を「0」と「1」の2つの数であらわした場合，最低でも何ビット必要か。

解　答　$2^3=8$ 通り，$2^4=16$ 通りなので，**4ビット必要。**

考えよう　アルファベット26文字（大文字のみ）を2進数で表現するとき，最低何ビット必要か。

解　答　$2^4=16$ 通り，$2^5=32$ 通りなので，**5ビット必要。**

❸ 演算の仕組み

教科書「最新」**p.72〜73**

1 論理回路

「0」と「1」の2つの信号で演算や制御を行う回路を**論理回路**という。それには**論理積（AND）回路**，**論理和（OR）回路**，**否定（NOT）回路**がある。コンピュータはこれら3つの論理回路の組み合わせですべての計算ができる。

2 論理積（AND）回路

　AND回路は，2つの入力がともに「1」の時だけ，出力信号が「1」になる。スイッチ動作の組み合わせは4通りあり，真理値表は表1，AND回路の図記号は，図1のように表す。

表1　AND回路の真理値表

入力		出力
A	B	L
0	0	0
0	1	0
1	0	0
1	1	1

図1　AND回路の図記号

3 論理和（OR）回路

　OR回路は，入力のいずれか一方が1であれば，1を出力する。真理値表は表2，図記号は図2のように表す。

表2　OR回路の真理値表

入力		出力
A	B	L
0	0	0
0	1	1
1	0	1
1	1	1

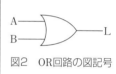

図2　OR回路の図記号

4 否定（NOT）回路

　NOT回路は，入力した信号を反転した値を出力する。真理値表は表3，図記号は図3のように表す。

表3　NOT回路の真理値表

入力	出力
A	L
0	1
1	0

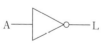

図3　NOT回路の図記号

例題 1　半加算回路

　AND回路，OR回路，NOT回路を次の図のように組み合わせた回路を半加算回路と呼ぶ。この図を参考にして半加算回路の真理値表を作成しなさい。

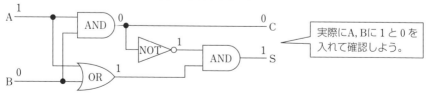

実際にA, Bに1と0を入れて確認しよう。

- -

考え方　AとBに，それぞれ0と0，0と1，1と0，1と1を入れて考える。上図では，Aが1，Bが0の考え方の例を示している。

解　答　右表の通り。

考　察　半加算回路の出力Cを「桁上げ」，Sを1桁目の
「和」とすると，半加算回路は1桁の加算を表してい
る。このように，論理回路を組み合わせることで演算
ができる。

半加算回路の真理値表

入力		出力	
A	B	C	S
0	0	0	0
0	1	0	1
1	0	0	1
1	1	1	0

❹ 数値と文字の表現　　　　教科書「最新」**p.74~77**

1 数値のデジタル化

　日常使っている10進数の数値も，0と1の組み合わせで表現ができる。2進数で数値
を表現すると桁数が増えるので，2進数を下位（右側）から4桁ずつに区切って**16進数**で
表現する方法が使われる。16進数では，16種類の数字が必要なため，0〜9の数字とA〜
Fの英字を使用する。1桁上がるごとに各桁の重みは，10進数では10倍になるが，2進
数では2倍，16進数では16倍になる。

確認問題　10進数は2進数に，2進数は10進数に変換しなさい。

(1)　$18_{(10)}$　　(2)　$25_{(10)}$　　(3)　$32_{(10)}$　　(4)　$00101011_{(2)}$　　(5)　$11100101_{(2)}$　　(6)　$11111101_{(2)}$

- -

解　説　10進数を2進数に変換するには，10進数を商が1になるまで2で割っていき，
最後の商と毎回の余りを左から並べていく。

　　　　2進数を10進数に変換するには，2進数の各桁の重み (2^x) をかけて，すべて足
し合わせる。

解　答

(1)　$\mathbf{00010010_{(2)}}$　　(2)　$\mathbf{00011001_{(2)}}$　　(3)　$\mathbf{00100000_{(2)}}$　　(4)　$\mathbf{43_{(10)}}$　　(5)　$\mathbf{229_{(10)}}$

(6)　$\mathbf{253_{(10)}}$

例題 2　**2進数と16進数の関係を調べる**

　2進数の00011101は，16進数の1Dであることを確かめなさい。

- -

考え方　2進数を16進数に変換するには，右側から4ビットずつ区切り，それぞれを
16進数に置き換える。

解答例　「00011101」を4ビットずつ区切り，16進数に変換すると「1D」となる。

　　　　2進数　　　0001　　　1101

　　　　　　　　　　⬇　　　　⬇

　　　　16進数　　　1　　　　D

考　察　16進数の「1D」を10進数に変換すると，「29」となる。

　　　　$1×16^1+D×16^0=1×16+13×1=29_{(10)}$

また2進数の「00011101」を10進数に変換すると，同様に「29」となる。

$$0\times2^7+0\times2^6+0\times2^5+1\times2^4+1\times2^3+1\times2^2+0\times2^1+1\times2^0=29_{(10)}$$

類題　確認問題の(4)〜(6)を16進数で表してみよう。

解答

(4) 0010 1011 → **2B**$_{(16)}$　　(5) 1110 0101 → **E5**$_{(16)}$　　(6) 1111 1101 → **FD**$_{(16)}$

確認問題　16進数は2進数に，2進数は16進数に変換しなさい。

(1) 5E$_{(16)}$　　(2) 8D$_{(16)}$　　(3) AB$_{(16)}$　　(4) 11100101$_{(2)}$　　(5) 01001111$_{(2)}$

(6) 11011110$_{(2)}$

解説

(1) 5$_{(16)}$は0101$_{(2)}$，E$_{(16)}$は1110$_{(2)}$なので，この2進数を並べる。他も同様。

解答例

(1) **01011110**$_{(2)}$　　(2) **10001101**$_{(2)}$　　(3) **10101011**$_{(2)}$　　(4) **E5**$_{(16)}$　　(5) **4F**$_{(16)}$

(6) **DE**$_{(16)}$

2 文字のデジタル化

　文字や記号といった文字列も0と1の組み合わせで表現でき，これらを2進数でどのように表すかを取り決めたものを**文字コード**という。7ビットの半角英文文字は128文字までで表現でき，ASCII（アスキー）コードと呼ばれる。

　1バイトでは，$2^8=256$種類の文字や記号を表すことができるため，英数字など種類の少ない文字種は，1バイトで表すことができる。2バイトでは，$2^8\times2^8=256\times256=65536$種類の文字や記号を表すことができる。日本語に対応した**JISコード**や，**シフトJISコード**，**EUC**，世界各国の文字体系に対応させた**Unicode**などがある。

　また，文字列をコード化することを**エンコード**，もとに戻すことを**デコード**という。

文字化け

　文字データの通信時に送信側（エンコード）と受信側（デコード）とで使用している文字コードが異なるために，表示される文字が意図しない文字や記号で表示されてしまうこと。通信時のノイズ，障害によって起こることもある。

確認問題

(1) 教科書p.76の表2の文字コード表を参考にして，自分の名前（ローマ字の大文字）を16進数で表しなさい。（例：TANAKA → 54 41 4E 41 4B 41）

(2) 日本語文字の1文字を2バイトで表すとする。1ページが40字×40行の時，1ページ分の文字データのサイズは，最大で何キロバイトになるか答えなさい。

(3) Webページを閲覧し，ブラウザのエンコードに関する設定を変更することで，文字化けが起こることを確認しなさい。

教科書の整理　第2節

| 解　説 | (2)　1ページのバイト数は，2 B×40 字×40 行＝3200 B。これを 1 KB（注意： |

> 　解　説 ▶　(2)　1ページのバイト数は，2 B×40 字×40 行＝3200 B。これを 1 KB（注意：K は大文字。1 K＝1024，小文字の 1 k は 10^3）＝1024 B　で割るとよい。
>
> 　(3)　文字化けはブラウザの「エンコード」で設定されている文字コードを「デフォルト（規定値）」や「自動検出」からほかの文字コードに変更すると見られる。

解答例 ▶

(1)　省略　　　(2)　**3.125 KB（約 3 KB）**　　　(3)　省略

⑤ 数値の計算

教科書「最新」p.78〜81

1 2進数の加算と減算

例題 1　4ビットの2進数の加算と減算

2 進数 $0010_{(2)}＋1011_{(2)}$ と $0101_{(2)}－0011_{(2)}$ の計算をしなさい。

考え方 ▶　筆算を用いて，桁ごとに計算を行う。その際，1＋1 で繰り上がる時，0－1 で上の桁から借りる時は，以下のようにするとわかりやすい。

① 1＋1 で繰り上がる時

　　繰り上がりの 1 を上の桁に書き，この繰り上がりの 1 を含めた 3 つの数字を加算する。

```
      1                1                  1
  0 0 1 0          0 0 1 0          0 0 1 0
+ 1 0 1 1    ➡    + 1 0 1 1    ➡    + 1 0 1 1
      1              0 1              1 0 1
```

② 0－1 で上の桁から借りる時

　　下の桁に繰り下がりの 1 を 2 つ書き，繰り下がりの 2 つの 1 から 1 を減算する。

```
      1                1                  1
      1                1                  1
  0 1 0 1          0 1 0 1          0 1 0 1
- 0 0 1 1    ➡    - 0 0 1 1    ➡    - 0 0 1 1
      0                0              1 0
```

> 2を上の桁から借りるので，1を縦に2つ並べた。

解　答 ▶

```
                        1
      1                 1
  0 0 1 0           0 1 0 1
+ 1 0 1 1          - 0 0 1 1
  1 1 0 1  答え      0 0 1 0  答え
```

答え　$1101_{(2)}$　　　　答え　$0010_{(2)}$

確認問題 次の2進数の計算をしなさい。

① $0011_{(2)} + 1001_{(2)}$　② $0111_{(2)} + 0001_{(2)}$　③ $1010_{(2)} - 0010_{(2)}$　④ $1100_{(2)} - 0011_{(2)}$

④の計算方法

$$\begin{array}{c} 1 \\ \hline 1\ 1 \end{array} = 4\ 上の桁から借りる$$

$$\begin{array}{r} 1\ 1\ 0\ 0 \\ -\ 0\ 0\ 1\ 1 \\ \hline 1\ 0\ 0\ 1 \end{array}$$

参考：10進数に直して検算し，確認しよう。

- -

解 説

① $\begin{array}{r} 0\ 0\ 1\ 1 \\ +\ 1\ 0\ 0\ 1 \\ \hline 1\ 1\ 0\ 0 \end{array}$　② $\begin{array}{r} 0\ 1\ 1\ 1 \\ +\ 0\ 0\ 0\ 1 \\ \hline 1\ 0\ 0\ 0 \end{array}$　③ $\begin{array}{r} 1\ 0\ 1\ 0 \\ -\ 0\ 0\ 1\ 0 \\ \hline 1\ 0\ 0\ 0 \end{array}$　④ $\begin{array}{r} 1\ 1\ 0\ 0 \\ -\ 0\ 0\ 1\ 1 \\ \hline 1\ 0\ 0\ 1 \end{array}$

解 答

① $1100_{(2)}$　② $1000_{(2)}$　③ $1000_{(2)}$　④ $1001_{(2)}$

2 負の数の表現

コンピュータでは，負の数を表現する場合，ある自然数に対して足すと1桁増える最も小さな数である**補数**を使う。

3 補数を使った減算

補数を使うと減算も加算になり，コンピュータ処理は加算回路で行える。

類 題 補数を使って $1100_{(2)} - 0111_{(2)}$ の計算をしなさい。

- -

解 説 0111の補数は足すと10000になる2進数なので，1001

1100＋1001＝10101　桁上がりを無視するので，答は $0101_{(2)}$

解 答 $0101_{(2)}$

4 コンピュータでの実数の表現

2進数での浮動小数点数の表し方は，基本的には10進数と同じであり，次の工夫をする。

符号部	0を正，1を負とする。
指数部	一番小さな指数が0となるように数値を加え，調整する。
仮数部	最上位の桁は常に1となるので，1を省略し，その次の2番目の桁から仮数部とする。

16ビット（2バイト）で，符号部を1ビット，指数部を5ビット，仮数部を10ビットとして表現すると次のようになる。

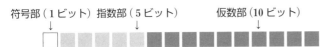

符号部（1ビット）　指数部（5ビット）　　　仮数部（10ビット）

例えば，10進数の「2.5」を，16ビットの2進数の浮動小数点数で表すと，次のようになる。

① 10進数の「2.5」を2進数の小数にする。

$$2.5 = 2 + 0.5 = 2^1 \times 1 + 2^0 \times 0 + 2^{-1} \times 1 = 10.1_{(2)}$$

② 2進数の10.1を浮動小数点数にする。

> 指数部が5ビットの場合，表現できる数は 2^5 個であるが，整数の表現（－16～15）とは異なる表し方をする。指数部の大小関係を比較しやすいように，補数を使わず0以上の値に変換して表す。指数に15（バイアス値）を足して－15を00000, 16を11111とし，－15～16を表す。

5 コンピュータでの計算と誤差

例えば，10進数の0.1は，2進数では0.00011001100…となり，途中から循環小数になる。そこでコンピュータでは，ある有限の桁で丸め処理を行うため，誤差が生じる。この誤差を**丸め誤差**と呼ぶ。

2進数の小数の各桁の値
$2^{-1}, 2^{-2}, 2^{-3}, 2^{-4}, \cdots$
$0.00011001100\cdots$

例題 4 コンピュータでの計算と丸め誤差

表計算ソフトを使用し，下図のように1.2と1.1を入力して1.2－1.1の計算をする。この時，計算式を入力したセルの小数点の桁数を増やしていくと計算結果はどのように示されるか答えなさい。

解答例 小数点第16位で誤差が表示される。

考察 表計算ソフトでは，15桁の精度の範囲内でのみ，数値を表現できる。

A3	▼	⋮	× ✓ fx	=A1-A2	
	A	B	C	D	E
1	1.2				
2	1.1				
3	0.1				
4					

A3	▼	⋮	× ✓ fx	=A1-A2	
	A		B	C	
1	1.2				
2	1.1				
3	0.0999999999999999				
4					

補足：セルに ＝1÷3 を入れて計算すると，下図のように小数点以下 16 桁以降は 0 になる。

	A	B
1	1÷3	0.33333333333333300000

このほか，近い大きさの小数どうしで減算を行った時，有効数字が減る現象が生じる。これを**桁落ち**と呼び，その誤差を**桁落ち誤差**と呼ぶ。

確認問題　コンピュータでの数値計算で生じる誤差について，ほかにどのようなものがあるか調べなさい。

ガイド

・**桁あふれ誤差**：コンピュータが扱えるビット数を超えるために発生する誤差。最大値を上回る「オーバーフロー」，最小値を下回る「アンダーフロー」がある。
・**打ち切り誤差**：計算を途中で打ち切ってしまうことで発生する誤差。例えば円周率は途中で打ち切って扱う。
・**情報落ち誤差**：絶対値の大きな値と絶対値の小さな値の足し算や引き算で，小さな値の桁情報が無視され，計算結果に反映されない誤差。

❻ 音声の表現

教科書「最新」**p.82～83**

音は空気の振動が伝わっていく波（縦波）の現象である。1 秒間に含まれる波の数を**周波数**といい，単位を**ヘルツ** [Hz] で表す。また，1 個の波が伝わる時間を**周期**といい，単位を秒 [s] で表す。

マイクロホンでアナログの電気信号に変換した音声をデジタル化する過程は次のようになる。

① 波を一定の時間間隔に分割し，量として取り出す。取り出した点を**標本点**といい，この操作を**標本化（サンプリング）**という。この時，分割する時間間隔を**標本化周期**といい，1 秒間に標本化する回数を**標本化周波数（サンプリング周波数）**という。

② 電圧に対しても一定間隔に分割し，標本点の値に最も近い段階値（整数）で表す。この操作を**量子化**という。この時，量子化する際の段階の数（ビット数）を**量子化ビット数**という。次のページの図では，量子化ビット数が 3 ビットで 0 ～ 7 の 8 段階で量子化している。

③ 量子化した数値を 2 進数の 0 と 1 の組み合わせに置き換える。この操作を**符号化**という。

④ 2 進数にした数値を高低 2 種類の電圧に置き換える。このように，音声情報を 2 進数の符号に変換する方式は，PCM（パルス符号変調）方式と呼ばれる。標本化周期が小さいほど，また量子化ビット数が多いほど，もとのアナログの波形に近くなる一方，データ量は増える。

表　符号化

電圧	2進数
7	111
6	110
5	101
4	100
3	011
2	010
1	001
0	000

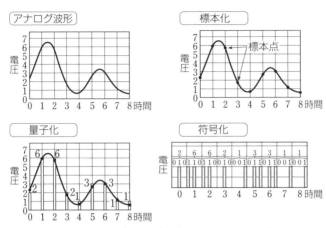

図 音声のデジタル化（3ビットでの量子化の例）

例題 1 標本化の間隔

波が単一の正弦波で周波数が 50 [Hz] の場合，最小の標本化周波数はいくらか答えなさい。

考え方 正弦波をいくつか重ね合わせるともとのアナログ波形を作ることができる。もとのアナログ波形を構成する正弦波のうち，最も周波数の大きい（周期の小さい）ものに着目し，この周期の半分より小さい時間間隔で標本化すれば，もとの波を再現できることが知られている。これを標本化定理（サンプリング定理）という。

この問題では，単一の正弦波であるので，再現するための標本化周波数は，その周波数の2倍より大きく，時間間隔である周期は $\frac{1}{2}$ より小さくあればよい。

標本化定理

アナログ信号をデジタル信号に正確に変換するには，元の信号の最大周波数の2倍より大きい**サンプリング**周波数で**標本化**すればよい。

解 説 周期は周波数の逆数なので，$\frac{1}{50 [Hz]}=0.02 [s]$。この半分の時間間隔は，$\frac{0.02 [s]}{2}=0.01 [s]$ この逆数が標本化周波数になるとよいので，$\frac{1}{0.01 [s]}=100 [Hz]$。

解 答 周波数が 50 [Hz] の場合，周期は 0.02 [s] であるから，その時間の半分である 0.01 [s] より小さい時間間隔で標本化する。すなわち，**100 [Hz]** より大きい標本化周波数で標本化すればよい。

確認問題 高音と低音をデジタル化する時，できるだけもとの音に近づけて再生するための最小の標本化周波数は，どちらの方が高いか答えなさい。

解答例 **高音**は周波数が高く，周期は短いので最小の標本化の時間間隔も短く，その逆数である標本化周波数は低音に比べ高くなる。

❼ 静止画と動画の表現 教科書「最新」**p.84〜87**

1 カラー画像

テレビやコンピュータのディスプレイは，**光の三原色**の赤 (R：Red)，緑 (G：Green)，青 (B：Blue) の組み合わせで色を表現する**加法混色**である。一方，カラープリンタは，**色の三原色**である**シアン** (C：Cyan)，**マゼンタ** (M：Magenta)，**イエロー** (Y：Yellow) を組み合わせる**減法混色**である。

画像を構成する最小単位を**画素**（ピクセル）という。赤，緑，青のそれぞれの明るさを256段階にするために，8ビット (2^8=256) ずつ割り当てると，1画素あたり合計 $8×3$=24 ビットのデータ量が必要となる。このとき，約 1677 万色 ($2^8×2^8×2^8$) まで表現できる。これを **24 ビットフルカラー**と呼ぶ。

(**考えよう**) 色の三原色であるシアン，マゼンタ，イエローを2色ずつ混ぜると何色になるか考えよう。

解答例 シアン＋マゼンタ＝ブルー (**青**)，マゼンタ＋イエロー＝レッド (**赤**)，
イエロー＋シアン＝グリーン (**緑**)

2 画像のデジタル化

画像をデジタル化するには，画素の濃淡情報を光センサで一定の距離間隔で読み取り**標本化**し，さらに**量子化**した数値を2進数で表し，0と1の組み合わせに**符号化**する。音声は時間的なサンプリングだが，画像は空間的なサンプリングである。

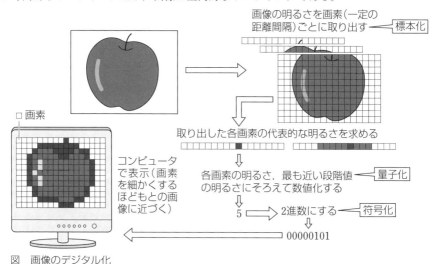

画像の明るさを画素（一定の距離間隔）ごとに取り出す ◄ 標本化

取り出した各画素の代表的な明るさを求める

□ 画素

コンピュータで表示（画素を細かくするほどもとの画像に近づく）

各画素の明るさ，最も近い段階値の明るさにそろえて数値化する ◄ 量子化

5 ⇒ 2進数にする ◄ 符号化

00000101

図 画像のデジタル化

教科書の整理　第2節

3 解像度と階調

画像の標本化では，画像を細かく分割することにより，きめ細かくなめらかな画像になる。画像の精度は，画素の数で決まり，**解像度**で表現する。

画像の量子化では，色成分の明るさを何段階に分けるかを表す段階数を**階調**という。

例題 2 　解像度と階調の違いによる画質の比較

画像処理ソフトを用いて，画像の解像度と階調を変更して画質を比較しなさい。

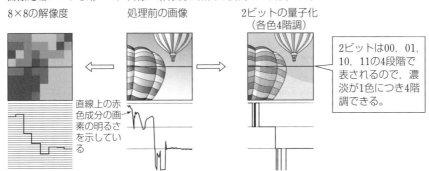

8×8の解像度　　　　　　処理前の画像　　　　　2ビットの量子化
（各色4階調）

直線上の赤色成分の画素の明るさを示している

2ビットは00，01，10，11の4段階で表されるので，濃淡が1色につき4階調できる。

考　察▶　例えば，解像度が8×8になるように標本化した場合，処理前後の画像を比較すると，処理前の画像の方が，なめらかなことがわかる。また，1色につき2ビットの量子化を行った場合も，画像の階調が異なっていることがわかる。

4 図形の表現

画素の濃淡で画像を扱う方法を**ラスタ形式**と呼び，直線，曲線，円，四角などの基本的な図形で描いて，その座標や使用する図形の指定などで記述する方法を**ベクタ形式**と呼ぶ。例えば円では必要な情報は円の中心座標，半径，円の内部の色，円周の色と太さである。これらを数値情報として保存すると，データ量を減らすことができる。

例題 3 　図形のデジタル表現

ペイント系ソフトウェアとドロー系ソフトウェアで，図形を表示させ，拡大してその違いを確かめなさい。

解答例▶　**ペイント系ソフトウェア**で作成した画像は，点（画素）の集まりとして1画素ずつ表現するので，拡大するとジャギー（ギザギザ）ができる。**ドロー系ソフトウェア**は，座標や数式を使って，画像を直線や曲線などの組み合わせで表現するので，理論的には拡大しても文字や画像にジャギーは発生しない。

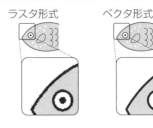

ラスタ形式　　　　　ベクタ形式

5 動画の表現

　動画は，**残像現象**を利用し，静止画を連続的に表示したものである。動画を構成する1枚1枚の画像を**フレーム**と呼ぶ。1秒あたりに再生するフレーム数を**フレームレート**と呼び，単位を **fps** で表す。テレビやビデオの画像は基本的に約 30 fps あるいは約 60 fps である。動画はデータ量が大きく，圧縮して利用することが多い。

調べよう　動画の圧縮は静止画の圧縮に加えて，基本的にどのような原理を使っているか調べよう。

解答例　静止画像の圧縮方法に加えて，さらに「変化があった情報のみ（一つ前の画面より，動いた部分のみの情報）を送る」方法で情報量を減らしている。

教科書の整理　第2節

⑧ 情報のデータ量　　　教科書「最新」**p.88〜89**

1 静止画と動画のデータ量

　ラスタ形式の静止画のデータ量は，各画素のビット数の合計である。1画素の色の明るさを RGB 各 8 ビット（256 階調）で表現すると，1画素のデータ量は 24 ビット（8 ビット×3 色）で表現できるので，静止画のデータ量は 3 バイト（B）×画素数で求められる。なお，動画のデータ量は，各フレームの画像データ量にフレームレートと時間数を乗じて求める。

例題 1　静止画と動画のデータ量を求める

　解像度 1024×768 の 24 [bit] フルカラー画像のデータ量は何 [MB] になるか。この画像を 1 フレームの静止画として，30 [fps] で表示した場合，3 分間の動画を作成すると，データ量は約何 [GB] になるか答えなさい。

解答例

　1．**画像のデータ量**

　　　フルカラーなので，各画素に 24 bit（3 B）のデータ量をもつので

$$3\,\text{B}\times1024\times768 = 2359296\,\text{B} = \frac{2359296}{1024\times1024}\,\text{MB} = \textbf{2.25 MB}$$

　2．**動画のデータ量**

> 1 KB=1024 B,
> 1 MB=1024×1024 B

　　　1 フレームのデータ量は，2.25 [MB] なので，

　　1 秒間のデータ量は 2.25 MB/f×30 f/s＝67.5 MB

　　　よって，30 fps で 3 分間の動画のデータ量は，次のようになる。

$$\frac{67.5\,\text{MB/s}\times60\,\text{s/min}\times3\,\text{min}}{1024\,\text{MB/GB}} = 11.86\,\text{GB} \fallingdotseq \textbf{12 GB}$$

> 1 GB=1024×1 MB

2 圧縮された画像形式

　圧縮されていない静止画の画像形式として **BMP 形式**があるが，解像度（画素数）に比例してデータ量が大きくなる。そこで，ネットワーク上では通常，**JPEG 形式**，**GIF 形式**，**PNG 形式**などの，圧縮を伴う画像形式を用いる。

3 ランレングス圧縮と圧縮率

　連続する同一記号の列を，列の長さを示す数字で置き換える方式を**ランレングス圧縮**といい，モノクロのファクシミリなどに使われている。例えば，「AAAAAAABBBBBAAAA」はAが7回，Bが5回，Aが4回続いているので「A7B5A4」と表す。さらに，AとBの2種類なら最初はAではじまると決めておくことにより，「754」と表すことができる。もし，Bではじまる場合，最初にAが0回連続していると考え0を付ける。

考えよう　AとBの2種類だけで，最初にAから始まるとき，「BBAAABBBB」はどのように表されるか。

解　答　「0234」

例題2　ランレングス圧縮によるデータの圧縮

　図のデータ（16×16ビット）のAの部分を0，Bの部分を1として，以下の約束に従って1行ごとに圧縮すると，データ量は何ビットになるか。また，圧縮率はどのようになるか計算しなさい。
①最初のビット：はじまりがAの場合は0，Bの場合は1とする。
②次の4ビット：AまたはBが続く個数を表す。ただし，「個数−1」として表現する。

考え方　圧縮率は，「圧縮後のデータ量÷圧縮前のデータ量」で求められる。

解答例　1〜3行は，1が16個なので，「1 1111」で5ビット。
　4，5行は，1が3個，0が3個，1が4個，0が3個，1が3個なので，「1 0010 0010 0011 0010 0010」で21ビット。
　6〜16行は，「0 0101 0011 0101」なので，13ビット。各行のビット数を合計すると，
　$5×3+21×2+13×11=200$
　よって，データ量は200ビットとなる。
　また，圧縮率は，$\frac{200}{16×16}×100=78.125$ となり，**約78%** である。

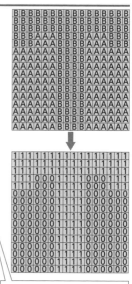

4ビットは0〜15までなので16から1を引いて16は$15_{(10)}=1111_{(2)}$ とする

3は1を引いて2となり，$0010_{(2)}$ とし，4は3となり，$0011_{(2)}$ とする

章末問題のガイド

教科書「最新」**p.90**

1 右図のように，ある音声信号を時刻1から時刻5の
タイミングで標本化・量子化を行い，2ビットで符号化
を行った。その結果は「11 01 00 10 11」であった。こ
の図の手法でデジタル化を行うと音声信号が「01 00
10 11 01」となるアナログ音声信号の図はどれか，答え
なさい。

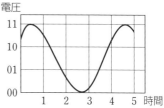

ア

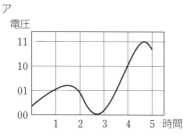

イ

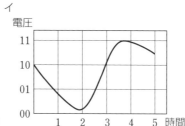

ウ

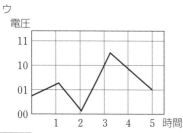

エ

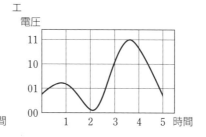

ヒント 参考　教科書 p.82

解説 1の時刻ではいずれも01。2の時刻で00になるのはイ，ウ，エ。

3の時刻で10になるのはイ，ウ，エ。4の時刻で11になるのはイ，エ。

5の時刻で01になるのはウ，エ。すべての信号を満たすのはエとなる。

解答 エ

2 コンピュータを用いて，RGB各4ビットでカラーを表示する場合，表示できる色数は最大で
何色か答えなさい。

ヒント 参考　教科書 p.84

解説 4ビットは $0000_{(2)}$〜$1111_{(2)}=15_{(10)}$ の0から $15_{(10)}$ の16階調。

これが3色の組み合わせになると，$16 \times 16 \times 16 = 4096$ 色となる。

解答 4096色

3 解像度 1600×1200 画素で 24 ビットフルカラーの画像を撮影できるデジタルカメラがある。画像のデータ量を 30% に圧縮して 1000 枚の写真を記録したい。どの容量の記録メディアを購入すればよいか。不適当なものをア～カの中から選びなさい。

　ア．1 GB　　イ．2 GB　　ウ．4 GB　　エ．8 GB　　オ．16 GB　　カ．32 GB

ヒント 参考　教科書 p.88, 89

解　説 24 bit＝3 B より，

$$3 \text{B} \times (1600 \times 1200 \text{ 画素}) \times 0.30 \times 1000 \text{ 枚} = 1,728,000,000 \text{ B}$$

1 KB＝1024 B，1 MB＝1024 KB，1 GB＝1024 MB より，

$$1,728,000,000 \text{ B} \div (1024 \times 1024 \times 1024) \text{ GB/B} ≒ 1.61 \text{ GB}$$

これより，1 GB では容量不足なのでアは不適当。

解答 ア

4 1 フレームの解像度 400×300 画素の動画 1 分間のデータ量は，400 万画素で撮影した写真の何枚分のデータ量に相当するか答えなさい。ただし，動画，写真とも同じ色数のカラーとし，圧縮は行わない。また，動画は 30 fps で記録し，音声を含まないデータとする。

ヒント 参考　教科書 p.88

解　説 400×300 画素/f × 30 f/s × 60 s ÷ 4000000 画素 ＝ 54 枚

解答 54 枚

Let's try!・問題のガイド

教科書「Python」「JavaScript」**p.44〜67**

第3章　デジタル

10 デジタル情報の特徴

問題 (p.45) 24ビットで表現できる情報は何通りか計算しなさい。また，65536通りの情報を表現するためには何ビットの情報量が必要か計算しなさい。

解説 $2^{24}=16777216$ 通り，$65536=2^{16}$ なので，16ビット必要。

解答 16777216通り，16ビット

11 数値と文字の表現

問題 (p.47) 次の数値を指定された形式で表現しなさい。ただし補数の場合は，8ビットの2進数で表現すること。

①$10110101_{(2)} \to 10$進数　　②$128_{(10)} \to 2$進数　　③$10001111_{(2)} \to 16$進数

④$AB_{(16)} \to 2$進数　　⑤$DD_{(16)} \to 10$進数　　⑥$191_{(10)} \to 16$進数

⑦$00000001_{(2)(\to 補数)}$　　⑧$01010011_{(2)(\to 補数)}$

解答・解説

① $2^0+2^2+2^4+2^5+2^7=1+4+16+32+128=\mathbf{181}$

② $128=2^7 \to \mathbf{10000000_{(2)}}$　　③ $\mathbf{8F_{(16)}}$　　④ $\mathbf{10101011_{(2)}}$

⑤ $11011101 \to 2^0+2^2+2^3+2^4+2^6+2^7=1+4+8+16+64+128=\mathbf{221}$

⑥ $191=2^7+2^5+2^4+2^3+2^2+2^1+2^0 \to 10111111_{(2)}=\mathbf{BF_{(16)}}$

⑦ 各桁を反転すると $11111110_{(2)}$。1を足して $\mathbf{11111111_{(2)}}$

⑧ 各桁を反転すると $10101100_{(2)}$。1を足して $\mathbf{10101101_{(2)}}$

　　補数は反転し，1を足すとよい。

Let's try! (p.47)

$010_{(2)}$ と $0010_{(2)}$ は，どちらも $2_{(10)}$ であるが，$-2_{(10)}$ は，2進数の，3ビットと4ビットの場合での補数表現がそれぞれ異なることを確かめ，その理由を考えてみよう。

解答・解説

　　3ビットの010の補数は $101+1=110$。

　　4ビットの0010の補数は $1101+1=1110$。

　　補数は反転し，1を足すとよい。

問題 (p.49) 教科書p.49の表3を参考に自分の名前（ローマ字の大文字）を16進数で表しなさい。

解答例▶・解　説▶

鈴木一朗 → SUZUKI ICHIROU → 53,55,5A,55,4B,49,20,49,43,48,49,52,4F,55

表3を1文字ずつ照合する。上の桁を先に，下の桁を後に書く。

12 演算の仕組み

問題 (p.51)　次の計算結果を指定された形式で表現しなさい。ただし数値は4ビットの整数と

し，2進数の負の値は補数で表現すること。

①$10_{(2)}+A_{(16)}$ → 10進数　②$100_{(2)}-C_{(16)}-5_{(10)}$ → 2進数

③$B_{(16)}-11_{(10)}-11_{(2)}$ → 16進数　④$7_{(10)}+3_{(16)}-1100_{(2)}$ → 2進数

解答▶・解　説▶

①10進数に変換すると，$2+10=\mathbf{12}_{(10)}$

②すべて2進数に直し，引き算は補数にすると，

$0100_{(2)}-1100_{(2)}-0101_{(2)}=0100_{(2)}+0100_{(2)}+1011_{(2)}=\mathbf{10011}_{(2)}$

（10進数では -13）

③$B_{(16)}$ は $11_{(10)}$ なので $-11_{(2)}$ のみが残る。$11_{(2)}$ を2進数にすると $0011_{(2)}$。

その補数は $1101_{(2)}$ なので，16進数にして $\mathbf{D}_{(16)}$ となる。

④すべて2進数に直し，引き算は補数にすると，

$0111_{(2)}+0011_{(2)}+0100_{(2)}=\mathbf{1110}_{(2)}$

（教科書 p.47 表2より10進数では -2 になる）

問題 (p.52)　図のような①，②のAND回路，OR回路，NOT回路を組み合わせた回路の真理

値表をそれぞれ作成しなさい。

①の回路

②の回路

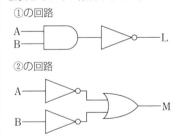

A	B	L	M
0	0		
0	1		
1	0		
1	1		

解　説▶ AND，OR，NOT の真理値表を参考にする。

解答▶

A	B	L	M
0	0	1	1
0	1	1	1
1	0	1	1
1	1	0	0

問題 (p.53)　半加算回路は，最下位の加算はできるが，下位からの桁上げを考慮する必要がある最下位以外の桁の場合はできない。そこで，2進数1桁のA，Bと，下位からの桁上げをXとして3入力（A，B，X）がある桁上げ可能な次のような回路を考えた。このとき，この回路の2出力（C，S）について真理値表を作成しなさい。

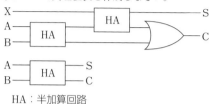

入力			出力	
A	B	X	C	S
0	0	0		
0	1	0		
1	0	0		
1	1	0		
0	0	1		
0	1	1		
1	0	1		
1	1	1		

解説　半加算回路のS，Cの位置が，教科書p.53例題4と上下逆になっているのに注意。半加算器とOR回路の真理値表で確認するとよい。この回路を全加算回路という。

解答

入力			出力	
A	B	X	C	S
0	0	0	0	0
0	1	0	0	1
1	0	0	0	1
1	1	0	1	0
0	0	1	0	1
0	1	1	1	0
1	0	1	1	0
1	1	1	1	1

13 音の表現

14 画像の表現

問題 (p.59)　教科書p.59例題1の直線をそれぞれラスタ形式とベクタ形式で保存し，それらのファイルサイズを比較しなさい。

解答例・解説

　　ドロー系ソフトウェアで同一の画像をベクタ形式（svgファイル等）とラスタ形式（bmpファイル，jpgファイル等）で保存し，容量を比較するとよい。ファイルサイズは，ファイルのアイコンを右クリックし，「プロパティ」画面の「サイズ」を読み取る。

Let's try! (p.59)

ドロー系ソフトウェアにないペイント系ソフトウェアの特徴とは何か考えなさい。

解答例 ・筆やブラシ等の繊細なタッチが使える。
・ぼやけ，浮彫等様々な特殊効果が使える。
・文字は画像として記録されるため，描画後の修正が困難。
・デジタルカメラ等で撮影した写真の補整や加工ができる。

15 コンピュータの構成と動作

Let's try! (p.61)

OS にはどのような種類があるか調べてみよう。

解答例 Windows，macOS，ChromeOS Unix（Linux や BSD など含む），Solaris，Tron など

16 コンピュータの性能

問題 (p.65) 表計算ソフトウェアを使って，0.1 を 1 回ずつ 100 回加算して 10 が得られる過程を調べなさい。ただし，表示桁数を増やすこと。

解答例 ・**解　説**

60 回目の加算から増分が 0.1 でなくなる。

解答例では，セル B2 に「0.1」を入れ，セル B3 に「＝B2＋0.1」を入れて，セル B4 以降にオートフィル機能でコピーしている。

	A	B
1	回数	合計
2	1	0.10000000000000000000
3	2	0.20000000000000000000
4	3	0.30000000000000000000
5	4	0.40000000000000000000
6	5	0.50000000000000000000
60	59	5.90000000000000000000
61	60	5.99999999999999000000
62	61	6.09999999999999000000
97	96	9.59999999999998000000
98	97	9.69999999999998000000
99	98	9.79999999999998000000
100	99	9.89999999999998000000
101	100	9.99999999999998000000

ADVANCE　データの圧縮と効率化

問題 (p.66)　100 KB あるファイルAとBを圧縮したらそれぞれ 80 KB と 60 KB となった。どちらが圧縮率が高いか計算しなさい。

解　説　圧縮率＝80 KB/100 KB×100＝80％ と 60 KB/100 KB×100＝60％ では容量が小さくなる 60％ の方が圧縮率が高い。

解答 60 KB

Let's try! (p.66)

ファイル形式とその形式が何のファイルに利用される形式かをインターネットで調べてみよう。

ヒント　テキストファイル，画像ファイル，動画ファイル，音声ファイル，プログラムファイル等で使われているファイル形式を調べてみよう。

問題 (p.67)　静止画データを圧縮するファイル形式にどのような種類があるか調べ，同じ画像データをそれぞれの形式で保存した時のファイルサイズの違いを確かめなさい。

解答例 ・ 解　説

よく利用される JPEG，GIF，PNG，TIF などを調べてみよう。

画像編集ソフトは，様々なファイル形式で保存することができる。以下に，元画像 188 KB のものをそれぞれの形式で保存したときのサイズを示した。

平安神宮.jpg	サイズ：16.6 KB
平安神宮.gif	サイズ：38.4 KB
平安神宮.png	サイズ：98.3 KB
平安神宮.tif	サイズ：164 KB
平安神宮.jmg 種類：花子フォトレタッチ	サイズ：188 KB

Let's try! (p.67)

ワードプロセッサや表計算ソフトウェアのファイルを圧縮してもあまり圧縮率が高くない場合がある。どのような理由があるか考えてみよう。

解答例　画像は大容量なので，トリミングしたり，解像度を下げないと圧縮率が低くなる。デジタルカメラなどで扱われる JPEG 形式や MPEG 形式の画像を挿入しているときは，元々圧縮されているので，圧縮率は低い。ワープロソフトは，文書ファイルにフォントを埋め込んだり，表計算ソフトの表やグラフを貼りつけるときに，無駄なワークシートやデータがあると圧縮率が低くなる。Excel では，使わないワークシート，空白の行や列，不要なスタイルがあると圧縮率が低くなる。

章末問題のガイド

教科書「Python」「JavaScript」**p.68**

❶ 下の2つの図形で論理積と論理和をとると、どのような図形になるか答えなさい。ただし、白は0、青（スミアミ）は1に対応しているものとする。

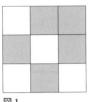

図1

図2

解答例 ・ 解　説

① 論理積　青と白は白

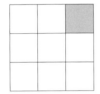

② 論理和　青と白は青

❷ 図3のように、アナログの音声記号を丸印の部分で標本化し、その値を量子化してから2ビットに符号化してデジタル信号に変換した場合に、図4の(1)から(5)のどれになるか答えなさい。

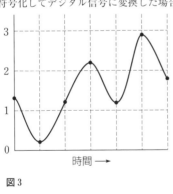

図3

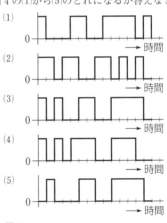

図4

解　説　時間経過とともに標本化の値を読み取り量子化すると「1, 0, 1, 2, 1, 3, 2」と続く。これを2ビットに変換すると、「01, 00, 01, 10, 01, 11, 10」となる。
　　　　よって、(5)

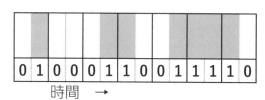

時間　→

解答 (5)

❸　次のメモリAからDを，アクセス (実効アクセス時間) の速い順に並べるとどうなるか答えなさい。

章末問題のガイド　第3章

	キャッシュメモリ			主記録
	有無	アクセス時間 (ナノ秒)	ヒット率 (%)	アクセス時間 (ナノ秒)
A	なし	─	─	15
B	なし	─	─	30
C	あり	20	60	70
D	あり	10	90	80

解　説 教科書 p.61 例題1の計算を参照

A：15 ナノ秒

B：30 ナノ秒

C：0.6×20 ナノ秒$+(1-0.6) \times 70$ ナノ秒$=40$ ナノ秒

D：0.9×10 ナノ秒$+(1-0.9) \times 80$ ナノ秒$=17$ ナノ秒

となるので，A，D，B，C の順になる。

解答 A → D → B → C

❹　次の2つの計算式は，計算順序だけが異なる。これを表計算ソフトウェアを使って計算させ，演算誤差の有無を確認しなさい。

①　$7.19-6.89-0.3$　　②　$7.19-0.3-6.89$

解答例 表計算ソフトウェアのセルに数式を代入すると確認できる。

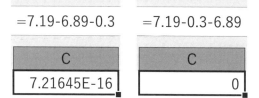

第4章　ネットワークとセキュリティ

「最新」p.91〜114
教科書「Python」p.69〜94
「JavaScript」p.69〜94

第1節　情報通信ネットワーク

教科書の整理

① ネットワークの構成
教科書「最新」p.92〜93

1 通信方式の移り変わり

　データを**パケット**に分割し，異なる宛先のパケットを同じ回線に混在させて流すことのできる方式を**パケット交換方式**という。この方式でネットワークの利用効率は飛躍的に高くなり，これにより LAN やインターネットの実現が可能になった。

2 LAN

　学校や会社など限られた範囲で，コンピュータや周辺機器を接続したネットワークを **LAN** という。LAN では，特定の業務に適したコンピュータに仕事を分散させ，効率よくコンピュータを利用する**クライアントサーバシステム**を構成している場合が多い。このシステムは，サービスを要求する**クライアント**と，クライアントからの要求に応じてサービスを提供する**サーバ**からなる。サーバにはファイルを保管するファイルサーバや，印刷処理を行うプリントサーバなどがある。

　LAN どうしを広い範囲で結んだものを **WAN** といい，世界中の LAN や WAN が接続され世界規模に発展したネットワークが**インターネット**である。

② 情報通信の取り決め
教科書「最新」p.94〜97

　ネットワークの利用には共通の取り決めがある。

1 コミュニケーションとプロトコル

　情報伝達における約束ごとを**プロトコル（通信規約）**という。データを送受信する時も，プロトコルが異なれば情報を伝えることはできない。インターネットでは，図2のように通信機能をグルーピングして階層化し，階層ごとにプロトコルを決めている。

| 話す，聞く |
| 電話機（音↔電気信号） |
| 回線（電気信号伝達） |

| 4層　アプリケーション層（HTTP,SMTP,POPなど） |
| 3層　トランスポート層（TCPなど） |
| 2層　インターネット層（IPなど） |
| 1層　ネットワークインタフェース層 |

図1　電話による通話の階層構造　　図2　インターネットにおける通信の階層構造

2 TCP/IP

インターネットでは，**TCP/IP**と呼ばれるプロトコル群に基づいてデータの送受信を行っている。TCP/IPは，**TCP**と**IP**の2つのプロトコルを中心に4つの階層に分けられている。IPはインターネットに接続するコンピュータや機器に個別に割り当てられた**IPアドレス**という番号を用いて**ルーティング**（経路選択）を行い，パケットをやり取りする。ただし，IPは，通信途中でパケットが消失したり，データに誤りが発生したりしても，誤りを訂正することはしない。

TCPは，データの正確性を保証する。送り出すデータをパケットに分割し，受け取ったパケットを順番通りに並べ，パケットに抜けや誤りがある場合，そのパケットを再び送ってもらい，データを完全な形に仕上げる。

それぞれのパケットには荷札に相当する**ヘッダ**が付いており，配達ルートの混雑状況に応じてどのルートでより早く届くかを判断する**ルータ**がある。

3 IPアドレス

インターネット上のコンピュータは，IPアドレスという個別の番号をもち，それぞれのコンピュータは，IPアドレスを互いに認識して情報をやり取りしている。

IPアドレスは，**IPv4**という規格では32ビット（IPv6は128ビット）で構成されている。2進数ではわかりにくいので8ビットずつドットで区切り，0〜255の4つの10進数で表現する。

11000000	10101000	00000011	01100101
192	168	3	101

インターネット上では同じIPアドレスはなく，これを**グローバルIPアドレス**という。しかし，世界中では数が足りなくなるので，LAN内では**プライベートIPアドレス**を使う。

例題 2 コンピュータのIPアドレスを調べる

自分が利用しているコンピュータのIPアドレスを調べなさい。

ガイド

手順　1．コマンドプロンプトを開く。
　　　2．コマンドプロンプトの後ろにipconfigと入力し，Enterキーを押す。
　　　3．画面に表示される結果のうち，アドレスの部分を書き写す。

```
C:¥>ipconfig

Operating System IP 構成

イーサーネット　アダプタ　ローカルエリア　エリア接続：
接続固有の　DNS　サフィックス　………：
IPv4　アドレス　……………………：192.168.3.101
サブネット　マスク　………………：255.255.255.0
デフォルト　ゲートウェイ　………：192.168.3.10
```

インターネット接続しているコンピュータではIPv6が表示される。

図　ipconfigの結果

4 ドメイン名

IPアドレスは数字で，人には理解しにくい。IPアドレスをわかりやすい名前にしたものを**ドメイン名**という。

ドメイン名は階層構造になっており，「.」で区切って表記する。一番右は**トップレベルドメイン**と呼ばれ，国ごとに割り当てられる **ccTLD** と，国や地域とは関係なく別の基準で割り当てられる **gTLD** の2種類がある。

コンピュータどうしの通信にはドメイン名は直接利用できないため，IPアドレスに変換する必要がある。この変換は DNS サーバが行う。DNS サーバにはドメイン名と IP アドレスの対応表が保管されている。

www.kantei.go.jp

第4　　第3　　第2　　トップ
レベル　レベル　レベル　レベル
ドメイン ドメイン ドメイン ドメイン

図　ドメイン名の構成

第2レベルドメインの「go」は政府機関，「ac」は大学，「ed」は小中高校，「co」は企業を意味する。

表1　ccTLDの例

ccTLD	国・地域
au	オーストラリア
cn	中国
fr	フランス
jp	日本
ca	カナダ

表2　gTLDの例

gTLD	用途
com	商業組織用
info	制限なし
net	ネットワーク用
org	非営利組織用
edu	教育機関用

調べよう　いろいろな機関や国の URL を調べ，ccTLD や gTLD との関係を調べよう。

解答例　省略

5 ルーティング

ルーティングは，パケット転送用の通信経路の中から，最適な経路を選択する仕組みである。この経路は，ルータ内のルーティングテーブルに従って決定される。ルーティングテーブルには，パケットの目的地である「宛先ネットワーク」，出口を表す「インタフェース」，パケットを次に送るルータを表す「ゲートウェイ」，経路選択の判断材料を表し，経由するルータの数などが使われている「メトリック」がある。

❸ Webページとメールの仕組み　教科書「最新」p.98〜99

1 ワールドワイドウェブ

ワールドワイドウェブ(WWW)は，インターネット上の Web ページ閲覧サービスで，**HTTP** というプロトコルを使う。Web ページは，**リンク**を埋め込むことのできる**ハイパーテキスト**形式で，リンクで関連付けられた情報が表示できる。ハイパーテキストは言語 HTML で記述する。

Web ページのデータは **Web サーバ**上に保存され，閲覧には**ブラウザ**を利用する。ブラウザは Web ページの場所を **URL** で指定する。URL は，プロトコル名や Web ページが置かれているサーバのドメイン名やパス名などで構成されている。

http://ドメイン名/パス名

図　URLの構成

2 電子メール

電子メールは，画像や音声などのデータや，ほかのソフトウェアで作成したファイルなども添付できる。メールの作成と送受信に**メーラ**を使い，**メールアドレス**は「ユーザ名@ドメイン名」の書式で指定する。メールは，ルータを中継して運ばれる。メールの送信には SMTP，受信には IMAP というプロトコルなどを使い，それぞれに使うメールサーバを **SMTP サーバ**，**IMAP サーバ**という。

④ 転送速度とデータ圧縮　　教科書「最新」**p.100〜101**

1 転送速度とデータ量

　Web サイト上に公開されたさまざまな資料や画像，プログラムなどは，**ダウンロード**することでファイルを入手できるものがある。

　情報通信の速度は，1秒間に何ビットのデータを転送できるかで表現し，単位を **bps** で表す。1 bps は 1 秒間に 1 ビットのデータを転送することを意味する。

例題 1　**ファイルの転送時間の計算**

　32 Mbps の通信速度で 125 MB のデータ量を転送するのにかかる時間を計算しなさい。ただし，この時の転送効率は 100 % とし，データ量以外のデータは考えないこととする。

- -

手順　　まず単位をそろえてから転送時間を求める。

　　1 [MB]＝1024 [KB] であり，1 [KB]＝1024 [B]，1 [B]＝8 [bit] だから，データ量は，125 [MB]＝125×1024×1024×8 [bit]

　　一方，1 [Mbps]＝1000 [kbps] であり，1 [kbps]＝1000 [bps] だから，

　　転送速度は，32 [Mbps]＝32×1000×1000 [bps]

解説　　bps は，bits per second の略で，1秒あたりに転送できるデータ量，つまりデータを送る速さを表す単位。

　　送信するデータ量をこの速さで割ると送信に要する時間が計算できる。

解答　　転送時間 [秒]＝データ量 [bit]÷転送速度 [bps] より，

$$\frac{125 \times 1024 \times 1024 \times 8}{32 \times 1000 \times 1000} = 32.768 \fallingdotseq \textbf{32.8} [秒]$$

> 1 KB の K は大文字で
> 1 KB＝1024 B

> 1 kbps の k は小文字で
> 1 kbps＝1000 bps

確認問題　64 Mbps の通信速度で 720 MB のデータ量を転送するのにかかる時間を計算しなさい。ただし，転送効率は 100 % とする。

- -

解説　　転送時間＝データ量÷転送速度より

$$\frac{720\,\text{MB} \times (1024 \times 1024)\text{B/MB} \times 8\,\text{bit/B}}{64\,\text{Mbps} \times (1000 \times 1000)\,\text{bps/Mbps}} \fallingdotseq 94.372 \fallingdotseq 94.4 [秒]$$

解答　　**94.4 秒**

2 効率的に転送する工夫

ネットワークを通じてデータを送受信する際，データ量や通信速度が問題となる。デジタル情報は**圧縮**できるので，大容量のデータは圧縮して送信する。

インターネットでは，**ZIP** という圧縮形式がよく使われる。これは，基本的にどのような種類のファイルでも圧縮でき，圧縮したファイルは**展開**して利用する。

Windows では，圧縮するファイルを右クリックし，「送る」→「圧縮 (**zip 形式**) フォルダー」の順に左クリックする。

3 安全・便利に転送する工夫

データ量を減らすために圧縮を利用するが，セキュリティを高めるために，パスワードを設定した圧縮でファイルを暗号化することにも利用される。圧縮により，メールなどでファイルを送信する際に，宛先の誤りやネットワークの盗聴などによって漏洩しても，内容を知られる危険性が低くなる。また，複数のファイルをまとめて1つに圧縮もできる。メールなどでファイルを送信する時や保管，管理をする時に便利である。

第2節 情報セキュリティ

① 脅威に対する安全対策　教科書「最新」p.102~105

情報セキュリティとは，情報の**機密性**，**完全性**，**可用性**を確保することと定義されている。
- **機密性**：ある情報へのアクセスを認められた人だけが，その情報にアクセスできる状態
- **完全性**：情報が破壊，改竄または消去されていない状態
- **可用性**：アクセスを認められた人が，必要な時に情報にアクセスできる状態

情報セキュリティを維持するための必要な対策を，情報セキュリティ対策という。

1 ユーザ ID とパスワードの管理

コンピュータやインターネットのサービスでは，正規の利用者であることの識別に**ユーザ ID** と，本人確認のための**パスワード**の組み合わせが**認証**として使われる。

ユーザ ID やパスワードは，他人に知られてはならない。自己管理の他，ソーシャルエンジニアリング (ユーザ ID やパスワードを入力しているところの盗み見，ほかの利用者との会話などの盗み聞き，人為的な機密情報の入手，などでコンピュータを不正に利用する行為) にも注意が必要である。

考えよう　安全なパスワードの付け方を考えよう。

- -

解答例
- 英字だけでなく数字と記号を含み，短すぎたり長すぎたりしないものにする。

・大文字と小文字を混ぜる。
・生年月日や電話番号，地名，単語など，他人が類推しやすいものは避ける。
・本人だけが覚えやすいものにする。
・ほかで利用しているパスワードの使い回しをしない。

2 マルウェアの対策

悪意のあるソフトウェア（不正
プログラム）には，**コンピュータ
ウイルス**や**トロイの木馬**，**ワーム**
などに分類されるものがあり，こ
れらを総称して**マルウェア**または
単に**ウイルス**という。ウイルスに
は，このほかにも情報を勝手に送
信してしまう**スパイウェア**，ユー
ザの意図しない広告を表示する**ア**

図　マルウェアの概要

マルウェア
トロイの木馬
・自分自身では増殖しない
・偽装して活動する
ワーム
・自分自身で増殖する
・単独で活動する
ウイルス
・自分自身で増殖する
・ほかのファイルやシステムに
寄生して活動する

ドウェア，ファイルを勝手に暗号化し，ユーザが読み取れない状態にした上で，暗号化の
解除と引き換えに金銭を要求する**ランサムウェア**などが存在する。

ウイルス感染を検査し，感染していたらウイルスを取り除くソフトウェアを**ウイルス対
策ソフトウェア**という。コンピュータ上に常駐させ，ウイルスの特徴を収録した**定義ファ
イル**を最新のものへ自動更新するよう設定しておくことが大切である。また，メールに添
付されてきたファイルを開く前や，ダウンロードしたファイルを使う前には，ウイルス検
査が必要である。

感染の兆候には，コンピュータの動作が遅くなったり，見知らぬファイルが作成された
りすることがあるが，ソフトウェアの**セキュリティパッチ**が公開されたら，すぐに適用す
るというように，常にウイルスに対して警戒すべきである。被害は自分だけにとどまらず，
ネットワークを通じて広範囲に及ぶ可能性もある。その場合，自分は被害者であると同時
に，加害者となってしまう恐れがあるので十分に注意する。

ウイルスは，常に新しいものが出現する。

調べよう　ウイルス感染時の対応手段を調べよう。

- -

解答例　・ネットワークケーブルを抜いたり，無線の機能をオフにしたりして，コンピ
ュータをネットワークから一時的に切り離す。
・ウイルス対策ソフトウェアを使って，ハードディスクや USB メモリなどをもれなく
検査し，ウイルスを駆除する。
・被害状況をネットワーク管理者や IPA（独立行政法人情報処理推進機構）などの関係
機関に報告する。郵送やファクシミリなど，そのとき利用可能な手段を用いる。

教科書の整理　第2節

3 不正アクセス対策

　コンピュータを，ネットワークを通して利用する際，デジタル情報がコピーして盗まれたり，改竄されたりしても気が付きにくい。

　外部からデータを保存しているコンピュータへ不正に侵入されないように，ネットワークの出入口に**ファイアウォール**を設置する。これは，インターネットと内部ネットワークの間に設置する装置やソフトウェアの総称であり，各種サーバにより構成する。外部からの不正アクセスだけでなく，内部から外部へのアクセス制限もできる。ただし，これにより絶対に安全というわけではない。

　学校や企業などの LAN や WAN は，利用できるユーザが管理者によって登録されている。しかし，インターネットでは，利用に関してユーザは限定されていない。

4 サイバー犯罪

　インターネットオークションなどでの詐欺や不正アクセスによる情報入手，改竄，破壊，妨害行為，個人情報流出によるなりすまし詐欺など，コンピュータやネットワークを悪用した犯罪を**サイバー犯罪**といい，不正アクセス禁止法違反，コンピュータ・電磁的記録対象犯罪，ネットワーク利用犯罪の3種類に大別される。

調べよう　①ワンクリック詐欺とは何か，②フィッシング詐欺とは何かを調べてみよう。

解答例▶　①Web ページ上の特定のサイトやダイレクトメール等に記載されている
　　　URL などをクリックしたとき，正式な契約をしていないのに，商品やサービスなど
　　　を購入したとして高額な費用を請求されること。
　　　②信頼されている主体になりすました電子メールによって偽の Web サイトに誘導され，
　　　ID やパスワード，クレジットカードの情報などが盗まれること。

確認問題　教科書 p.105 例題2の表1以外のサイバー犯罪の例を調べなさい。

解答例▶　特定電子メール法より
　・送信者情報を偽った送信・受信拒否者への送信や表示・同意の無い者への送信。
　・（コンピュータ等）人の業務に使用する電子計算機若しくは記録を損壊し，もしくは虚
　　偽の情報若しくは不正な指令を与えるなどして誤作動等をさせて業務を妨害する行為
　　（電子計算機損壊等業務妨害罪）。

② 情報セキュリティの確保　　　教科書「最新」**p.106～107**

1 情報セキュリティポリシー

　企業や組織における情報セキュリティへの脅威には，ウイルス感染や災害などによる機器障害，システムへの不正アクセス，情報漏洩などがある。

　これらの脅威から情報資産を守るため，組織内における情報セキュリティ対策の方針と規則を整理し，すべての社員や構成員の意識の向上が必要である。

　このような情報セキュリティ対策の方針や行動指針を**情報セキュリティポリシー**といい，基本方針，対策基準，実施手順の3つの階層で構成されることが多い。

2 アクセス制御

　ネットワークの利用において，データに対し，誰がどんな権限でアクセスするのかをコントロールすることを**アクセス制御**という。

　管理者（アドミニストレータ）は，利用者に応じた適切な**アクセス権**を付与する。

3 フィルタリング

　インターネットなどを通じて出入りする情報を監視し，内容に問題があれば接続を拒否し，通信を遮断する技術を**フィルタリング**という。青少年保護のための有害サイトアクセス制限や，職場・学校での私的なネットワーク利用の制限などに用いられる。

　制限方法には，アクセスしてはいけない Web サイトやカテゴリを指定する**ブラックリスト方式**と，アクセスしてよいものを指定する**ホワイトリスト方式**などがある。

4 VLAN

　物理的な接続に依存せず，仮想的にグループを作り，それぞれ分離された LAN を構築する **VLAN** という手法がある。同じグループ内での通信を可能にし，異なるグループ間の通信は遮断する場合，スイッチに VLAN の設定ができる装置を用いて，LAN ケーブルのポートを単位に仮想的なグループを構成する。

❸ 安全のための情報技術

教科書「最新」**p.108〜113**

1 暗号化

　情報送信時に第三者に盗聴されても内容を知られないようにする技術を**暗号化**という。暗号化する前の文を**平文**（ひらぶん），暗号化された文を**暗号文**という。暗号文を平文に戻すことを**復号**，暗号化や復号に使われる規則を**鍵**という。

　暗号化の方式には，暗号化と復号に同じ鍵を使う**共通鍵暗号方式**や，ネットワーク上に公開した**公開鍵**で相手に暗号化してもらい，復号には自分だけがもつ**秘密鍵**を使う**公開鍵暗号方式**，この2つを組み合わせた**セッション鍵方式**などがある。

- **共通鍵暗号方式の特徴**
- ・公開鍵暗号方式に比べて暗号化と復号の**処理速度が速い**。
- ・共通鍵を対象に渡す過程で**鍵を他者に複製される危険性**がある。
- ・対象ごとに**別々の共通鍵**を用意する必要がある。など

- **公開鍵暗号方式の特徴**
- ・共通鍵方式に比べて暗号化と復号の**処理速度が遅い**。
- ・他者に公開鍵を複製されても，公開鍵では復号できないため**安全性が高い**。

・対象が多くても1つの公開鍵で対応できるため，ペアになる。秘密鍵も1つでよく，鍵の管理が容易である。など

　セッション鍵方式は，共通鍵暗号方式の処理速度が速いという特徴と，公開鍵暗号方式の安全性が高いという特徴を組み合わせている。

例題 1　暗号化と復号

　文字を決まった数だけずらすこと（シーザー・ローテーション）で，簡単な暗号化ができる。次の文を復号すると，どのようなメッセージになるか答えなさい。KDSSB　ELUWKGDB

解　答　3文字ずつ前へずらすと次のように復号できる。

　HAPPY　BIRTHDAY

　　　　A B C D E F G H I J K L M N O P Q R S T U V W X Y Z

解　説　共通鍵に似て「3文字ずつ前にずらす」という情報をあらかじめ共有しておく必要がある。

考えよう　EMYFCYB を複合するとどのようなメッセージになるか考えよう。

解答例　…XYZABC…のように，2文字ずつ後ろへずらすと次のように復元できる。

　GOAHEAD

確認問題　実用化されている共通鍵暗号方式や公開鍵暗号方式の種類を調べなさい。

解答例
- **共通鍵暗号方式**
  - **DES**（Data Encryption Standard）：以前の暗号アルゴリズム。
  - **AES**（Advanced Encryption Standard）：現在代表的な暗号アルゴリズム。
  - **DH 法**：鍵から生成した乱数を送る方法。鍵の共有方法の1つ。
  - **ECDH**：DH法をより複雑化した方法。
- **公開鍵暗号方式**
  - **RSA 暗号**：オイラー定理の整数論と2つの素数を使って暗号化し，素因数分解により復号する仕組み。
  - **DSA**：ハッシュ関数を用いたデジタル署名アルゴリズム。
  - **楕円曲線暗号**（ECC）：離散対数問題に楕円曲線を適用させることで，セキュリティを保ちつつ暗号鍵を短くする方法。

2 デジタル署名と電子認証

　電子メールの発信が誰かのなりすましでないことを証明する方法に，公開鍵暗号方式の公開鍵と秘密鍵のどちらの鍵でも暗号化できるという性質を応用した**デジタル署名**がある。

公開鍵暗号方式は，公開鍵で暗号化したものを秘密鍵で復号するが，デジタル署名はこの逆を行う。

送信者は本人しか持っていない秘密鍵で要約文を暗号化したデジタル署名を文書に添付する。受信者は公開鍵で要約文へ復号する。プログラムで文書から作成された要約文と復号された要約文を比較することで，その文書が本人からのものかどうか確認できる。

電子証明書は，公開鍵の持ち主を証明する電子データである。平文を送信する際，送信者が公開鍵を信頼できる認証局に登録し，電子証明書の発行を受け，平文やデジタル署名とともに公開鍵を添付した電子証明書を送信する。公開鍵が送信者本人のものかどうかは，認証局に照会して確認できる。デジタル署名が本人のものかどうかを電子証明書により第三者が証明する技術を**電子認証**という。

3 SSL/TLS

Web ページ上での暗号化技術に **SSL** がある。SSL で暗号化された Web ページの URL は「https://」で始まっており，このプロトコルを **HTTPS** という。ブラウザに鍵（錠）のマークを表示して，データが SSL で暗号化されていることを示している。また，暗号化はセッション鍵方式が利用されており，鍵のやり取りは，Web サーバと利用者のブラウザ間で自動的に行われる。

4 電子すかし

Web ページに掲載された画像などのデータは，簡単にコピーできる。このような著作権侵害を防ぐ技術の**電子すかし**がある。コピー時にすかし情報がそのまま残り，不正にコピーしたものと特定できる。

5 誤り検出符号

デジタル情報の送受信では，途中の通信回線でノイズが入り，データビットの 0 と 1 が入れ替わってしまう可能性がある。

誤り検出の方法として，各ビットが転送中に変化したかどうかを確認するためのデータをパケットの中に加える。この付加データを**誤り検出符号**（チェックディジット）という。

例えば，7 ビットのデータに，チェックのための 1 ビットを付加して 8 ビットとして送信する場合，この 8 ビット中にある 1 の個数を，偶数にするか奇数にするかをあらかじめ決め，仮に偶数に決めた場合，8 ビット中にある 1 の個数が偶数になるように，最後の 8 ビット目を 1 または 0 とする。この付加する 8 ビット目の 1 ビットを**パリティビット**という。

確認問題 11111111 というデータが，8 ビットの奇数パリティで送られてきた時，1 ビットの誤り検出によって，このデータは誤りがあるといえるか。

- -

解答例

11111111 は 1 が 8 個あり偶数である。奇数パリティでの送信なので**誤りがある**。

章末問題のガイド

教科書「最新」p.114

1 次のサーバのうちメールの送受信に利用しないものはどれかすべて答えなさい。

ア．POP サーバ　　　イ．Web サーバ　　　ウ．SMTP サーバ

エ．DNS サーバ　　　オ．IMAP サーバ　　　カ．プリントサーバ

参考　教科書 p.99

解　説　POP サーバは，電子メールをパソコンにダウンロードする時に利用されるサーバ。SMTP サーバ（メール送信）と併せてメールサーバともいう。

DNS サーバは，メール送受信時の宛先 IP アドレス割り出しに使われるサーバ。

IMAP サーバは，メールの受信に使われるサーバ。

Web サーバは，Web ページの閲覧を提供するサーバ。

プリントサーバは，印刷の要求をプリンタに渡してプリンタを共有するサーバ。

解答 イ，カ

2 4 Mbps の通信速度で 1000 KB のデータ量を転送するのにかかる時間を計算しなさい。ただし，この時の転送効率は回線の混雑などの影響で通信速度の 64% であったとする。

参考　教科書 p.100

解　説　1 KB＝1024 B，通信速度 64% とは速度が 0.64 倍に遅くなるという意味。

$$\frac{1000\ \text{KB}\times1024\ \text{B/KB}\times8\ \text{bit/B}}{4\times(1000\times1000)\ \text{bps/Mbps}\times0.64}=3.2〔秒〕$$

解答 3.2 秒

3 次の 2 つの画像は，圧縮されていない BMP 形式の画像で，画像 B は画像 A を 90 度回転したものである。これらの画像を ZIP 形式で圧縮したところ，表のようなデータ量となった。

	画像A	画像B
圧縮前	117〔KB〕	117〔KB〕
圧縮後	282〔B〕	1019〔B〕

画像A　　　　　画像B

(1) 圧縮後のデータ量の結果から，どのようなことがいえるか答えなさい。

(2) 次の BMP 形式の画像を ZIP 形式で圧縮した時，データ量の大きいものから順に答えなさい。

画像ア　　　　　　　画像イ　　　　　　　画像ウ

参考　教科書 p.101

解　説 (2)　水平方向の画素の複雑さを比較するとよい。

解答例 (1)　画像Aの方が，より小さく圧縮されていることから，圧縮の際に，画像の水平方向に画素の色のデータを比較して，同じものをまとめて圧縮しているということがいえる。

　　(2)　**画像イ＞画像ア＞画像ウ**

4　次の文章のうち誤っているものを1つ答えなさい。
　ア．ウイルス対策ソフトウェアは，マルウェアに対して有効である。
　イ．公開鍵暗号方式では，復号の時に公開鍵を使う。
　ウ．ファイアウォールがあっても絶対に安全とはいえない。
　エ．情報セキュリティに対する脅威の一つに自然災害がある。

　　参考　教科書 p.103〜109

解　説　イは，復号には秘密鍵を使うので間違い。他は正しい。

解答 **イ**

5　情報を正確に送るために，7ビットデータに1ビットのパリティビットを加えて合計8ビットのデータにして送信する場合，次の各問いに答えなさい。
　(1)　7ビットのデータが1110100の時，1ビットの奇数パリティビットを加えて送信した。加えたパリティビットは「1」と「0」のどちらか。
　(2)　偶数パリティで送信側からデータを送信したら，受信データは11010101となった。この時，1ビットの誤り検出によって誤りがあったといえるか。

　　参考　教科書 p.112，113

解　説 (1)　1110100 は 1 が 4 個なので，1 を加えて奇数の 5 個にする。
　　(2)　11010101 は 1 が 5 個で奇数となる。1 を偶数個にするパリティビッド（誤り検出符号）を偶数パリティ，奇数個にするパリティビットを奇数パリティという。

解答 (1)　**1**
　　(2)　**誤りがあったといえる。**

Let's try!・問題のガイド
教科書「Python」「JavaScript」**p. 70〜93**

第4章　ネットワーク
17 ネットワークとプロトコル

Let's try! (p.71)

集中処理と分散処理のメリットとデメリットをそれぞれ考えてみよう。

解答例▶　集中処理のメリットは，保守や運用管理，セキュリティ管理が容易であることで，デメリットは，ホストコンピュータが故障すると，システム全体が停止してしまうことである。

分散処理のメリットは，複数のコンピュータで処理を行うため，1つのコンピュータが故障してもシステム全体が停止することは少なく，LANの信頼性が高い。また，機能の拡張が容易である。デメリットは，複数のコンピュータで処理を行うため，集中処理システムに比べて保守やセキュリティ管理，運用が複雑になる。

18 インターネットの仕組み

問題 (p.75)　利用しているコンピュータのIPアドレスを調べなさい。また，スマートフォンに割り当てられているIPアドレスを，携帯電話網接続時，Wi-Fi接続時のそれぞれについて調べなさい。

ヒント▶　例えばWindows 10では，「Windows」キー＋「R」キーを押し，「名前」欄に「cmd」と入力し，[OK]ボタンをクリックする。コマンドプロンプト画面になるので，「ipconfig」と入力し，「Enter」キーを押す。「IPv4アドレス」または「IPv6アドレス」の値が表示される。

iPhoneでは「設定」を開き，「Wi-Fi」をタップし，左にチェックマークのついた接続中のSSIDの右側にある①マークをタップするとWi-Fi接続時のIPアドレスが表示される。

Androidでは，「設定」を開き，「Wi-Fi」をタップした後，「接続済み」などと書かれた接続中のWi-FiのSSIDをタップする。

携帯電話網接続時については，サーバ監視/ネットワーク監視サービス（「https://www.cman.jp/network/support/go_access.cgi」）などのサイトで確認できる。

Let's try! (p.75)

世の中にIPアドレスが必要な機器が何台ほどあるか話し合ってみよう。また，IPv6で割り当てられるIPアドレスで十分足りるか計算してみよう。

ヒント IPv6 アドレスは 128 ビットなので，128 桁の 2 進数からなる。IP アドレス数は 2 の 128 乗＝約 340 潤（かん）（1 潤は 1 兆× 1 兆× 1 兆）個。この数をもとに話し合うとよい。

Let's try! (p.79)

インターネットに接続している家電や自動車などでは，どのようなサービスを利用できるか調べてみよう。

解答例 外出先からスマートフォンでスマート家電製品の遠隔操作が可能になる。例えば，帰宅時間にあわせてエアコンや照明をつけたり，洗濯，炊事をしたりできる。また，冷蔵庫の状況を監視して買い忘れを防止できる。

車がインターネットに接続されるスマートカーになれば，衝突回避システムや，車間距離を保つブレーキ作動システム，交通情報をカーナビゲーションへ送信するシステム等が搭載され，自動運転や省エネが実現される。

19 Web ページの閲覧とメールの送受信
20 情報システム

Let's try! (p.83)

キャッシュレス社会のメリットとデメリットを話し合ってみよう。

解答例 以下のような事例について話し合ってみよう。

①メリット
・現金を使うことで生じる社会的なコスト（ATM 不要，人件費削減等）の削減。
・お釣り計算や財布からの出し入れなどが不要で，スピーディーな決済が実現。
・企業や店舗側の業務効率化。
・個人送金など新たなコミュニケーションの醸成。
・ベンチャー市場を中心とした経済の活性化。
・訪日観光客にとっての利便性向上から生まれるインバウンド消費の高まり。
・お金の流れの透明化による不正行為防止および治安向上。

②デメリット
・モバイル決済における個人情報提供問題。
・高齢者を中心とするデジタル格差問題。
・QR コードを悪用した新たな詐欺の蔓延。
・不正入手した SNS アカウントを使った決済アプリ悪用詐欺。

21 情報システムを支えるデータベース

問題 (p.85)　オープンデータを提供している総務省統計局や気象庁など国や地方公共団体のサイトにアクセスして，どのようなデータが提供されているか調べなさい。

統計データ

分野別一覧
国勢調査，経済センサス，人口推計，労働力調査，家計調査，消費者物価指数など統計局が実施している統計調査・加工統計及び日本統計年鑑，日本の統計，世界の統計などの総合統計書の分野別一覧を表示

50音順一覧
統計局が実施している統計調査・加工統計及び総合統計書の50音順一覧を表示

公表スケジュール
統計局が実施している統計調査などの結果の公表スケジュールを紹介

統計トピックス
統計局が実施している統計調査などを社会情勢（国民の祝日、記念日等を含む）を踏まえたテーマに分析・編集して紹介

統計表一覧（Excel版）

解答例
・政府のオープンデータサイト：
https://www.data.go.jp/list-of-database?lang=ja
・気象庁のオープンデータサイト：
https://www.data.jma.go.jp/developer/kishou_data3.png
などを参考に調べてみよう。

Let's try! (p.85)

オープンデータは，どのように活用できるか話し合ってみよう。

ヒント　以下のサイト等にオープンデータの活用例がある。これらを参考にして話し合うとよい。

総務省のサイト：
https://www.soumu.go.jp/menu_seisaku/ictseisaku/ictriyou/opendata/
・国民参加・官民協働の推進を通じた諸課題の解決，経済活性化
・行政の高度化・効率化　　・透明性・信頼の向上
気象庁のサイト　https://www.data.jma.go.jp/developer/index.html#4
・防災　　・農業・漁業　　・交通　　・観光等

22 データベースの仕組み

23 個人による安全対策

Let's try! (p.88)

複数のサービスの利用を想定し，覚えやすく，かつ複雑な8文字のパスワードを作成するアイデアを考えグループで共有しなさい。

> **ヒント** 逆に見破られやすいパスワードについて話し合うと解決策が見つけやすくなる。覚えやすいためには連想しやすい語句や身近な言葉があるが，これを加工する方法を考えるのもよい。

24 安全のための情報技術

問題 (p.91) 文字列「Network」を伝送する際に，各文字の文字コード（教科書 p.49 にある文字コード表）を垂直に並べ，各ビットの水平方向と垂直方向に偶数パリティのビットを付加して伝送する。この時，文字コードの最上位ビットの 0 を無視して受信側で図のようなビット列が得られたとするとビット列は正しく受信できたか答えなさい。また，誤りがある場合はそれを訂正しなさい。

解答例・解説

正しく受信できていない。5 列目の 5 行の 0 は，1 が正しい値である。水平も垂直も奇数パリティになっているところのビットを訂正する。

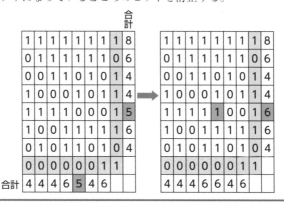

Let's try! (p.93)

自分で考えた共通鍵暗号方式でメッセージをやり取りしてみよう。

> **ヒント** 「はちにんこ」のように「文の前後を逆にする」を公開鍵にする単純なものから，暗号表を使ったものなど複雑なものへ発展させてみよう。

章末問題のガイド

教科書「Python」「JavaScript」**p.94**

❶　共通鍵暗号方式では送信者と受信者の組み合わせごとに鍵が一つ必要である。例えば，8人が互いに通信を行う場合，何個の鍵が必要になるか答えなさい。

解　説　8人から2人ずつ選ぶ組み合わせは ${}_8C_2=\dfrac{8\times7}{2\times1}=28$ 個必要。

解答 28個

❷　ポータルサイトなどにログインする際に，ユーザIDとパスワード以外に図のような文字の画像が表示され，それを読み取って入力するように求める場合がある。その目的を答えなさい。

unbachar

解答例　機械がプログラムによって自動的に不正ログインするのを防ぐため，人でないと認知できないように変形した文字を読み取らせている。

❸　書籍に記されているISBNのコードの最後の1桁は，コードが正しく読みとれたかどうかをチェックするための誤り検出用の数字で，次のような手順で求められる。

> 先ずISBNの左から奇数桁の数字の合計と，偶数桁の数字の合計を3倍にしたものを加え，10からその和の下一桁の数字を引いた数

次のISBNコードが正しいか確認しなさい。

ISBN 978-4-7710-1167-3

解　説　奇数桁の数字の合計＝9＋8＋7＋1＋1＋6＝32
偶数桁の数字の合計＝7＋4＋7＋0＋1＋7＝26
32＋26×3＝110
10−0＝10　となり3ではないので誤り。

解答 誤り

❹　次に示したそれぞれの場合において，暗号化の鍵と復号の鍵はそれぞれ秘密鍵と公開鍵のどちらになるか，組み合わせを選択肢ア〜エからそれぞれ選んで答えなさい。
(1)　オンラインショッピングで，住所・名前などを業者に送信する時
(2)　デジタル署名をした文書を送信する時

選択肢	暗号化の鍵	復号の鍵
ア	公開鍵	公開鍵
イ	公開鍵	秘密鍵
ウ	秘密鍵	公開鍵
エ	秘密鍵	秘密鍵

解　説 教科書 p.92，93 参照

(1)　オンラインショップは認証局を通してSSLを利用し，公開鍵暗号方式を利用している。認証局にはオンラインショッピングサイトの公開鍵や，電子証明書が保管されている。

(2)　送信者で公開鍵と秘密鍵を生成し，受信者に公開鍵を送付する。送信者は作成したデータをもとにハッシュ関数を使用してハッシュ値を算出し，それを秘密鍵を使用して暗号化し，作成したデータと暗号化されたハッシュ値を"署名として"送信する。受信者は，暗号化されたハッシュ値を，送信者から入手した公開鍵を使用して復号する。

解答(1)　イ

(2)　ウ

5　次の説明文に用いられるプロトコルを答えなさい。

(1)　メールサーバ間およびクライアント端末からのメールを転送(送信)する。

(2)　Web ページを閲覧する。

(3)　ファイルサーバでファイルを共有する。

(4)　パケットに分割されたデータをもとに戻す。

解　説 教科書 p.72 参照

(1)　メール送信プロトコルは SMTP (受信は POP と IMAP)。

(2)　Web ページの閲覧用プロトコルは HTTP (HTTPS はデータを暗号化して安全性を高めている)。

(3)　SMB (Server Message Block) はファイル共有などの際に使用するファイルサーバ機能で，主に Windows で使用されている通信プロトコル。ほとんどすべての OS でサポートされている。

(4)　データをパケットに分割し，インターネットの通信回線を有効に活用できるプロトコルに TCP がある。受信側ではヘッダの情報を元に，受け取ったパケットをもとに戻す。

解答(1)　**SMTP**

(2)　**HTTP**

(3)　**SMB**

(4)　**TCP**

章末問題のガイド　第4章

第5章　問題解決とその方法

教科書 「最新」p.115〜160
　　　 「Python」p.95〜128
　　　 「JavaScript」p.95〜128

第1節　問題解決

教科書の整理

❶ 問題解決

教科書「最新」p.116

　私たちは社会の中で問題解決をしながら，よりよい社会の仕組みを作る。問題の発見や解決にはさまざまな手順や方法があるが，①**問題の発見**，②**問題の明確化**，③**解決案の検討**，④**解決案の決定**，⑤**解決案の実施と評価**という手順で行う場合が多い。

❷ 問題の発見

教科書「最新」p.117

　問題解決の手順において，まずどのような問題がどこに潜んでいるのか現状把握を行うために，さまざまな調査データの活用を考える。また，**ブレーンストーミング**や，SNS のグループチャット機能などを活用し，広く現状を把握することも有効である。

例題 1　問題の発見

　「図書館について気付くこと」をテーマに下図を参考にしたり普段の利用状況を思い出したりしながらブレーンストーミングを行い，問題を発見しなさい.

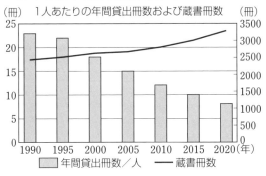

（冊）　1人あたりの年間貸出冊数および蔵書冊数　（冊）

□ 年間貸出冊数／人　　■ 蔵書冊数

考え方　テーマについて「私たちの学校の図書館についての気付き」として単語や短い文章でキーワードをたくさん書き出し，ブレーンストーミングを行う。そこで出された気付きや図書館の状況の変化から，図書館に関して解決すべき問題を発見する。

解答例▶

貸出冊数の減少	蔵書数の増加	いつもすいている

パソコンがある	静かな環境	勉強に集中できる

　勉強や調べ物をするのに便利な図書館が，パソコンを設置したり蔵書を増やしたりしてもあまり利用されなくなっている。

③ 問題の明確化 教科書「最新」p.118

　次のステップである問題の明確化では，**目的**と**目標**の設定をする。目的とは目指す最終到達点，目標とは目的を達成するための具体的な手段である。いつまでに，どのような条件で問題解決を行うのか，制約条件も明らかにする。グループで問題解決をする際には，それらを共有する必要がある。

④ 解決案の検討 教科書「最新」p.119〜120

1 情報の収集

　問題が明確になったら，解決に向けた情報収集を行う。情報収集には情報通信ネットワークの活用，書籍や図書館の利用，フィールドワークによる調査などがある。

　Webページの検索サービスとして**検索サイト**がある。検索サイトでは**論理演算**の考え方を用い，効率よく情報を検索できる。なお，検索したデータを利用する際は，著作権の侵害に注意し，引用する場合は出典を明示する。Webページで見つからないときは，書籍や地域の資料館などの資料や文献も有効に利用する。

　インターネットでの検索は，キーワードが決め手になる。

調べよう▶　フィールドワークによる調査で気を付けなければならないことは何か調べよう。
教科書p.119の参考を参照。

- -

解答例▶　調査時には，対象とする人の年齢層や性別，調査地点や時間帯，調査方法などを検討したり，必要に応じて自治体などに許諾や申請をしたりするなど事前に十分な準備をする。

2 情報の整理・分析

　収集した情報をコンピュータの中で整理する際には**フォルダ**を活用する。フォルダ内のファイルが多くなり，目的とするファイルが見つけにくいときは，さらに小分類のフォルダを置き**階層構造**にする。グループで情報を共有する際には，アクセス権を設定するなど適切に管理する。

次に，収集した情報の分析を行う。数値データであれば，**表計算ソフト**を利用して**表**や**グラフ**にし，特徴を視覚的に把握し，伝えたい内容を強調する。このように，情報の整理や分析にはコンピュータを使うと効率がよい。

確認問題　20代から40代の男女40人に街頭で図書館の利用に関するアンケートに答えてもらうとする。この回答を一つずつテキストファイルにした時，これらをコンピュータに保存する際のフォルダ構造とそのフォルダ名を考えなさい。

解答例　一例として，次のような階層構造が考えられる。男性20代に続く階層構造は男性各世代で分け，女性も同様である。アンケートの目的によっていろいろ構造が考えられる。

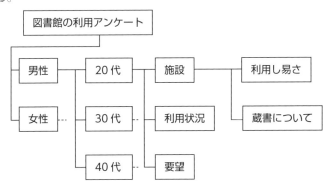

⑤ 解決案の決定
教科書「最新」p.121～122

1 解決案と条件

解決案の作成にあたっては，実現可能かどうか十分に吟味する。複数の解決方法がある場合，予算や時間，実行する人の能力などにより，解決案を絞り，**メリット・デメリット表**で解決案を比較するとよい。複数の要素が関連し，1つの要素を改善すると，ほかの要素が悪化するような状態を**トレードオフ**という。

2 計画の立案

問題の解決には，解決のための手順や，進め方の時間配分，方法などを考え，計画を立案する必要がある。計画の立案では，工程表を作成して可視化することが重要である。その例として**ガントチャート**などがある。

例題 2　実施のための合意形成

「図書館への来館をうながすパンフレットの配布」の実施にあたって，全員が納得して作業できるような計画を立てなさい。

考え方　全員が納得するためには，作業グループ全員で意見交換をするが，その際，メッセージアプリの活用などが考えられる。
　　　　　実施にあたっては，作業内容を詳細に洗い出すことも必要である。

解答例

①作業内容は，パンフレットの作成，配布とその手配，配布後のアンケート調査の3つとした。

②各自が得意なことややりたいことなどを話し合い，分担を決めた。

③決めたことを文書にまとめて共有フォルダに保存した。

④作業グループごとに分かれて詳細な作業内容を考え整理した。また，その内容をほかのグループも見られるように共有フォルダに保存した。

⑤各グループの作業内容を全員で確認し，学校行事や部活の都合なども考慮して実施時期を決定した。

　最終的な**意志決定**には，テレビ会議システムを利用したり，実際に会って話し合ったりするなど同期型のコミュニケーション手段を用いるのがよい。

❻ 解決案の実施と評価　　　教科書「最新」p.123

　解決案は実施するだけでなく，実施した解決案を評価し，次の問題解決に役立てる。評価は**自己評価**，**相互評価**，**外部評価**などに分類できる。

　解決案の評価については，パンフレット配布の前後での来館者数の比較など，客観的に評価を行う。

　来館者にアンケート調査を行うことで，実施した解決案（パンフレットを配布）が評価できる。評価の分析には，表計算ソフトを用いると効率的である。

第2節　データの活用

❶ データの収集と整理　　　教科書「最新」p.124～125

1 データの収集

　Webサイトは誰でも自由に公開できるため，すべての情報が正しいとは限らない。ほかの方法から得た情報と照らし合わせ，その信憑性を確認することが重要である。

　問題解決のためのデータ収集には，インターネット上のオープンデータを用いるとよい。これは，国や地方公共団体および事業者が保有する官民データで，誰もが利用できる。

教科書の整理　第2節

・営利目的，非営利目的を問わず，二次利用可能なもの。

・機械判読に適していること。

・無償で利用できるもの。

　データの収集は，対象となるデータ全体の一部から全体を推測するという手法がある。一部のデータを取り出すことを**サンプリング**（標本調査）という。

2 データの整理

　データは，性質により**尺度水準**で4種類に分類できる。**比率尺度（比例尺度）**と間隔尺度に相当するデータは数値で測定できる量的データ（**定量的データ**）で，**順序尺度**と**名義尺度**は数値では測定できない性質などを表す質的データ（**定性的データ**）である。

　収集したデータが文字データであっても，数値に対応させることで，入力や集計などの処理効率が向上する。例えば「はい」を1，「いいえ」を0に対応させる。これを**コーディング**といい，データベースなどを構築する場合に重要な手法である。収集したデータの中には，ほかの多数のデータから大きく離れた**外れ値**や，データの値が不明（空欄）であったり，収集されていなかったりする**欠損値**が存在する。

（左余白縦書き）教科書の整理　第2節

例題 2　尺度水準

次の各項目は，どの尺度水準に該当するか考えなさい。

アンケートの5段階評価　　郵便番号　　体温　　価格

- -

解答

　アンケートの5段階評価…順序尺度

　郵便番号…名義尺度　　　体温…間隔尺度

　価格…比率尺度

> **間隔には意味がない例**
> 5：大変良い，4：良い，3：普通
> 2：悪い，1：大変悪い

ヒント　下の表を参考にするとよい。

データ種類	尺度水準	性質	例
量的データ	比率尺度	原点（0）の決め方が定まっていて，間隔にも比率にも意味があり，比率を表せるデータ	長さ（m），重さ（kg）など
量的データ	間隔尺度	目盛りが等間隔になっているが，比率には意味がないデータ	西暦，温度（℃）偏差値など
質的データ	順序尺度	順序には意味があるが，間隔には意味がない数値を割り当てたデータ	震度，等級など
質的データ	名義尺度	分類や区別のために名前や特性で表したデータ	出席番号，血液型など

---

② データ分析と表計算　教科書「最新」p.126〜129

1 データ分析のための表計算ソフトウェアの活用

集めたデータを用いて分析を行うには，表計算ソフトウェア（表計算ソフト）がよい。表を作成するだけでなく，数式や関数を用いて演算を行ったり，データを検索したりできる。

2 表計算ソフトの四則演算

表計算ソフトは，四則演算のための算術演算子を持つ。また，2つの式を比較する比較演算子をもつ。

3 相対参照と絶対参照

セル番地の指定には，**相対参照**と**絶対参照**がある。相対参照は，コピーすると，数値を入力したセルと参照するセルの位置関係が，コピー先でも適用される。一方，行と列の両方に「$」を付ける絶対参照は，コピーしても同じセルを参照する。

例題1　相対参照と絶対参照の利用

右表を完成させなさい。ただし，C列には効率のよい入力方法を考慮して内容を決めること。

	A	B	C
1	商品名	商品金額	消費税
2	パソコン	100000	
3	プリンタ	12000	
4	デジカメ	10000	
5			
6		消費税率	0.10

商品金額に消費税率（絶対参照）を掛ける

解答　セルC2に，「＝B2＊$C$6」と入力し，セルC3〜C4は，セルC2をコピーする。

	A	B	C
1	商品名	商品金額	消費税
2	パソコン	100000	10000
3	プリンタ	12000	1200
4	デジカメ	10000	1000
5			
6		消費税率	0.10

オートフィルを使って，C2のセルの値をコピーする

4 データの並べ替えと抽出

表計算ソフトの並べ替えとフィルタの機能を使えば，データの順を並べ替えたり，必要なデータだけを表示したりできる。

5 関数と引数

例えば，表計算ソフトのSUM関数は，関数名の後に続く（　）内に並べられた数値の合計を求める関数である。（　）内に並べられた値やセル番地は**引数**と呼ばれる。

6 統計処理などに用いる関数

集めたデータから分布の様子や特徴を表すために，それぞれ一つの値で要約する指標を**基本統計量**という。

教科書の整理　第2節

❸ データの可視化

教科書「最新」p.130〜133

　数値を表にまとめると，具体的な値は把握できるが，数値の増減や傾向を即座につかむのは難しいので，表計算ソフトで表にまとめられた数値からグラフを作るのがよい。

- **折れ線グラフ**：一定間隔でのデータの変化を表す。時間とともに変化する気温等に用いる。
- **棒グラフ**：一定間隔でのデータの変化や項目間の比較を表す。降水量など，加算するデータに用いる。
- **円グラフ**：各項目の値の全体に対する割合を表す。
- **レーダーチャート**：複数のデータ系列の値のバランスを表す。バランスがよいと正多角形に近くなり，数値が高いと面積が広くなる。
- **散布図（相関図，X-Y グラフ）**：2つの変数を横軸・縦軸にして，収集したデータをカテゴリー化しないで座標に置いたグラフのこと。相関の強さも示す。
- **バブルチャート**：散布図のデータに，もう一つ量的データを加え，それぞれを横軸，縦軸，円の大きさで表し，3つの変数間の関係をまとめて表示する。
- **ヒストグラム**：各階級の幅を横軸に，対応する度数を縦軸にしたグラフ。
- **箱ひげ図**：データの最大値，最小値，第1四分位数（四分位数はデータを小さい順に並べた時，そのデータを4等分する位置のこと），第2四分位数，第3四分位数を表す。データ全体の散らばりや偏りを視覚的に表現できる。

　度数分布表を作成するには **FREQUENCY 関数**を使うこともできる。

　また，表計算ソフトの「**分析ツール**」の「**ヒストグラム**」を選ぶと，度数分布表とグラフ等が表示される。

確認問題　教科書 p.132 の例題1のグラフをもとに複合グラフを作成しなさい。また，凡例も追加しなさい。

- -

解答例▶・**解　説**

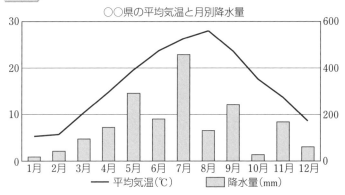

教科書の整理　第2節

複合グラフとは，2種類のデータの関連を示すグラフである。全データ範囲を選択し，複合グラフを選ぶと描画される。

❹ データ分析の手法　　教科書「最新」p.134〜139

1　データ集計の種類

集計には，単純集計と**クロス集計**がある。単純集計は項目ごとに該当する選択肢の集計や，全体における比率を集計し，全体の傾向をつかむのに利用され，単純集計表を作成して行われる。クロス集計とは，複数の属性や質問項目などで掛け合わせて，それぞれの選択肢の度数を集計する方法であり，項目間の相互関係を明らかにする。この時に作成される表を**クロス集計表（分割表）**という。

2　相関

2つの量的変数に対して，一方の変数の値の増減が，他方の変数の値の増減に直線的な関係がある時，この2つの変数の間には**相関**があるという。また相関には，どちらかが大きく（小さく）なると，もう一方も大きく（小さく）なる傾向がある時は**正の相関**があるという。逆に，どちらかが大きくなると，もう一方が小さくなる傾向がある時には，**負の相関**があるという。

相関の強さの強弱を判断する指標として**相関係数**がある。相関係数は，−1から1の間を取る。相関係数の値の正負は，そのまま正の相関，負の相関を示し，値の絶対値において大きな値を取るほど強い相関がある。ただし外れ値がある場合は，相関がない時でも相関係数の絶対値が大きくなる。

3　回帰

原因から結果へのつながりがある関係を**因果関係**という。相関関係では2つの変数間に方向性はないが，因果関係では方向性がある。

ある2つの変数が因果関係にあるとき，これを平面座標に置き換え，原因の変数を x，結果の変数を y とすると，「x によって y が決まる」のように，2つの変数間の関係を表わせる。これを**回帰**といい，x と y の式を回帰式という。回帰式を求めることを**回帰分析**という。特に，2つの変数間の関係が直線の時には**線形回帰（単回帰）**といい，その直線は回帰直線 $y=ax+b$ で表される。これを回帰直線式という。この式を求めることを**単回帰分析**という。

また，回帰式の実際のデータに対する正確さを表す値を**決定係数**といい，単回帰の場合は相関係数の二乗である。決定係数は，0から1の間を取り，値が大きいほど回帰式の近くに実際のデータが集まっている。決定係数が大きくても，x と y の間に因果関係があるとは限らず，結果と原因の両方に関係する別の要因（因子）が存在する場合がある。これを**交絡因子（交絡変数）**という。交絡因子が存在する場合，交絡因子が真の原因の可能性がある。

4 回帰分析の応用

回帰式を利用して，将来どのように変化していくかを予測することができる。

5 分析結果の表現

例題 4　ポスター作成

地球温暖化の防止を訴えるためのポスターを作りなさい。

- -

考え方　まず，地球温暖化防止の必要性を印象付ける。

次に，地球温暖化の原因について調べたことをまとめ，グラフで示す。

温暖化対策について，個人で可能な取り組みについては，グループで話し合った結果をまとめ，国や企業が取り組んでいる対策についても記載する。

評価について

ほかの人やグループの作品も見て相互評価するとよい。その際，見栄えだけでなく，分析手法や調査結果の適切性についても評価する。

解答例

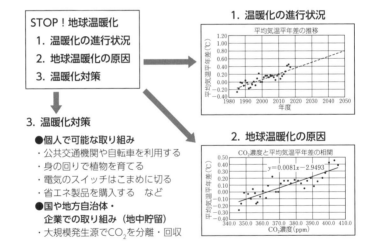

❺ データベースとは

教科書「最新」p.140〜143

1 データベースとその必要性

自治体での住民登録，図書館での蔵書管理や貸出管理，Web ページの検索エンジンなどで，大量のデータを蓄積して利用価値を高めたものを**データベース**という。システムで扱うデータを一つにまとめ，複数のプログラムで共有できるようにしている。これにより，システムごとに重複したデータを持つ必要がなく，処理内容の拡大にも柔軟に対応できる。

教科書の整理　第2節

考えよう　私たちの社会には，医療や科学全般，産業等にいろいろなデータベースが存在している。どのようなデータベースがあり，どのように役立っているか考えよう。

解答例　省略

2 DBMS

　データベースは共有利用が前提なので，複数のユーザで利用でき，機密情報や個人情報など，データによっては限られたユーザだけに利用を制限する必要がある。また，障害に備えてデータを復旧する仕組みも必要である。データベースを効率よく安全に利用できるように管理するのが **DBMS**（**データベース管理システム**）である。これにより，利用者はデータベースの複雑な仕組みを意識することなく利用できる。

・**DBMS の機能**
　①**データの一貫性**：複数のユーザ間でデータを共有でき，複数のユーザが同時にデータ操作をしても矛盾が生じないようにする。
　②**データの整合性**：データの重複や不正なデータの登録・更新を防ぎ，データの品質を維持する。
　③**データの独立性**：データベースとそれを利用するプログラムを独立して管理する。
　④**データの機密性**：データベースを操作できるユーザのアクセス権を設定したり，ユーザ認証したりする。
　⑤**データの可用性**（**障害対策**）：さまざまな障害時に備えて，データを回復するためのバックアップやリストア，リカバリなどをする。

3 リレーショナルデータベース

　現代は**リレーショナルデータベース**がよく利用されている。これは表（テーブル）と呼ばれる形式でデータを格納しており，表は**行**（レコード）と**列**（フィールド）の二次元で構成されている。行を特定するのに必要な項目を**主キー**と呼び，そのデータは重複してはならない。また，複数のキーで主キーとなるキーを**複合キー**（連結キー）という。さらに，ほかの表と関連付けるキーを**外部キー**という。書籍表には分類のデータは存在しないが，書籍表の分類コードを外部キーとすると，その書籍の分類を分類表から参照できる。

4 その他のデータベース

　データベースのデータを一定の形式に整理して蓄積する仕組みを**データモデル**という。現代では，SNS の膨大な数の投稿の管理など，主流のリレーショナル型では対応できないデータを扱う必要性が生じ，**NoSQL** と総称される管理システムが開発されている。NoSQL の**キー・バリュー型**のデータモデルは，項目（キー）と値（バリュー）という単純な構造からなる。**カラム指向型**では，列方向のデータのまとまりを効率的に扱え，大量のデータ処理に適している。**グラフ指向型**は，データとデータの複雑な関係を保持するのに適し，SNS のユーザ間の関係を管理するためなどに利用される。

　NoSQL は，ビッグデータを格納するために，格納するデータの変更や**スケールアウト**に柔軟に対応できる。その反面，データの一貫性を保証することが重要となる会計データなどの管理には向かない。

第3節　モデル化

❶ モデル化とシミュレーション　教科書「最新」p.144

　モデルを作ることを**モデル化**という。モデルは企業活動や社会活動において，問題の解決策を探したり，意思決定をしたりするために使われる。企画案の中から最もよい案を決めたり，危険を伴うため実物を使った実験ができない時，実物を使うより経済的である時に，モデルを通して対象を理解し，問題を解決する。

　モデル化の目的は，現象をモデルとして単純化し，条件を変化させてシミュレーションを行い，その結果を分析することで，より複雑なシステムの設計や企業戦略，経済政策などに生かすことである。社会が複雑になるにつれ，最も望ましい将来の姿を予測できる方法が追求され，モデル化の科学的方法が開発されてきた。商品の売り上げを予想し，生産量に反映させることで，より高い利益を上げたり，売れ残りを少なくしたりするなど，データを活用したモデルが多く使われる。

❷ モデルの分類　教科書「最新」p.145

　モデルは表現形式や特性によって次のように分類できる。
表現形式による分類
  ・**縮尺モデル**（スケールモデル）：実物を小さくしたモデル
  ・**数式モデル**：対象となる現象を数学的に表現したモデル
  ・**図的モデル**：対象の構造をわかりやすく図で表したモデル
対象の特性による分類
  ・**動的モデル**：時間的な変化に影響されるモデル
  ・**静的モデル**：時間の変化の影響を受けないモデル
  ・**確定的モデル**：規則的に変化する現象のモデル
  ・**確率的モデル**：不規則な動作をする現象や偶然的な要素によって決まる現象のモデル

❸ モデル化の手順　教科書「最新」p.146

　モデル化の目的を明確にし，どのような現象を調べるのか，何を予測するのかなど，何のためにモデルを作るのかを明確にする。次に，モデルの特徴を表す主要な要素を限定し，

要素間の関係を明らかにする。最後に，対象の特性をよりよく表現できるように，数式などの形で表現する。

④ モデル化の手法

教科書「最新」p.146

複雑で不明瞭な問題に対しては，まず，問題を整理したり，構造を明らかにしたりするために図的モデルを作り，この図的モデルから数式モデルを作る場合が多い。

本書では，動的モデルを図で表すために，次のような記号を用いることとする。

蓄積量　　　　変化の速さ　　　蓄積量と変化の　　　要素間におけるも
　　　　　　　　　　　　　　　　速さ以外の要素　　　のや情報の流れ

⑤ モデル化をする時の注意

教科書「最新」p.146〜151

モデル化では，目的に応じて要素を省略する。また，モデル化は知識や経験に基づいた仮定を設定して行うので，作られたモデルは人により異なり，シミュレーションの結果も異なる場合がある。モデルが絶対に正しいと信じないことも大切である。

例題 1　図的モデルの作成

一定の流入速度でプールに水を入れた時の水量変化を，図的モデルで表しなさい。

解答

①「流入速度」を変化の速さの記号で描く。

②「流入速度」の矢印の先に，「水量」を蓄積量の記号で描く。

流入速度　→　変化の速さ
水量　　　→　蓄積量

例題 2　変化の速さが一定の確定的モデル

毎時 5 kL の流入速度でプールに水を入れた時の変化後の水量を，数式モデルで表しなさい。ただし，時間間隔は1時間とし，図的モデルは例題1と同様とする。

解答例　数式モデル「流入速度」と「水量」の時間的な変化に注目すると，次のような式が成り立つ。

変化後の水量＝現在の水量＋増えた水量…………①　←　次の時間の量 ＝現在の量＋増加量

増えた水量＝流入速度×時間間隔………………②　←　速度＝増加量÷時間

②を①に代入して次のように表される。

変化後の水量＝現在の水量＋流入速度×時間間隔

例題 **3**　変化の速さが蓄積量に比例するモデル

　銀行に 100,000 円を預けたこととする。利率を年利 0.4 ％であるとして，10 年後の預金残高を示すグラフを作成しなさい。なお，時間間隔は 1 年とし，利率は変化しないものとする。

解答例

図的モデルの作成

　決定した要素や条件をもとに，次の順序で図的モデルを作成する。

①預金額を蓄積量の記号で描く。次に決定している利息を変化の速さの記号で描いて，これらの記号を結合する。

②利息は預金額に比例するので，利率を円で描き，これと預金額から，ものの流れを表す線を利息に引く。

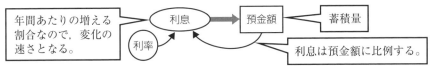

年間あたりの増える割合なので，変化の速さとなる。

蓄積量

利息は預金額に比例する。

表およびグラフの作成

　表計算ソフトを利用し，図のように各値を入力して表を作成する。さらに，得られた計算結果をもとにグラフを作成する。

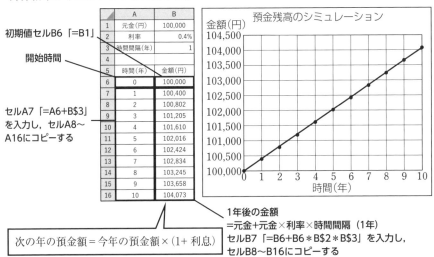

初期値セルB6「=B1」

開始時間

セルA7「=A6+B$3」を入力し，セルA8〜A16にコピーする

	A	B
1	元金（円）	100,000
2	利率	0.4%
3	時間間隔（年）	1
4		
5	時間（年）	金額（円）
6	0	100,000
7	1	100,400
8	2	100,802
9	3	101,205
10	4	101,610
11	5	102,016
12	6	102,424
13	7	102,834
14	8	103,245
15	9	103,658
16	10	104,073

預金残高のシミュレーション

次の年の預金額＝今年の預金額×（1+ 利息）

1年後の金額
＝元金+元金×利率×時間間隔（1年）
セルB7「=B6+B6*B$2*B$3」を入力し，セルB8〜B16にコピーする

例題 **5**　3つの蓄積量をもつモデル

　ある生徒 1 名が風邪のウィルスに感染した。まだ感染していない生徒が 40 人いる教室で，感染率は 0.06，平均的な回復期間を 7 日，出会い頻度を 0.6 とした場合，感染者数，感染可能者数，免疫保持者数はどのように変化するか，次の図的モデルを参考に数式モデルを考え，グラフを作成しなさい。

　また，この風邪の流行のピークは最初の感染者の発生から何日目になるか答えなさい。ただし，風邪のウイルスは1種類とし，一度感染した後は再び感染しないものとする。

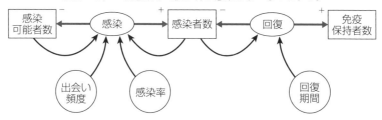

解答例

数式モデルの作成

　感染は，感染可能者数と出会い頻度を乗じたものと，感染者数と感染率を乗じたものの積で表すことができる。回復は，感染者数のうち，回復する人を出したものであり，これは感染者数を回復期間で割ったものとなる。これより，次のような式となる。

　　感染者数＝前日の感染者数＋(前日の感染－前日の回復)×時間間隔

　　感染＝感染可能者数×出会い頻度×感染者数×感染率

　　回復＝感染者数／回復期間

　　感染可能者数＝前日の感染可能者数－前日の感染×時間間隔

　　免疫保持者数＝前日の免疫保持者数＋前日の回復×時間間隔

グラフの作成

　それぞれの数式モデルをもとに次のように表を作成する。

	A	B	C	D	E	F	G
1	初期値	感染者数	1	感染可能者数	40	免疫保持者数	0
2	設定値	感染率	0.06	回復期間	7	出会い頻度	0.6
3	時間設定	時間間隔	1				
4							
5	経過時間	感染者数	感染	回復	感染可能者数	免疫保持者数	
6	0	1	1.440	0.143	40	0	
7	1	2	3.189	0.328	39	0	
8	2	5	6.568	0.737	35	0	
9	3	11	11.394	1.570	29	1	
10	4	21	13.044	2.973	17	3	
11	5	31	4.853	4.412	4	6	
12	6	31	-0.550	4.475	0	10	
13	7	26	0.059	3.757	0	15	
14	8	23	0.003	3.229	0	18	
15	9	19	0.000	2.768	0	22	
16	10	17	0.000	2.373	0	24	
17	11	14	0.000	2.034	0	27	
18	12	12	0.000	1.743	0	29	
19	13	10	0.000	1.494	0	31	
32	26	1	0.000	0.201	0	40	
33	27	1	0.000	0.173	0	40	
34	28	1	0.000	0.148	0	40	
35	29	1	0.000	0.127	0	40	
36	30	1	0.000	0.109	0	40	

各セルの式
セルB6　＝C1
セルC6　＝E6＊$G$2＊B6＊$C$2
セルD6　＝B6/$E$2
セルE6　＝E1
セルF6　＝G1
セルF7　＝F6+D6＊$C$3
セルE7　＝E6－C6＊$C$3
セルD7　＝B7/$E$2
セルC7　＝E7＊$G$2＊B7＊$C$2
セルB7　＝B6+(C6－D6)＊$C$3
セルA7　＝A6+$C$3
セル(A8：F36)については，各列の7行の式をコピーして入力する。

例題のガイド　第3節

この表をもとに次のようなグラフを作成する。

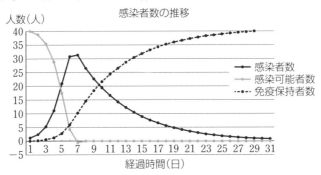

このグラフから風邪の流行のピークは，感染者数が最も多い日なので，最初の感染者の発生から7日目であることがわかる。

確認問題　例題5のモデルで，出会い頻度を0.4，感染率を0.04，回復期間を7日とした場合，風邪のピークはどう変化するか確かめなさい。

解答例 ・ **解　説**

	A	B	C	D	E	F	G
1	初期値	感染者数	1	感染可能者数	40	免疫保持者数	0
2	設定値	感染率	0.04	回復期間	7	出会い頻度	0.4
3	時間設定	時間間隔	1				
4							
5	経過時間	感染者数	感染	回復	感染可能者数	免疫保持者数	
6	0	1	0.640	0.143	40	0	
7	1	1	0.943	0.214	39	0	
8							
9							
10							
11							
12							
13							
14							
15							
16							
17							
18							
19							
20	14	17	0.639	2.405	2	22	
21	15	15	0.418	2.153	2	24	
22	16	13	0.281	1.905	1	26	
23	17	12	0.194	1.673	1	28	

例題5の表を利用し，パラメータを変更することでピークの変化の様子を表現することができる。解答例より，感染者数のピークは4日ほど後にずれることがわかる。

第4節 シミュレーション

① シミュレーションの実際　　教科書「最新」p.152

作成したモデルを用いて実際の現象や実物の動作を模倣する**シミュレーション**では，コンピュータを使って，操作可能な**要素（パラメータ）**を変えてその結果を繰り返し調べることができる。

1 モデル化する時の注意

作られたモデルは作成者により異なる。モデル化の時に立てた仮定を十分検討し，モデル化に使用しているデータが正確かどうかを確かめる必要がある。

2 正確性の検討

シミュレーションは，目的に応じて要素を省略するので，正確性について検討しなければならない。

3 問題の明確化と結果の分析

何を明らかにしたいのかを明確にし，どのようなモデルを使うのが適切か判断をする。また，結果は表やグラフ，画像に出力することで，視覚的にとらえることができる。

② モンテカルロ法　　教科書「最新」p.153〜155

サイコロは，どの目が出るか予測できない。このような確率的モデルに対して，乱数を適用してシミュレーションし，問題を解決する方法を**モンテカルロ法**という。

例題1 サイコロの出目のシミュレーション

表計算ソフトを利用して電子サイコロを2つ作成し，100回の試行に対して，出目の合計の度数分布を求め，確率を計算しなさい。なお，サイコロの出目は一様乱数で求め，次の関数を用いる。
RANDBETWEEN（値1，値2）　意味：値1から値2までの一様乱数を求める。

解答例▶

	A	B	C	D	E	F	G	H
1	回数	サイコロ1	サイコロ2	合計		合計	度数(回数)	確率
2	1	4	3	7		2	1	0.01
3	2	6	4	10		3	6	0.06
4	3	6	1	7		4	17	0.17
5	4	3	3	6		5	8	0.08
6	5	2	2	4		6	15	0.15
7	6	1	2	3		7	18	0.18
8	7	3	4	7		8	10	0.10
9	8	4	2	6		9	10	0.10
10	9	6	3	9		10	9	0.09
11	10	1	3	4		11	3	0.03
12	11	6	6	12		12	3	0.03
13	12	4	4	8			100	1
14	13	1	3	4				
100	99	5	5	10				
101	100	2	1	3				

サイコロで出た目の確率をすべて足すと1.00となる。これを累積確率という。

確認問題　例題1のワークシートを再計算させて結果が変わることを確認しなさい。

解答例▶

第1回

	A	B	C	D	E	F	G	H
1	回数	サイコロ1	サイコロ2	合計		合計	度数(回数)	確率
2	1	3	3	6		2	5	0.05
3	2	1	3	4		3	3	0.03
4	3	4	5	9		4	12	0.12
5	4	5	2	7		5	10	0.10
6	5	6	3	9		6	14	0.14
7	6	6	4	10		7	17	0.17
8	7	5	2	7		8	8	0.08
9	8	4	1	5		9	9	0.09
10	9	4	2	6		10	6	0.06
11	10	1	1	2		11	11	0.11
12	11	4	1	5		12	5	0.05
13	12	4	5	9			100	1
14	13	1	1	2				
15	14	4	3	7				

表計算ソフトの**数式-計算方法-シートの再計算**を行う。

再計算実行

計算方法の設定

シート再計算

計算方法

第2回

	A	B	C	D	E	F	G	H
1	回数	サイコロ1	サイコロ2	合計		合計	度数(回数)	確率
2	1	1	2	3		2	1	0.01
3	2	4	6	10		3	7	0.07
4	3	3	1	4		4	10	0.10
5	4	5	3	8		5	8	0.08
6	5	6	6	12		6	14	0.14
7	6	2	4	6		7	19	0.19
8	7	1	5	6		8	15	0.15
9	8	6	1	7		9	11	0.11
10	9	3	5	8		10	5	0.05
11	10	3	5	8		11	4	0.04
12	11	2	3	5		12	6	0.06
13	12	4	5	9			100	1
14	13	2	2	4				
15	14	1	4	5				

例題 2　必要な釣銭の硬貨の枚数のシミュレーション

　20人の生徒から500円を徴収することになった。生徒は，500円硬貨または1000円札を持参するものとした時，お釣りとして用意しなければならない500円硬貨の枚数をシミュレーションしなさい。ただし，[0, 1)の一様乱数を用いて，0.5未満の場合は500円硬貨を持参し，0.5以上の場合は1000円札を持参するものとする。

解答例　作成する表の一例は次のとおり。

	A	B	C	D	E	F	G	H
1	番号	一様乱数	持参する金額	増減	現在の枚数		最初に用意する500円の枚数	0
2	1	0.32451123	500円	1	1			
3	2	0.31321411	500円	1	2		最終的な500円の枚数	-2
4	3	0.6533512	1000円	-1	1		500円の最大不足数	-5
5	4	0.81273985	1000円	-1	0		必要な500円の枚数	5
6	5	0.09077228	500円	1	1			
21	20	0.29895096	500円	1	-2			

　このシミュレーションから，今回，お釣りに必要な500円硬貨の枚数は5枚であることがわかる。

確認問題　例題2で作成したシミュレーションを再計算し，シミュレーション結果が変わることを確かめなさい。

- -

解答例

第1回

	A	B	C	D	E	F	G	H
1	番号	一様乱数	持参する金額	増減	現在の枚数		最初に用意する500円の枚数	0
2	1	0.074117	500円	1	1			
3	2	0.603303	1000円	-1	0		最終的な500円の枚数	-2
4	3	0.207924	500円	1	1		500円の最大不足数	-3
5	4	0.056636	500円	1	2		必要な500円の枚数	3
6	5	0.966492	1000円	-1	1			
7	6	0.164802	500円	1	2			
8	7	0.646978	1000円	-1	1			

表計算ソフトの数式-計算方法-シートの再計算を行う。

再計算実行

計算方法の設定 ∨　シート再計算

計算方法

第2回

	A	B	C	D	E	F	G	H
1	番号	一様乱数	持参する金額	増減	現在の枚数		最初に用意する500円の枚数	0
2	1	0.43513	500円	1	1			
3	2	0.19085	500円	1	2		最終的な500円の枚数	0
4	3	0.624333	1000円	-1	1		500円の最大不足数	0
5	4	0.360022	500円	1	2		必要な500円の枚数	0
6	5	0.780059	1000円	-1	1			
7	6	0.370322	500円	1	2			
8	7	0.801928	1000円	-1	1			

例題 3　**円周率πの値のシミュレーション**

RAND関数を使って，[0, 1) の乱数であるXとYをそれぞれ100, 200, 300……1000個と発生させ，図のような四分円の内部にある点の数（n）とすべての点の数（N）との比からπの値を100個単位でシミュレーションしなさい。

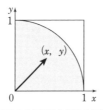

- -

解答例

N：n≒正方形の面積：四分円の面積

N：n≒1：π/4　したがって　π≒4n/N

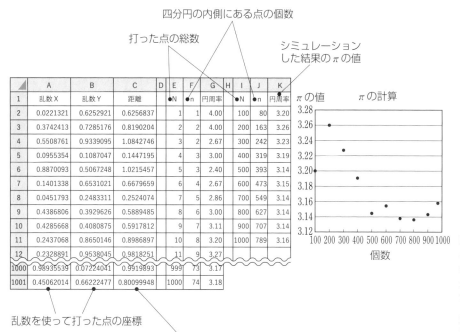

四分円の内側にある点の個数

打った点の総数

シミュレーション
した結果のπの値

	A	B	C	D	E	F	G	H	I	J	K
1	乱数 X	乱数 Y	距離		●N	●n	円周率		●N	●n	円周率
2	0.0221321	0.6252921	0.6256837		1	1	4.00		100	80	3.20
3	0.3742413	0.7285176	0.8190204		2	2	4.00		200	163	3.26
4	0.5508761	0.9339095	1.0842746		3	2	2.67		300	242	3.23
5	0.0955354	0.1087047	0.1447195		4	3	3.00		400	319	3.19
6	0.8870093	0.5067248	1.0215457		5	3	2.40		500	393	3.14
7	0.1401338	0.6531021	0.6679659		6	4	2.67		600	473	3.15
8	0.0451793	0.2483311	0.2524074		7	5	2.86		700	549	3.14
9	0.4386806	0.3929626	0.5889485		8	6	3.00		800	627	3.14
10	0.4285668	0.4080875	0.5917812		9	7	3.11		900	707	3.14
11	0.2437068	0.8650146	0.8986897		10	8	3.20		1000	789	3.16
12	0.2328891	0.9538045	0.9818251		11	9	3.27				
1000	0.98935539	0.07224041	0.9919893		999	73	3.17				
1001	0.45062014	0.66222477	0.80099948		1000	74	3.18				

乱数を使って打った点の座標

打った点が円の内側にあるかどうかを判定
するために求めた原点からの距離

確認問題 Nの個数を増やして，シミュレーションの結果がどう変わるか確認しなさい。

解答例

　試行回数とともに，だんだんπの値に近づいていく。5000回，10000回でやってみた結果を示す。

	A	B	C	D	E	F	G
1	乱数 X	乱数 Y	距離		N	n	円周率
2	0.34100615	0.3097549	0.46068785		100	82	3.28
3	0.40180361	0.02674474	0.40269271		200	156	3.12
4	0.3111439	0.00872546	0.31126622		300	233	3.106667
5	0.20952898	0.52446886	0.56477427		400	307	3.07
6	0.33558882	0.23872997	0.4118396		500	384	3.072
7	0.51441279	0.22669781	0.56214981		600	465	3.1
8	0.61502339	0.95753701	1.13803818		700	547	3.125714
9	0.78010549	0.33021689	0.84711733		800	626	3.13
10	0.40244253	0.41609652	0.57887504		900	709	3.151111
11	0.15909008	0.10558541	0.1909396		1000	795	3.18
12	0.68109171	0.10672141	0.68940219		5000	3928	3.1424
13	0.06097861	0.35246971	0.35770559		10000	7860	3.144
14	0.41562909	0.44306189	0.60749599				

❸ モデル化とシミュレーションによる問題解決 　教科書「最新」p.156〜159

1 問題の明確化

　切符の自動販売機やコンビニエンスストアのレジ，銀行の窓口のように，客がサービスを受けるために順番に並ぶ行列を**待ち行列**という。待ち時間を減らすために窓口を増やせばよいが，場所やコストの関係で，たくさんは増やせない。店舗と客の両方がより満足を得る解決策を待ち行列のシミュレーションで探ってみる。

①店舗の現状

- ・レジの台数は 1 台
- ・1 人の客へのサービス時間は 30 秒で一定
- ・連続する客がレジに来る到着時間の間隔は，過去のデータをまとめた累積確率で決める。

②新しい客がレジに到着した時を 2 つの場面で整理してみる。

- ・レジに客がいない（待ち行列がない）場合

　　客がレジに到着した時刻が，サービス開始時刻になる。つまり，前の客が立ち去った後に次の客が到着する（図1）。

- ・前の客がレジにいる（待ち行列がある）場合

　　前の客がサービスを受け終わる前に，次の客がレジに到着する。新しくレジに到着した客は，自分より前の客がサービスを受け終わるまで待たされる。この場合，前の客のサービスが終了した時刻が，次の客のサービス開始時刻になる（図2）。

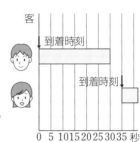

図1　待ち行列がない場合

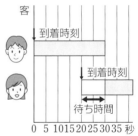

図2　待ち行列がある場合

2 モデル化とシミュレーション結果の分析・検討

例題 1　待ち行列のモデル化

前述の店舗での待ち時間について現状をモデル化しなさい。

解答

①最初の客（客1）の到着時刻を 0 とする。

②客は 5 人来るものとし，客 2 〜 5 の到着時刻は，乱数の値が累積確率の範囲のどこに入るかを求め，対応する間隔から決定する。

③客が来た時に待ち行列がなければ「あき」，あれば「待ち」とする。

④サービス開始時刻は，窓口（レジ）が「あき」ならば「到着時刻」，そうでなければ「前に並んでいる客のサービス終了時刻」とする。

⑤サービス終了時刻はサービス開始時刻にサービス時間を加え，待ち時間はサービス開始時刻から到着時刻を引いたものとする。

例題 2 待ち行列のシミュレーション

例題1を参考にして客の待ち時間の現状をシミュレーションしなさい。

- -

考え方 表計算ソフトで客の到着間隔のデータ（教科書 p.156 の表1）などのワークシートを作成する。

　　　　客1～5については，最初の客は状況が決まっているので（前の客がいないので），客1と客2～5とに分けて設定する。

解答例

客1の式の設定

前の客がいないので，到着時間の乱数と到着時刻は空欄とする。

	A	B	C	D	E	F	G	H	I
11									
12	客	到着時間の乱数	到着時間（秒）	到着時刻	窓口	サービス開始時刻	サービス時間	サービス終了時刻	待ち時間
13	1			0	あき	0	30	30	0
14	2	0.0523	5	5	待ち	30	30	60	25
15	3	0.4036	15	20	待ち	60	30	90	40
16	4	0.8127	25	45	待ち	90	30	120	45
17	5	0.5947	15	60	待ち	120	30	150	60
18								平均待ち時間	34

図1　例題1のシミュレーション結果（待ち時間）

各セルの式
セルD13　0
セルE13　"あき"
セルF13　＝D13
セルG13　30
セルH13　＝F13＋G13
セルI13　＝F13－D13
セルB14　＝RAND（）

セルC14
　　＝LOOKUP（B14,
　　　　B$4：B$9, G$4：G$9）
セルD14　＝D13＋C14
セルE14
　　＝IF（D14＞＝H13,
　　　　"あき"，"待ち"）
セルF14
　　＝IF（E14="あき"，D14, H13）

客2～5の式の設定

　到着時間は乱数で発生させ，その値をもとに表を参照して決定する。考え方は次のようになる。

①到着時間を決めさせるための乱数を発生させる。

②発生させた乱数の値が，累積確率の範囲のどこに相当するか参照する。

③決定した累積確率の範囲と同じ行にある中央値を，到着間隔とする。

	A	B	C	D	E	F	G	H	I
1		累積確率の範囲				到着間隔	中央値	度数	確率
2		(下限値)		(上限値)		(秒)			
3				0.000					
4		0.000	以上	0.260	未満	0 以上 10 未満	5	13	0.260
5		0.260	以上	0.640	未満	10 以上 20 未満	15	19	0.380
6		0.640	以上	0.820	未満	20 以上 30 未満	25	9	0.180
7		0.820	以上	0.940	未満	30 以上 40 未満	35	6	0.120
8		0.940	以上	0.980	未満	40 以上 50 未満	45	2	0.040
9		0.980	以上	1.000	未満	50 以上 60 未満	55	1	0.020
10		1.000				60 以上		0	
11									
12	客	到着時間の乱数	到着時間(秒)	到着時刻	窓口	サービス開始時刻	サービス時間	サービス終了時刻	待ち時間
13	1			0	あき	0	30	30	0
14	2	0.0523	5	5	待ち	30	30	60	25
15	3	0.4036	15	20	待ち	60	30	90	40
16	4	0.8127	25	45	待ち	90	30	120	45
17	5	0.5947	15	60	待ち	120	30	150	60
18								平均待ち時間	34

図2　例題2のシミュレーション結果（待ち時間）

考　察▶ シミュレーション結果の分析と検討

　図2では，待つ行列が時間とともに変化する様子がつかみにくく，何人の客が並んでいるのかわからない。

　そこで，待つ行列の変化を以下のようにグラフにすると，時間とともに変化して行く様子がわかる。横軸を時間，縦軸を客とし，それぞれの客の「到着時間」「サービス開始時間」「サービス終了時間」とする。

各セルの式
セルG14 ＝G$13
セルH14 ＝F14＋G14
セルI14 ＝F14−D14
セルI18
　＝AVERAGE（I13：I17）
セルB15～セルI17には各列の14行をコピーする。

1人の客の到着からサービス終了までを白い横棒で表す。

到着
サービス開始　サービス終了

サービス時間

客1の到着・サービス開始　客1のサービス終了 客2のサービス開始

待ち時間は色を塗る。

客2の到着　客2の待ち時間　客2のサービス終了

到着間隔が短い場合，前の客のサービスが終了していないので，前の客のサービス終了まで待たされ，白い棒（サービス時間）はサービス終了から右に伸びる。

図3　到着時間と待ち時間

　グラフを縦方向に見て，塗られている棒の数を調べると，待ち行列の長さがわかる（図4(a)）。縦軸を待っている客の数，横軸を時間とすると，待ち行列の時間的変化をグラフにすることができる（図4(b)）。

　図1の結果では，最も長い待ち行列は2人で45秒間，最も長い待ち時間は客5の60秒，平均待ち時間は34秒である。シミュレーションを繰り返し，待ち行列の長さから窓口の数を検討してみよう。

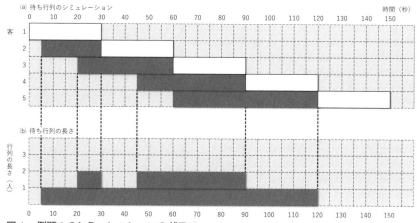

図4　例題2のシミュレーションのグラフ

確認問題　・例題2のワークシートを再計算して平均待ち時間が変わるのを確認しなさい。
・例題2でサービス時間が20秒，40秒の時，待ち行列がどのようになるかシミュレーションしなさい。

解答例▶

	A	B	C	D	E	F	G	H	I
1		累積確率の範囲				到着間隔	中央値	度数	確率
2		（下限値）	以上	（上限値）	未満	（秒）			
3				0.000					
4		0.000	以上	0.260	未満	0 以上 10 未満	5	13	0.260
5		0.260	以上	0.640	未満	10 以上 20 未満	15	19	0.380
6		0.640	以上	0.820	未満	20 以上 30 未満	25	9	0.180
7		0.820	以上	0.940	未満	30 以上 40 未満	35	6	0.120
8		0.940	以上	0.980	未満	40 以上 50 未満	45	2	0.040
9		0.980	以上	1.000	未満	50 以上 60 未満	55	1	0.020
10		1.000				60 以上		0	
11									
12	客	到着時間の乱数	到着時間（秒）	到着時刻	窓口	サービス開始時刻	サービス時間	サービス終了時刻	待ち時間
13	1			0	あき	0	30	30	0
14	2	0.8749	35	35	あき	35	30	65	0
15	3	0.1349	5	40	待ち	65	30	95	25
16	4	0.1331	5	45	待ち	95	30	125	50
17	5	0.8663	35	80	待ち	125	30	155	45
18								平均待ち時間	24

表計算ソフトの数式-計算方法-シートの再計算を行う。

計算方法の設定 ∨　再計算実行　シート再計算

計算方法

さらに再計算すると待ち時間が変わる。

12	客	到着時間の乱数	到着時間(秒)	到着時刻	窓口	サービス開始時刻	サービス時間	サービス終了時刻	待ち時間
13	1			0	あき	0	30	30	0
14	2	0.0240	5	5	待ち	30	30	60	25
15	3	0.7290	25	30	待ち	60	30	90	30
16	4	0.1662	5	35	待ち	90	30	120	55
17	5	0.7444	25	60	待ち	120	30	150	60
18								平均待ち時間	34

セル G13 の値を 20 秒としたとき

12	客	到着時間の乱数	到着時間(秒)	到着時刻	窓口	サービス開始時刻	サービス時間	サービス終了時刻	待ち時間
13	1			0	あき	0	20	20	0
14	2	0.9200	35	35	あき	35	20	55	0
15	3	0.3696	15	50	待ち	55	20	75	5
16	4	0.5644	15	65	待ち	75	20	95	10
17	5	0.7875	25	90	待ち	95	20	115	5
18								平均待ち時間	4

セル G13 の値を 40 秒としたとき

12	客	到着時間の乱数	到着時間(秒)	到着時刻	窓口	サービス開始時刻	サービス時間	サービス終了時刻	待ち時間
13	1			0	あき	0	40	40	0
14	2	0.2552	5	5	待ち	40	40	80	35
15	3	0.6352	15	20	待ち	80	40	120	60
16	4	0.3941	15	35	待ち	120	40	160	85
17	5	0.8184	25	60	待ち	160	40	200	100
18								平均待ち時間	56

確認問題のガイド　第4節

章末問題のガイド

教科書「最新」**p.160**

1 問題解決の手順を考えた時，その段階での評価を前の段階に戻すことを何というか。

参考 教科書 p.116 参照

解 説 結果を反映して，前段階の修正や改善を行うこと。

解答 フィードバック

2 次の文の中でデータの処理が適切なものを 1 つあげなさい。

ア．A市とB市を比べると，郵便番号の件数はA市の方が多いが，最大値はB市の方が大きい。

イ．1 日の降水量は，その日の 1 時間あたりの降水量の合計である。

ウ．ある日，マグニチュード 4.0 と 6.0 の 2 回の地震が起こった。この日の平均はマグニチュード 5.0 である

エ．ある量の気体を 10℃ から 100℃ にすると，体積が 10 倍になる。

参考 教科書 p.125

解 説 郵便番号は名義尺度であり，最大値としての意味を持たない。マグニチュードは順序尺度であり，エネルギーの大きさを対数で表しているため，単純平均できない。温度は間隔尺度であり，比率で計算できない。正確にはボイル・シャルルの法則による。

解答 イ

3 次の表1は東京の 1 日の平均気温から算出した月ごとの平均データである。また，表2は各世帯でアイスクリームにいくら支出したかを月別で表したものである。これらをもとに，アイスクリームの支出額（y）と気温（x）の関係を求めなさい。なおここでは，月ごとの日数は等しいものとして考えることとする。

表1 2017 年度 東京の日平均気温の月平均値（℃）（気象庁）

月	1月	2月	3月	4月	5月	6月	7月	8月	9月	10月	11月	12月
平均気温（℃）	8.0	6.9	8.5	14.7	20.0	22.0	27.3	26.4	22.8	16.8	11.9	6.6

表2 2017 年度の 1 世帯あたりのアイスクリームの支出額（総務省統計局 家計調査）

月	1月	2月	3月	4月	5月	6月	7月	8月	9月	10月	11月	12月
支出（円）	489	382	472	624	915	914	1,394	1,370	826	599	489	573

参考 p.134, 135 参照

解 説 表1, 2 をまとめ，グラフを散布図で描き，線形近似曲線を求める。

	A	B	C	D	E	F	G	H	I	J	K	L	M
1	月	1月	2月	3月	4月	5月	6月	7月	8月	9月	10月	11月	12月
2	平均気温（℃）	8	6.9	8.5	14.7	20	22	27.3	26.4	22.8	16.8	11.9	6.6
3	支出（円）	489	382	472	624	915	914	1394	1370	826	599	489	573

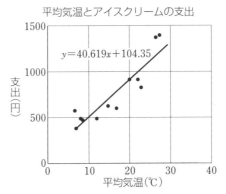

平均気温とアイスクリームの支出

$y=40.619x+104.35$

解答 $y=40.619x+104.3$

4 データベースの種類を2つあげ，それぞれの特徴を簡潔に答えなさい。

参考 教科書 p.142, 143

解答例▶①リレーショナルデータベース：表形式のデータを互いに関連付け，データ同士
の関連性から新しい表を作成できる。結合，選択，射影という操作を行う。
②NoSQL：リレーショナルデータベースで扱い難い大規模なデータに対応する。
キー・バリュー型では格納するデータの変更やスケールアウトに対応できるの
で，SNS にも利用される。

5 物体を高さ 100 m の高さから自由落下させた時，その物体が落下する様子を示すグラフを作
成し，地面に到達する時間とその時の速度を求めなさい。ただし，空気との摩擦は考えないもの
とし，重力方向を正とし，t 秒後の高さと速度の関係はそれぞれ次のようになる。

t 秒後の高さ y (m)　$y=\dfrac{1}{2}gt^2$　　　t 秒後の速度 v (m/s)　$v=gt$

参考 教科書 p.149 参照

解説▶

	A	B	C	D	E	F	G	H	I
1	経過時間(s)	速さ(m/s)	高さ(m)						
2	0	0	0						
3	0.5	4.9	1.225						
4	1	9.8	4.9						
5	1.5	14.7	11.025						
6	2	19.6	19.6						
7	2.5	24.5	30.625						
8	3	29.4	44.1						
9	3.5	34.3	60.025						
10	4	39.2	78.4						
11	4.5	44.1	99.225						
12	5	49	122.5						
13									
14	4.52	44.3	100						

自由落下の速さと高さ

── 高さ(m)　── 速さ(m/s)

- セル B2 には +9.8*A2，セル C2 には +4.9*A2^2 を入れる。
- 速さと高さを経過時間に合わせて表示するには散布図を用いる。
- グラフを実際の落下に合わせて右肩下がりにするには，「軸の書式設定」－「軸のオプション」－「軸を反転する」にチェックを入れる。
- 100 m の高さからの落下なので，高さの目盛りは高さの目盛り軸をクリックし，「軸のオプション」－「境界値」－「最大値」を 100 にする。

解答 **4.52 秒，44.3 m/s**

6 水槽にグッピーを 10 匹飼っている。増加率 60 %，減少率 40 % であり，その差である実質増加率は 20 % である。1 年後には何匹になっているかシミュレーションしなさい。なお，時間間隔は 1 箇月，水槽の大きさや餌などの飼育環境は完全であると仮定する。

　　参考　教科書 p.150，151

解説 セル B6 には ＝+B5－C6+D6，セル C6 には ＝+B5＊$B$3，セル D6 には
　　　　＝+B5＊$B$2 を入れる。

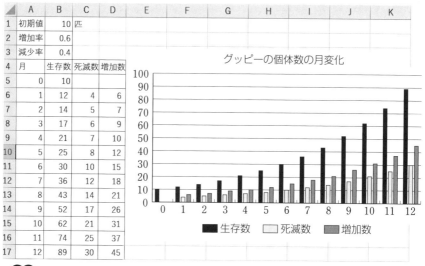

	A	B	C	D
1	初期値	10	匹	
2	増加率	0.6		
3	減少率	0.4		
4	月	生存数	死滅数	増加数
5	0	10		
6	1	12	4	6
7	2	14	5	7
8	3	17	6	9
9	4	21	7	10
10	5	25	8	12
11	6	30	10	15
12	7	36	12	18
13	8	43	14	21
14	9	52	17	26
15	10	62	21	31
16	11	74	25	37
17	12	89	30	45

グッピーの個体数の月変化（生存数／死滅数／増加数）

解答 89 匹

Let's try!・問題のガイド 　教科書「Python」「JavaScript」p.96〜127

第5章　問題解決

25 データの収集と整理

問題 (p.97)　防災問題，人口問題，環境問題，交通問題など，地域の課題についてテーマ（例えば，米の生産量が多い都道府県の，単位面積あたりの収穫量の推移など）を決めてデータを収集し，表計算ソフトウェアを用いてデータを整理しなさい。

- -

ヒント　個人やグループで総合的な探究の時間の実習等に行うとよい。表計算ソフトで情報収集したデータをまとめ，統合して考察する。

Let's try! (p.98)

　データに欠損値が存在する場合，欠損値のあるレコードを無視したり，ほかのレコードから欠損値を類推して補完するなどの対処法が考えられるが，それぞれの方法の長所・短所を考えてみよう。

- -

解答例・解説

- **欠損値を無視した場合**

　　欠損がランダムであれば推定結果はほぼ正しく，処理が簡単である。

　　欠損を含んだデータを不用意に削除すると推定に偏りをもたらす。ある条件で有意差があるデータを比較するときは偏りが生じる。また，サンプルを削除するので解析するときに推定効率が下がる。

- **欠損値を補完した場合**

　　推定結果に偏りが生じにくいが，ある程度の歪みは生じる。

26 ソフトウェアを利用したデータの処理

問題 (p.101)　この川は，氾濫危険水位が1.60 m，避難判断水位が1.50 mであるとして，川の水位がこれら以上になったとき，警報の欄に「氾濫危険水位」「避難判断水位」と表示されるようにしなさい。

- -

ヒント　例えば，川の水位のセルがA2なら，その横B2に，「=IF(A2>=1.5, IF(A2>=1.6, "氾濫危険水位", "避難判断水位"), "")」と表示される警報の列を作る。

	A	B
1	水位 (m)	警報
2	1.43	
3	1.49	
4	1.51	避難判断水位
5	1.57	避難判断水位
6	1.64	氾濫危険水位

問題 (p.103) 防災問題，人口問題，環境問題，交通問題など，地域の課題についてテーマを決めて収集したデータを，表計算ソフトウェアを用いて計算やグラフ化などを行い，その結果について考察しなさい。

ヒント 個人やグループで題材を決め，総合的な探究の時間の実習等に行うとよい。表計算ソフトで情報収集したデータをまとめ，並べ替えや抽出を行ってデータの特性を調べる。

27 統計量とデータの尺度

ADVANCE データの分布と検定の考え方

問題 (p.109) 表計算ソフトウェアの下記の関数を使って，$-4 \leqq Z \leqq 4$ の範囲で 0.1 間隔の標準正規分布の値を求めなさい。また，この範囲での標準正規分布のグラフを描きなさい。

NORM.S.DIST (Z, False)：値が Z の時の標準正規分布の値
NORM.S.DIST (Z, True)：値が Z 以下の範囲の標準正規分布の割合

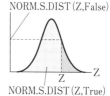

解　説 False が引数のときは標準正規分布の縦軸の確率密度を表すので，グラフが描ける。

解答例

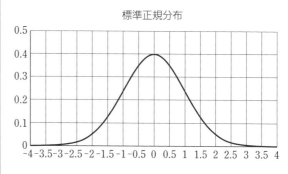

	A	B	C
1	z	FALSE	TRUE
2	-4	0.00013	0.00003
3	-3.9	0.00020	0.00005
4	-3.8	0.00029	0.00007
11	-0.1	0.39695	0.46017
12	0	0.39894	0.50000
13	0.1	0.39695	0.53983
30	3.8	0.00029	0.99993
31	3.9	0.00020	0.99995
32	4	0.00013	0.99997

28 時系列分析と回帰分析

例題1と例題2の結果から，2030年の平均気温を予想してみよう。また，グラフからこの分析の問題点を考え，改善点をあげてみよう。

- -

解 説 回帰直線の x に 2030年－1980年＝50年を入れると，$y=12.95$℃ となる。

ただし，必ずしも線形近似になるとは限らないし，気温の上昇には温室効果ガスの影響や太陽活動等いろいろな要素があるため，このモデルの関数通りの予測値になるとは限らない。

平均気温

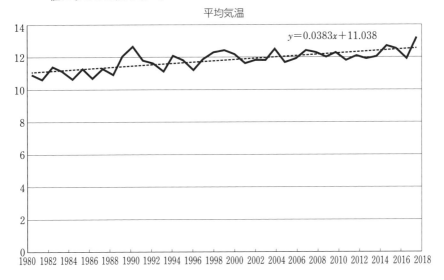

$y=0.0383x+11.038$

解答例 約 13.0℃

図1で，東京と大阪は回帰直線から大きく外れており，この2つを除くと，さらに相関が高くなる。東京と大阪が外れている理由を考えてみよう。

- -

ヒント 東京，大阪での車の移動距離，停止，発進の頻度，渋滞等を考えてみよう。

解答例▶・解　説▶

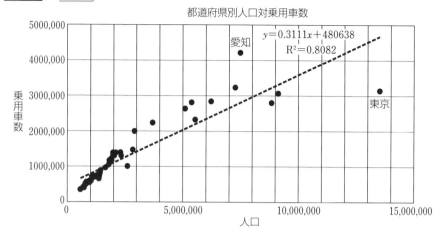

都道府県別人口対乗用車数

分析例：愛知県は日本一乗用車数が多い。世帯数や人口（日本で4番目）が多く，なおかつ日常的に車を必要とする郊外の住宅が多い。自動車産業を含めた工業が盛んで，車に対するニーズが多い。東京都は公共交通網が発達しており，車社会になっていない。なお，R^2値は相関係数の二乗を表す。

問題 (p.117)　都道府県別の人口と病院数などテーマを決めてデータを収集し，表計算ソフトウェアで散布図を作成してどのような相関があるかを調べ，不十分な都道府県は，目標値を設定するなどして考察しなさい。

解答例▶　省略

ADVANCE　区間推定とクロス集計

Let's try! (p.119)

複数のグループに対してアンケートをとり，クロス集計をして回答に差があるかを調べなさい。

ヒント▶　例えば，ある項目への回答のいくつかの選択肢（部活動時間，睡眠時間など）に対し，性別や学年別など別の要素への回答結果も含めて集計するとよい。

29 モデル化とシミュレーション

Let's try! (p.121)

実際に家具を動かしながら考える方法と，型紙などを使って考える方法についてメリット・デメリットを話し合ってみよう。

解答例▶ いろいろ考えを出し合ってみよう。以下は例である。

・**実際に家具を動かしながら配置する方法**

　　メリット：家具配置の時間が短縮できる。実際の家具の使いやすさと動線がその場で確認できる。

　　デメリット：重い家具をあちこち試行錯誤して動かすのは重労働になる。全体的な配置イメージが浮かびにくい。やり直すときの配置換えが大変である。

・**型紙などを使って考える方法**

　　メリット：いろいろな組み合わせが手軽にシミュレーションでき，実際に運び込んでから「こんなはずではなかった」となる事態を防げる。部屋の利用者に説明し，合意を得やすい。全体の家具配置がイメージでき，人の移動や作業を合理的にする配置が設計できる。

　　デメリット：型紙を作る手間が必要。しっかり縮尺を合わせないと，実際の家具配置ができず混乱が生じる。

問題 (p.122)　例題3の平均は，1回の合計を1つのデータとするサンプル数10の標本平均である。このサンプル数（回数）を増やすと得られた標本平均が期待値に近づくことを確認しなさい。

- -

解答例▶ 回数を500回に増やした例の一部である。500回だと期待値の35に近づいている。

回数	サイコロ										合計
	1	2	3	4	5	6	7	8	9	10	
1	6	1	5	2	2	6	6	1	6	1	36
2	3	5	4	6	4	2	3	4	1	1	33
3	4	1	1	5	6	4	3	5	4	1	34
4	3	1	6	5	4	1	5	5	5	4	39
5	1	6	1	5	6	6	6	2	1	3	37
6	4	2	2	2	6	5	2	2	5	1	31
7	5	3	2	1	5	3	3	3	3	3	31
8	5	3	5	5	3	6	3	1	2	2	35
9	5	1	1	5	6	1	3	4	6	2	34
10	5	6	5	1	4	1	4	2	5	5	38
11	3	2	2	6	5	2	2	6	6	5	39
12	2	1	2	1	5	5	5	1	2	5	29

平均　34.852　500回

Let's try! (p.122)

　実際のサイコロを使い，多くの回数を振ってみてそれぞれの目が出る確率を調べてみよう。

- -

ヒント▶ 数人のグループで集計し，さらにクラス全体で集計し，期待値に近づくことを確認しよう。

問題 (p.123)　図2の扇形の面積は円周率 π を使っても表すことができる。例題4の結果との比較によって π の値を求めなさい。

解答例・**解　説**

半径 r の円の1/4の扇形の面積は $\pi r^2/4$。正方形の面積は r^2 より，例題4の結果を使うと　$(\pi r^2/4)/\,r^2=\pi/4=0.82$

したがって，　$\pi=4\times0.82=\textbf{3.28}$ となる。

ADVANCE　確定的モデルのシミュレーション

問題 (p.125)　元利継続の預金は，更新時に前回の預入額（元金）と利息額の合計が次回の預入額になる。半年間隔で更新される半年複利で，年利 1.0% の預金に 100,000 円を預けた場合，10年後に預金総額がいくらになるかシミュレーションを行いなさい。

解　説　セル C7 には「＝＋C6＋D7」を入れ，セル D7 には「＝＋INT(C6*$C$3*$D$3)」を入れる。

Web 上には銀行のシミュレーションのページがあるので，実際はどうなるか計算してみよう。

解答 110,480 円

	A	B	C	D
1				
2		元金	年利	半年の預入期間
3		100000	1.00%	0.5
4				
5		年数	預入額	利息額
6		0	100000	
7		0.5	100500	500
8		1	101002	502
9		1.5	101507	505
10		2	102014	507
11		2.5	102524	510
12		3	103036	512
13		3.5	103551	515
14		4	104068	517
15		4.5	104588	520
16		5	105110	522
17		5.5	105635	525
18		6	106163	528
19		6.5	106693	530
20		7	107226	533
21		7.5	107762	536
22		8	108300	538
23		8.5	108841	541
24		9	109385	544
25		9.5	109931	546
26		10	110480	549

Let's try! (p.125)

例題2を参考にして現在の金利を調べて，条件を変えてシミュレーションしてみよう。

ヒント　現在の金利は各銀行のホームページで見ることができる。例題2のシミュレーションを表計算ソフトウェアに入れて計算してみよう。

章末問題のガイド

❶　次の文の空所に適当な語句を入れなさい。

　一般に公開された情報を（　1　）といい，提供されるデータは多くの人が利用できるように，カンマで区切った（　2　）形式や情報の種類を表すタグで区切った（　3　）形式が多く使われている。また，（　4　）と呼ばれる膨大なデータを管理するために，すべてのデータにキーを付けた（　5　）型データベースも普及してきた。これらの多くの情報を分析して解決策を考え，（　6　）によって効果を検証することにより，効率的に問題解決を行う力が求められている。

　　参考 教科書 p.96〜99

解答(1)　**オープンデータ**　　(2)　**CSV**　　(3)　**XML**　　(4)　**ビッグデータ**

　　　(5)　**キーバリュー**　　(6)　**シミュレーション**

❷　次の文の中でデータの処理が適切なものをあげなさい。

　ア．A市とB市を比べると，郵便番号の件数はA市の方が多いが，最大値はB市の方が大きい。

　イ．1日の降水量は，その日の1時間あたりの降水量の合計である。

　ウ．ある日，マグニチュード4.0と6.0の2回の地震が起こった。この日の平均はマグニチュード5.0である。

　エ．ある量の気体を10℃から100℃にすると，体積が10倍になる。

解 説　郵便番号は名義尺度であり，最大値としての意味を持たない。マグニチュードは順序尺度であり，エネルギーの大きさを対数で表しているため，単純平均できない。温度は間隔尺度であり，比率で計算できない。正確にはボイル・シャルルの法則による。

解答 **イ**

❸　次の文章が正しければ○，誤っていれば×をつけなさい。

(1)　5％有意水準で，起こる確率が10％ならば「この現象に有意性がある」と考える。

(2)　5年間の平均を真ん中の年の代表値とする移動平均法では，期間の最初の2年と最後の2年は平均を求めることができない。

(3)　最小二乗法は，近似曲線とデータの残差の合計が最小になるように近似曲線を求める方法である。

(4)　相関係数 $r=0.4$ と $r=-0.6$ では，$r=0.4$ の方が相関が強い。

　　参考 教科書 p.110, 114, 116, 117

解 説(1)　出現する確率が5％以下のものが，有意性がある稀なこととしている。

　　　(2)　それぞれ，平均するためのデータが前後に2つずつないため。

　　　(3)　残差の二乗和が最小になるのが最小二乗法。

　　　(4)　相関係数の絶対値が大きい方が相関が強い。

解答(1)　×　　(2)　○　　(3)　×　　(4)　×

❹ 直方体のブロックを積み重ねる時，上のブロックが倒れないためには，上のブロックの重心が下のブロックの上にある必要がある。

幅40 cmの同じ直方体のブロックを倒れないように少しずつずらしながら，(1)3段また，(2)7段 積み上げた時，一番下のブロックは一番上のブロックよりそれぞれ最大何cmずれているか。

解答・解説

(1) **3段目は30 cm**　　(2) **7段目は49 cm**

右図のように積み重ねるとよい。

セル B3 に「＝＋B2＋$D$2/(2*A2)」を
入れ，B4 から B8 にコピーする。

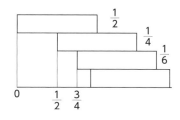

	A	B	C	D
1	段	一番上の左ブロックと一番下のブロックのずれ		ブロックの幅
2	1	0.00		40
3	2	20.00		
4	3	30.00		
5	4	36.67		
6	5	41.67		
7	6	45.67		
8	7	49.00		

この表より，3段目は30 cm，7段目は49 cmとなる。

章末問題のガイド 第5章

第6章① アルゴリズムとプログラミング 教科書「最新」p.161〜183

第1節 プログラミングの方法

教科書の整理

① アルゴリズムとその表記 教科書「最新」p.162〜165

1 アルゴリズム

アルゴリズム：問題を解決するための方法や手順を定式化したもの。他人にもわかりやすく，修正できるように記述する。

プログラム：アルゴリズムに沿ってコンピュータが実行できるように記述したもの。

考えよう 身近な処理のアルゴリズムを考えよう。

(1) 外出に傘を持って行くかどうか判断する。

(2) 長く保存していた食品が食べられるかどうか判断する。

解答例 省略

2 アルゴリズムの表記

フローチャート（流れ図）：アルゴリズムを視覚的にわかりやすく図式化したもの。

表 おもなフローチャート記号（JIS X 0121 より）

名称	記号	意味
端子		開始と終了
データ		データの入力や出力
処理	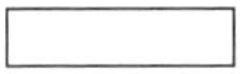	演算などの処理
判断		条件による分岐
ループ始端	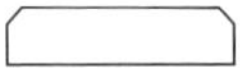	繰り返しの開始
ループ終端	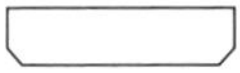	繰り返しの終了
定義済み処理	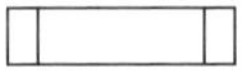	別な場所で定義された関係などの処理
線		処理の流れ

類　題　前ページの考えよう(1), (2)をフローチャートで表してみよう。

ガイド

アクティビティ図：開始から終了までの実際の制御の流れを記述する図。
状態遷移図：状態が遷移する様子を図形や矢印で示したもの。

⚠ここがポイント

図示することにより、処理の流れの全体が直感的、視覚的にわかりやすくなり、プログラムの作成や評価、修正に役立つ。

解答例▶　省略

3 基本制御構造とそのアルゴリズム

構造化定理：アルゴリズムは3つの基本制御構造からなる。

・**順次構造**　上から順に実行する直線的な処理構造。
・**選択構造**(分岐構造)　条件によって処理が分かれる
　(異なる処理に進む)構造。
　　　条件：Yes(真・True), No(偽・False)
　　　条件の例：「=」や「>」などの論理式を満たすか,
　　　　　　　　指定した回数を繰り返したか。　　　　図1　順次構造
・**反復構造**(繰り返し構造)　判定条件が満たされている(真の)間、ループ内の処理を繰り返し実行(ループ)する構造。

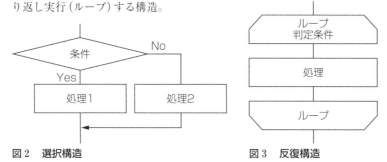

図2　選択構造　　　　　　　　　図3　反復構造

⚠ここがポイント

コンピュータは数値でしか判断できないため、文字情報でさえ数値に変換して論理式で示す。

例題 3　**ゴールに到達するまでのアルゴリズム**

　次ページの図のような迷路がある。次の4つのルールに従って、ゴールに到達するまでのアルゴリズムをフローチャートで表しなさい。

・使用できる処理は、前に進む(1マス進む)、右に90°向く、左に90°向く、ドアを開ける、の4つである。

・ゴールにはドアが付いている。またドアが閉まっている場合は，ドアを開けてから入る必要がある。ドアの前に行くまで，ドアが開いているか閉まっているかはわからない。
・ドアが開いている状態で，「前に進む」と到着となる。
・3つの基本制御構造をすべて使用する。

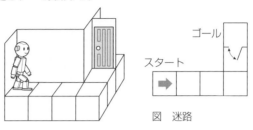

図　迷路

考え方▶ ドアの状態によってその後の処理が変わる。この部分は，選択構造を使用する。

解答例▶

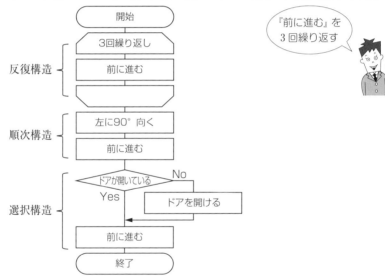

『前に進む』を
3回繰り返す

確認問題 次の迷路のゴールに到達するためのアルゴリズムを教科書 p.165 例題3と同じ条件で表しなさい。また，右に90°向くという処理ができない場合のアルゴリズムを表しなさい。

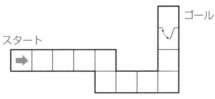

解答例 ・ 解 説

・右に 90° 向くという処理ができない場合，下図のように「左に 90° 向く」を 3 回繰り返すとよい。

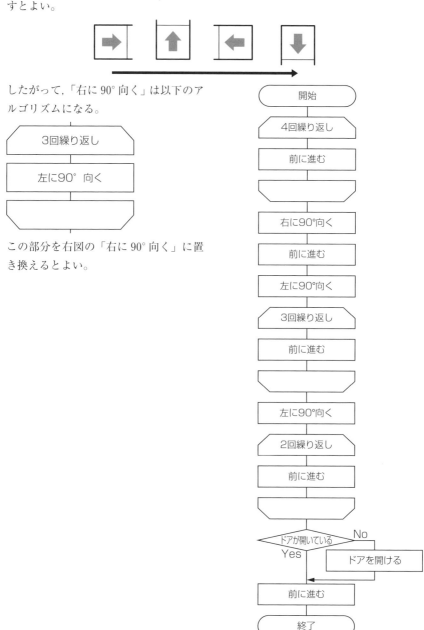

したがって，「右に 90° 向く」は以下のアルゴリズムになる。

この部分を右図の「右に 90° 向く」に置き換えるとよい。

② プログラミング言語　　教科書「最新」p.166～167

1 プログラミングの手順

設計→コーディング（記述）→テスト（実行と試験）

例題 1 プログラミングの手順

プログラミングの手順について，それぞれの手順で行うことを調べ，表にまとめなさい。

解答例

SE（システムエンジニア）→	①設計	・使用するプログラミング言語を決める ・アルゴリズムを設計し，プログラムの流れをフローチャートなどで表現する
プログラマ→	②コーディング	・実際にプログラミング言語でプログラムを作成する
SE＋プログラマ→	③テスト	・プログラムを実行し，プログラムが設計通りに動作しているかを点検する ・プログラムの動作する速度や，無駄がないかどうかを点検する ・発見したプログラムの誤りは，プログラミングの手順に戻って修正する

基本 word

・**ソースコード**（source code）：プログラミング言語で記述した文字列。
・**バグ**（bug）：プログラムの欠陥や不具合（問題の原因）。
・**文法エラー**：命令文のミスタイプや全角スペース等使えない文字の使用。構文エラー。
・**論理エラー**：アルゴリズムの間違いで，プログラムは実行できるが意図した正しい結果にならない。
・**アップデート**：使用中の不具合（bug）の修正や改善を行って市場に供給する作業。

2 プログラミング言語の種類と選択

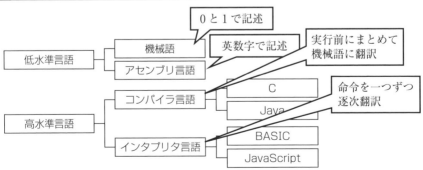

図　プログラミング言語の分類と代表的なプログラミング言語

基本 word

・**コンパイラ**（compiler）：ソースコードを翻訳するソフト。
・**スクリプト言語**：プログラムを簡単に記述・修正できるように設計されている。インタプリタ型が多い。Ruby，JavaScript，Python などの高機能言語がある。
・**プログラムの構造や計算の考え方による分類**
　・**手続き型**：BASIC，Fortran，C など→プログラムの手順を順番に記述。
　・**オブジェクト指向型**：Java，JavaScript，C＋＋，Swift など。
　　→プログラム自体をオブジェクト（もの）として扱い，データとそのデータに対する処理をまとめて記述。
　・**関数型**：Haskell，Lisp，Scala など→プログラムを関数の集まりとして記述。

確認問題　プログラミング言語の種類を調べて，それらがどのような特徴をもつかまとめなさい。

　各プログラミング言語が，どのような目的に特化して作られ，そのためにどのような工夫が盛り込まれているか調べるとよい。例をいくつか示す。

解答例▶

　・**VBA**：Microsoft Office に付属されており，ローカル環境で使用できる。
　　Microsoft Office の拡張機能なので，単体で動作しない。
　　繰り返し行う作業を VBA で自動化しておくことで，業務や作業を効率化できる。
　・**Python**：AI（人工知能）や IoT の分野で使われることが多い。汎用性が高く，Web アプリケーション開発や統計やデータ分析にも利用される。
　　スクリプト言語であり，少ないコード量で動作し，文法もやさしい。ライブラリが豊富なため，効率的な開発に向く。
　・**JavaScript**：Web ページ作成や Web アプリケーション開発に使われ，主にブラウザ上で動くスクリプト言語。ゲームやスマートフォンアプリの開発にも使われる。
　　ブラウザとテキストエディタがあれば使え，すぐにテストでき，動きがわかりやすい。
　・**C言語**：手続き型のコンパイラ言語。OS の開発からアプリの開発まで広く利用される高水準言語。

教科書の整理　第2節

第2節　プログラミングの実践

❶ プログラミングの方法　　　教科書「最新」**p.168～171**

1 変数を使用したプログラム

　Microsoft の表計算ソフト Excel 上で利用できるマクロ言語 VBA を用いた方法を示す。

基本 word

・**マクロ言語**：アプリケーションソフト（本書では Excel）に処理を行わせるプログラム言語。

- **変数**：メモリ上のデータ（値や文字列）を格納する領域（箱に例えられる）。その領域に付けられた名前を**変数名**という。
- 変数を使用するためには，名前と型の宣言が必要。型によって格納できる値が異なる。
- ＊Integer 型は扱える値の範囲が狭い→通常は Long 型を使用する。
- **代入**：変数に値を格納すること。

  a＝5　変数 a に 5 を代入する。

  a＝b　変数 b の値を a に代入。

  a＝a＋1　a の値を 1 増やして新たに a の値にする。
- **Cells(行, 列).Value**：Excel の該当番地のセルの値を示す。

> **・おもな変数の型**
> 型：格納できる値
> Integer：整数（－32768
> 　　　　　～32767）
> Long：整数
> 　　　（－2147483648
> 　　　　～2147483647）
> Double：実数
> String：文字列
> Date：日付
> Variant：任意の型

例題 1　　**2つのセルの値を足し算するプログラム**

　セル B1・B2 に入力した 2 つの整数を読み取って，足し算した結果をセル B4 に書き込むプログラムを作成しなさい。

	A	B
1	値 1	7
2	値 2	4
3		
4	答え	

考え方　次のアルゴリズムで作成する。

①変数 a,b,answr を宣言する

②変数 a に，セル B1 の値を代入

③変数 b に，セル B2 の値を代入

④変数 answr に，a＋b の結果を代入

⑤セル B4 に，変数 answr の値を代入

解答例

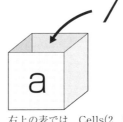

	A	B	C
1			
2			12
3			
4			

右上の表では，Cells(2, 3).Value は 2 行 3 列の値 12 を返す。

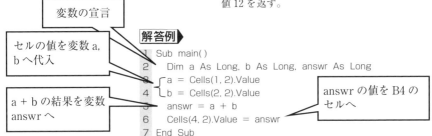

変数の宣言

セルの値を変数 a，b へ代入

a ＋ b の結果を変数 answr へ

answr の値を B4 のセルへ

解答例

```
1  Sub main( )
2    Dim a As Long, b As Long, answr As Long
3    a = Cells(1, 2).Value
4    b = Cells(2, 2).Value
5    answr = a + b
6    Cells(4, 2).Value = answr
7  End Sub
```

確認問題 セル B1 とセル B2 の値を掛け算した結果をセル B4 に書き込むように，教科書 p.168 例題1のプログラムを変更しなさい。

- -

解答例▶ 変更部分のみ示す。5行目の「＋」を「＊」に変える。

　　5　answr = a + b　➡　5　answr = a ＊ b

2 選択構造を使用したプログラム

制御文を用いて選択構造のプログラムの流れを変える。

・**変数の約束**　変数名は**予約語**（Dim，Sub など，使用が決められている語）を除き，自由に付けることができるが，何人かで作業するときや，後で見た時に何を表す変数かわかるような名前がよい。

例題 2 約数かどうかを判定するプログラム

セル B2 の値が，セル B1 の値の約数かどうか判定して，セル B4 に結果を表示するアルゴリズムを以下のように考えた。このアルゴリズムをもとにフローチャートとプログラムを作成しなさい。

①整数型の変数 a，b と rmndr を宣言する。

②変数 a にセル B1 の値，b にセル B2 の値を代入する。

③変数 a を変数 b で割った余りを計算し，変数 rmndr に代入する。

④変数 rmndr が 0 なら，セル B4 に文字列 "約数である" を代入し，それ以外なら，セル B4 に文字列 "約数ではない" を代入する。

	A	B
1	値1	131
2	値2	7
3		
4	判定	

- -

考え方▶ 選択構造の制御文である if 文を使用する。If に続けて記述した条件が成り立つ場合は処理1が実行され，成り立たない場合は，処理2が実行される。Else と処理2は省略することができる。

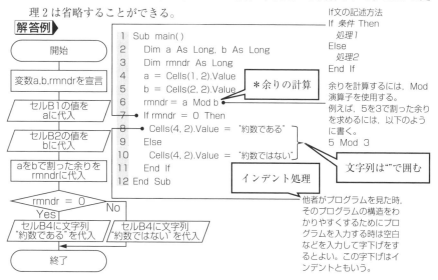

3 反復構造を使用したプログラム

例題 3 九九の7の段を表示するプログラム

次に示した九九の7の段をセルに表示するアルゴリズムを参考にして，フローチャートとプログラムを作成しなさい。

①変数 i を宣言。 ← 反復の回数を数えるために使う変数は i, j, k など
② i を1から9まで繰り返し。
③セル1行目 i 列に，7×i の結果を代入。
④ i に1を加える。
⑤ここまで繰り返し。

- -

考え方 For 文または While 文を使用する。 Step が1のときは省略できる

- For 文の記述方法

　　For 制御変数＝初期値 To 終了値 Step 増分
　　　処理
　　Next 制御変数

- While 文の記述方法

　　While 条件
　　　処理
　　Wend

同じ処理

反復構造のフローチャート

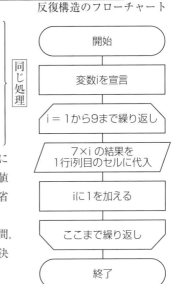

For 文の場合，制御変数の値が初期値から終了値になるまで繰り返す。繰り返すたびに増分で指定した値が制御変数に加えられる。増分を指定する Step を省略した場合，増分は1となる。

While 文の場合，指定した条件が満たされている間，Wend までの処理を繰り返す。繰り返しの回数が決まってない場合に使用するとよい。

解答例

プログラム①

```
1 Sub main()
2   Dim i As Long
3   For i = 1 To 9
4     Cells(1, i).Value = 7 * i
5   Next i
6 End Sub
```

プログラム②

```
1 Sub main()
2   Dim i As Long
3   i = 1
4   While i <= 9
5     Cells(1, i).Value = 7 * i
6     i = i + 1
7   Wend
8 End Sub
```

Excelにはこのように表示

▲	A	B	C	D	E	F	G	H	I
1	7	14	21	28	35	42	49	56	63

図　実行結果

4 配列

・**配列**：同じ型の変数の集まりに名前を付けたもの。

　　例：4人の生徒の部活動が0：無し，1：運動部，
　　2：文化部とすると，各生徒の状況は右図のようにな
　　る。これに対応して，Dim club(3) as Long と宣言す
　　ると，0から3の生徒番号に相当する**添字（インデックス）**を付けた4つの箱の**要素**ができる。

例題 4　九九の7の段を配列に格納するプログラム

　教科書 p.170 例題3のプログラム①を変更し，九九の7の段を配列に格納し，そのうち，添字4の要素をセル A1 に表示するプログラムを作成しなさい。

考え方▶ 配列の要素に続けて値を格納する場合は，反復構造を使用するとよい。

解答例▶

配列名aと型，大きさを宣言

```
1  Sub main( )
2    Dim i As Long
3    Dim a(9) As Long
4    For i = 1 To 9
5      a(i) = 7 * i
6    Next i
7    Cells(1, i).Value = a(4)
8  End Sub
```

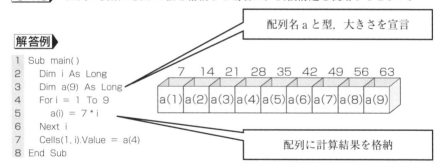

配列に計算結果を格納

考　察▶ 解答例の5行目では，配列の要素 a(0) も使用可能となっているが，使用していない。

確認問題

(1)　教科書 p.170 例題3のプログラム①を，例題3の実行結果のうち，7×奇数の結果だけが表示されるプログラムに変更しなさい。

(2)　教科書 p.171 例題4のプログラムを，配列aに格納されている九九の7の段の値と反復構造を用いて，このページ上の実行結果の図と同じように表示するプログラムに変更しなさい。

教科書の整理　第2節

解答例▶

(1)

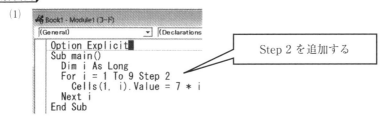

Step 2 を追加する

```
Option Explicit
Sub main()
  Dim i As Long
  For i = 1 To 9 Step 2
    Cells(1, i).Value = 7 * i
  Next i
End Sub
```

実行例

	A	B	C	D	E	F	G	H	I
1	7		21		35		49		63

また，Cells(1, i).Value＝7*i　→　Cells(1, i).Value＝7*(2*i−1) でもよい。

(2)

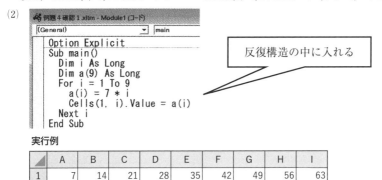

反復構造の中に入れる

```
Option Explicit
Sub main()
  Dim i As Long
  Dim a(9) As Long
  For i = 1 To 9
    a(i) = 7 * i
    Cells(1, i).Value = a(i)
  Next i
End Sub
```

実行例

	A	B	C	D	E	F	G	H	I
1	7	14	21	28	35	42	49	56	63

② 関数を使用したプログラム

教科書「最新」p.172~173

1 関数とは

　ある機能をもたせた独立したプログラム。言語によって
サブルーチン，プロシージャ，スケッチなどとも呼ぶ。数
学の関数より広い意味を持つ。

　関数に**引数**を与えると，**戻り値**（返り値）が返ってくる。

引数 ➡ 関数 ➡ 戻り値

図　関数と引数・戻り値

類題　戻り値を伴う装置をいくつかあげてみよう。

- -

解答例▶　関数：懐中電灯，引数：**電池，スイッチ**，戻り値：光

2 関数の定義

　関数には，プログラミング言語などの仕様に準備された組み込み関数と，プログラマ
（ユーザ）が作成するユーザ定義関数がある。

例題2　四捨五入の処理をするユーザ定義関数　［ユーザ定数関数］

正の小数を小数第一位で四捨五入する関数を関数名 $\boxed{\text{myround}}$ として作成しなさい。

考え方　四捨五入は，四捨五入をする値に 0.5 を加えて小数点以下を切り捨てて求める。

引数と戻り値を表のように整理しておく。また，あらかじめ，関数を呼び出すプログラム①を作成しておく。

	名前	意味	型
引数	round_value	四捨五入をする値	実数（Double）
戻り値		四捨五入した結果	整数（Long）

プログラム①

```
1 Sub main()
2   Dim a As Double, b As Double
3   a = 7.4
4   Cells(1, 1).Value = myround(a)
5   b = 7.5
6   Cells(2, 1).Value = myround(b)
7 End Sub
```

［下の解答例で関数として与えられる］

解答例

```
1 Function myround(round_value As Double) As Long
2   Dim a As Double
3   Dim b As Long
4   a = round_value + 0.5
5   b = Int(a)
6   myround = b
7 End Function
```

⚠ここがポイント
Int 関数
引数で指定した数値を超えない最大の整数を返す関数

————変数bを戻り値に設定している

例えば 2.3 は，2.3＋0.5＝2.8　Int(2.8)＝2 となり，切り捨て。
2.6 は，2.6＋0.5＝3.1　Int(3.1)＝3 となり，切り上げ。

基本 word
・**ローカル変数**：別の関数やプログラムから参照できない変数。関数内で宣言した変数。
　教科書 p.173 例題2のプログラム①と関数の変数 a, b は同じ名称だが，それぞれプログラム①と関数で異なる変数として扱われ，その内部だけで独立に使われる。
・**グローバル変数**：どの関数やプログラムからでも参照できる変数。関数の外側で宣言した変数。

❸ 探索と整列のプログラム　教科書「最新」**p.174～179**

1 線形探索のアルゴリズム

探索：多くのデータから目的のデータを探し出す作業
線形探索：探索の中で最も単純なアルゴリズムで，最初から順に一つずつ調べる。

例題 1 線形探索で在庫数を調べるプログラム

次の表のような在庫数のデータがある。セル A2 に入力した商品番号を，線形探索のアルゴリズムを用いて探索し，商品名と在庫数を表示するプログラムを作成しなさい。

	A	B	C
1	商品番号	商品名	在庫数
2	10010	ミネラルウォーター E	82
3			
4	在庫データ		
5	商品番号	商品名	在庫数
6	10001	清涼飲料水 A	87
7	10002	清涼飲料水 B	89
8	10003	清涼飲料水 C	52
9	10004	清涼飲料水 D	120
10	10005	清涼飲料水 E	119
11	10006	ミネラルウォーター A	67
12	10007	ミネラルウォーター B	104
13	10008	ミネラルウォーター C	121
14	10009	ミネラルウォーター D	82
15	10010	ミネラルウォーター E	82

表　変数一覧

変数名	格納する値
i	在庫データの行番号
flag	探索を継続するかどうかの判定結果 商品番号が見つかるまでは 1

解　説 While flag=1 により，flag の値が 1 の間は探索処理を続ける。探索に成功すると flag は 0 になり，探索は終了する。

解答例

「'」(アポストロフィ)以降はコメントで実行しない

flag は判定結果を入れる変数，comp には命令が実行された回数(計算量)が入る

```
1  Sub main()
2    Dim i As Long 'i: 探索する在庫データの行番号
3    Dim flag As Long 'flag: 探索継続の判定結果
4    Dim comp As Long 'comp: 計算量
5    flag = 1
6    i = 6 '在庫データの最初の行番号
7    comp = 0
8    While flag = 1
9      If Cells(i, 1).Value = Cells(2, 1).Value Then
10         '商品が見つかった場合の処理
```

```
11        Cells(2, 2).Value = Cells(i, 2).Value
12        Cells(2, 3).Value = Cells(i, 3).Value
13        flag = 0 '探索終了
14      Else
15        i = i + 1 '次の行に移動
16      End If
17    Wend
18 End Sub
```

確認問題　教科書 p.174 例題 1 のプログラムを実行し，探索する商品番号に対して計算量がそれぞれどのような値になるか調べなさい。ただし，ここでは商品番号を比較する回数を計算量とする。

- -

解答例

・最初の探索で見つかると，計算量（アルゴリズムが終了するまでに実行される命令数）＝1 になるので，7 行の comp=0 を comp=1 にする。

・見つからない間は計算量は 1 つずつ増えるので，15 行と 16 行の間に comp=comp+1 をいれる。

・計算量を表示するために 18 行の前に Cells(i, 4).Value=comp を入れる。

・あらかじめ表を作っておき，D6〜D15 に計算量が表示されるセルを準備する。

・マクロのプログラムは図のようになる。

```
(General)                    main
Option Explicit
Sub main()
Dim i As Long
Dim flag As Long
Dim comp As Long
flag = 1
i = 6
comp = 1
While flag = 1
  If Cells(i, 1).Value = Cells(2, 1).Value Then
    Cells(2, 2).Value = Cells(i, 2).Value
    Cells(2, 3).Value = Cells(i, 3).Value
    flag = 0
  Else
    i = i + 1
    comp = comp + 1
  End If
Wend
Cells(2, 4).Value = comp
End Sub
```
図　マクロのプログラム

	A	B	C	D
1	商品番号	商品名	在庫数	計算量
2	10010	ミネラルウォーター E	82	3
3				
4	在庫データ			
5	商品番号	商品名	在庫数	
6	10001	清涼飲料水 A	87	
7	10002	清涼飲料水 B	89	
8	10003	清涼飲料水 C	52	
9	10004	清涼飲料水 D	120	
10	10005	清涼飲料水 E	119	
11	10006	ミネラルウォーター A	67	
12	10007	ミネラルウォーター B	104	
13	10008	ミネラルウォーター C	121	
14	10009	ミネラルウォーター D	82	
15	10010	ミネラルウォーター E	82	

2 二分探索のアルゴリズム

二分探索：探索の効率化のために整列したデータを半分に分けながら，データが含まれる側を半分にする手順を繰り返して絞り込んでいくアルゴリズム。

例題 2　二分探索で在庫数を調べるプログラム

教科書 p.174 例題 1 の商品番号 10009 を，二分探索で探索するプログラムを作成しなさい。また商品番号を比較する回数である計算量を求めなさい。

考え方▶

① ・中央のセルを求める。データは6行目と15行目の間にあるので，(6+15)/2 より，10 行目のセル。
・10 行目の商品番号は 10005。探索するデータは後ろ半分にある。
・探索する範囲を 11 行目から 15 行目とする。

② ・中央のセルを求める。(11+15)/2 より，13 行目のセル。
・13 行目の商品番号は 10008。探索するデータは後ろ半分にある。
・探索する範囲を，14 行目から 15 行目とする。

③ ・中央のセルを求める。(14+15)/2 より，14 行目のセル。
・14 行自の商品番号は 10009。探索するデータを発見した。

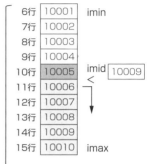

① 中央より大きいので後半分

探索範囲の変化

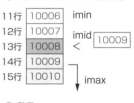

② 中央より大きいので後半分

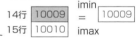

③ 発見

ポイント

・探索する商品番号は小さい順。
・中央のデータが 2 つのときは，小さいほうを中央にする。

解答例▶

```
1  Sub main()
2    Dim comp As Long, flag As Long 'comp: 計算量 flag: 探索継続の判定結果
3    Dim imin As Long, imax As Long, imid As Long
4    'imin: 探索範囲の最小の行番号 imax: 最大の行番号 imid:中央の行番号
5    comp = 0
6    flag = 1
7    imin = 6 '在庫データの最初の行番号
8    imax = 15 '在庫データの最後の行番号
9    While flag = 1
```

```
10      imid = Int((imin + imax) / 2) '中央の行番号
11      comp = comp + 1 '計算量を加算
12      If Cells(imid, 1).Value = Cells(2, 1).Value Then
13          '商品が見つかった場合の処理
14          Cells(2, 2).Value = Cells(imid, 2).Value
15          Cells(2, 3).Value = Cells(imid, 3).Value
16          flag = 0 '探索終了
17      Else
18          If Cells(imid, 1).Value > Cells(2, 1).Value Then
19              imax = imid − 1 '次の探索範囲を中央より前半に
20          Else
21              imin = imid + 1 '次の探索範囲を中央より後半に
22          End If
23      End If
24      Wend
25      Cells(2, 5).Value = comp  '計算量を表示
26 End Sub
```

表　変数一覧

変数名	格納する値
flag	探索を継続するかどうかの判定結果
comp	計算量
imin	探索範囲の最小の行番号
imax	探索範囲の最大の行番号
imid	探索範囲の中間の行番号

教科書の整理　第2節

3 整列のアルゴリズム

整列：データをある値に基づいて昇順または降順に並べ替えること。

バブルソート（交換法）：隣り合う値の大小を比較し，交換を行って整列させる。アルゴリズムは簡単だが，時間がかかる。

例題 3 　バブルソートを実行するプログラム

バラバラに並んだ在庫データを，バブルソートのアルゴリズムを用いて，商品番号順に整列させるプログラムを作成しなさい。

	A	B	C
4	在庫データ		
5	商品番号	商品名	在庫数
6	10006	清涼飲料水6	77
7	10009	清涼飲料水9	86
8	10010	清涼飲料水10	89
9	10003	清涼飲料水3	68

考え方 バブルソートのアルゴリズム

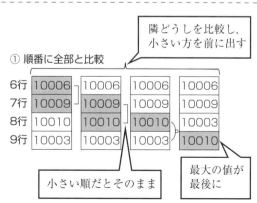

①最も商品番号が大きいデータを，最後の行に移動する。
- ・6行目と7行目の商品番号を比較
  →6行目の方が小さい→そのまま
- ・7行目と8行目の商品番号を比較
  →7行目の方が小さい→そのまま
- ・8行目と9行目を比較→8行目の方が大きい
  →8行目と9行目を入れ替え

②2番目に大きいデータを，最後から2つ目の行に移動する。
- ・6行目と7行目を比較→6行目が小さい→そのまま
- ・7行目と8行目を比較→7行目が大きい→入れ替え

③3番目に大きいデータを，最後から3つ目の行に移動する。
- ・6行目と7行目を比較→6行目が大きい→入れ替え

② 決まった最大値を除いた部分と比較

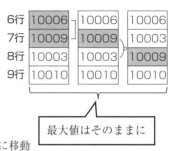

③ 残った分を比較

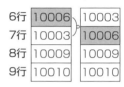

考え方▶　データの入れ替え

　2つの変数 a，b に格納されているデータを入れ替える時は，ほかに一時的にデータを格納する変数が必要となる。その変数の名前をここでは，tmp とする。例えば商品番号を入れ替える場合，次の図の手順で行う。

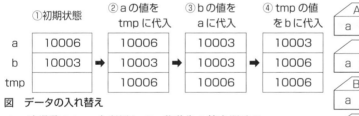

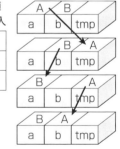

図　データの入れ替え

＊一時退避の tmp を利用して，移動先の箱を開ける。

解答例▶

```
1  Sub main()
2    Dim i As Long, imax As Long  'i: 比較対象の行番号，imax: iの最大値
3    Dim ino_tmp As Long, iname_tmp As String, ist_tmp As Long
4    '入れ替え処理の時に，商品番号，商品名，在庫数をそれぞれ一時的に格納
5    Dim comp As Long  'comp: 計算量
6    comp = 0
7    For imax = 8 To 6  step -1
```

```
8      For i = 6 To imax
9        comp = comp + 1 '計算量を加算
10       If Cells(i, 1).Value > Cells(i + 1, 1).Value Then   後のデータの方が
11         '入れ替え処理                                        小さいとき
12         ino_tmp = Cells(i, 1).Value
13         iname_tmp = Cells(i, 2).Value    前のデータ
14         ist_tmp = Cells(i, 3).Value      を退避
15         Cells(i, 1).Value = Cells(i + 1, 1).Value
16         Cells(i, 2).Value = Cells(i + 1, 2).Value   後のデータを前
17         Cells(i, 3).Value = Cells(i + 1, 3).Value   のデータ位置へ
18         Cells(i + 1, 1).Value = ino_tmp
19         Cells(i + 1, 2).Value = iname_tmp   退避したデータを
20         Cells(i + 1, 3).Value = ist_tmp     後のデータ位置へ
21       End If
22     Next i
23   Next imax                計算量をセルへ
24   Cells(2, 5).Value = comp
25 End Sub
```

・for 文の中に for 文，if 文の中に if 文が入るのを**ネスト（入れ子構造）**という。

変数一覧

変数名	格納する値
i	比較対象の行番号
imax	i の最大値
comp	計算量
ino_tmp	商品番号，商品名，
iname_tmp	在庫数をそれぞれ
ist_tmp	一時的に格納

実行結果

	A	B	C
4	在庫データ		
5	商品番号	商品名	在庫数
6	10003	清涼飲料水 3	68
7	10006	清涼飲料水 6	77
8	10009	清涼飲料水 9	86
9	10010	清涼飲料水 10	89

確認問題

(1) 教科書 p.176 例題3で，データ数を2倍，4倍に増やした時に計算量がどのように増加するか調べなさい。ただし，ここでは商品番号の大小を比較する回数を計算量とする。

(2) 例題3のプログラムを修正し，商品番号の降順に並べ替えるようにしなさい。

解答例

(1) 例題3では，7，8行で4個のデータを3回比較し，最大が最後に来て，残った3個のデータを次に2回比較し，最後に残った2個のデータを1回比較する。
したがって，計算量は3+2+1となる。一般に n 個のデータがあれば計算量は，

$$\underbrace{(n-1)+(n-2)+(n-3)+\cdots\cdots+2+1}_{n-1\text{個}}=\frac{n}{2}(n-1)\,[\text{回}]$$

データ数が2倍の8になれば，計算量は $\frac{8(8-1)}{2}=\underline{28}$，4倍の16になれば

$\frac{16(16-1)}{2}=\underline{120}$ になる。

(2) 10行の不等号の向きを変えるとよい。

10　If Cells(i, 1).Value ＜ Cells(i ＋ 1, 1).Value Then

調べよう　並べ替え（ソーティング）には，効率化のためにいろいろなアルゴリズムが考えられている。どのようなものがあるか，またどのような工夫がされているか調べてみよう。

- -

解　説　並べ替えのアルゴリズムには，バブルソート（単純交換法・基本交換法・隣接交換法とも呼ばれる）以外にも整列範囲の先頭から最後までデータを調べて最小値を選択し，この結果と先頭を交換していく選択ソートや，整列済みのデータの整列状態を保つ位置に，次に整列するデータを挿入していく挿入ソートなど，さまざまな手法がある。

解答例　省略

4　アルゴリズムの評価

優れた探索→データが増えたとき，計算量が緩やかに増えるアルゴリズム

例題 4　**線形探索と二分探索のアルゴリズムの評価**

　教科書 p.174 例題1，p.175 例題2で作成したプログラムを使用し，データの増加とともに計算量がどのように変化するか調べ，アルゴリズムを評価しなさい。

- -

考え方　データ10件，20件，40件の場合の計算量を求める。どちらのアルゴリズムも，最後の行の商品番号を指定した場合に計算量が最大になるので，その場合の計算量を表に整理する。

解答例

データ件数	計算量	
	線形探索	二分探索
10	10	4
20	20	5
40	40	6

メリット，デメリットを理解しておこう

考　察　線形探索はデータ件数に比例して，計算量が増える。一方，二分探索はデータ件数が2倍になっても，計算量は1しか増えていない。データ件数が増えた時の計算量の増え方が緩やかな二分探索の方が優れたアルゴリズムといえる。

データ件数をNとした時，線形探索の計算量はNに比例する。二分探索の計算量は，$\log_2 N$ に比例する。計算量に関しては二分探索の方が優れているが，あらかじめ探索に使用する値を整列しておく必要がある。線形探索は，整列されていなくても探索できるというメリットがある。

実行例

	A	B	C	D	E
1	商品番号	商品名	在庫数		計算量
2	1020	ミネラルウォーター E	105.6		5
3					
4	在庫データ				
5	商品番号	商品名	在庫数		
6	1001	清涼飲料水 A	87		
7	1002	清涼飲料水 B	89		
8	1003	清涼飲料水 C	52		
9	1004	清涼飲料水 D	120		
10	1005	清涼飲料水 E	119		
11	1006	ミネラルウォーター A	67		
12	1007	ミネラルウォーター B	104		
13	1008	ミネラルウォーター C	121		
14	1009	ミネラルウォーター D	82		
15	1010	ミネラルウォーター E	82		
16	1011	清涼飲料水 A	97.33		
17	1012	清涼飲料水 B	98.25		
18	1013	清涼飲料水 C	99.16		
19	1014	清涼飲料水 D	100.1		
20	1015	清涼飲料水 E	101		
21	1016	ミネラルウォーター A	101.9		
22	1017	ミネラルウォーター B	102.8		
23	1018	ミネラルウォーター C	103.7		
24	1019	ミネラルウォーター D	104.7		
25	1020	ミネラルウォーター E	105.6		

```
Sub main()
    Dim comp As Long, flag As Long
    Dim imin As Long, imax As Long, imid As Long
    comp = 0
    flag = 1
    imin = 6
    imax = 25
    While flag = 1
        imid = Int((imin + imax) / 2)
        comp = comp + 1
        If Cells(imid, 1).Value = Cells(2, 1).Value Then
            Cells(2, 2).Value = Cells(imid, 2).Value
            Cells(2, 3).Value = Cells(imid, 3).Value
            flag = 0
        Else
            If Cells(imid, 1).Value > Cells(2, 1).Value Then
                imax = imid - 1
            Else
                imin = imid + 1
            End If
        End If
    Wend
    Cells(2, 5).Value = comp
End Sub
```

・線形探索は，データ件数だけの探索回数が必要である。二分探索は例題2のプログラムのデータ件数10を20，40に変更するには，imax の値を25，45に変更してマクロを実行するとよい。上の図の Excel の実行例は二分探索のデータ件数が20の場合であり，ダミーのデータを使い，計算量が5と表示されている。同様にデータ件数を40にすると，計算量は6になる。

例題のガイド　第2節

章末問題のガイド

教科書「最新」p.180～183

1 次の各問いに答えなさい。

(1) 図1は，1から10までの整数の和を求めるフローチャートである。次のア～エのうち空欄にあてはまる適当なものを選びなさい。

ア．sum＝1　　イ．sum＝i　　ウ．sum＝sum＋1　　エ．sum＝sum＋i

(2) (1)のフローチャートに従って，1から10までの整数の和を求め，セル A1 に表示するプログラムを作成しなさい。

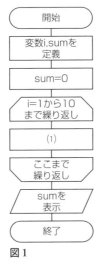

図1

・ 解　説

(1) **エ**　sum＝sum＋i：代入文になる

変数 i に1から10までを代入して合計する。

(2) マクロエディタのプログラムと実行結果を以下に示す。

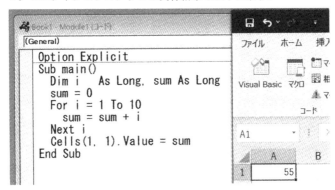

2 図2は，A列のセルに並んだ整数の合計をセルB1に表示するプログラムである。このプログラムの空欄にあてはまるものをそれぞれ答えなさい。ただし，A列の整数は，任意の行まで入力されていることとする。

```
Sub main()
    Dim i As Long, sum As Long
    sum = 0
    i = 1
    While Cells(i, 1).Value <> ""
        sum =  [    (1)    ]
        i =  [    (2)    ]
    Wend
    Cells(1, 2).Value = sum
End Sub
```

	A	B
1	5	61
2	9	
3	10	
4	3	
5	7	
6	9	
7	4	
8	1	
9	5	
10	8	

図2

解 説 変数sumにA列のセルの値を，空のセルになるまで代入して合計する。また，行の値iを加算して次のセルに移動する。

解答 (1)　sum+Cells(i, 1).Value　　(2)　i+1

3 5×5に並んだセルの背景色を，(1)〜(3)のようにセルの背景色を黒く設定するプログラムをそれぞれ完成させなさい。なお，セルA1の背景色を黒に設定するには，次のように記述する。
Cells(1, 1).Interior.ColorIndex=1

(1)
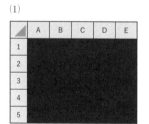

(2)
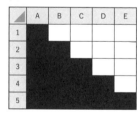

(3)
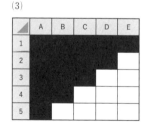

```
Sub main()
    Dim i As Long, j As Long
    For j =  [    ①    ]
        For i =  [    ②    ]
            Cells(j, i).Interior.ColorIndex = 1
        Next i
    Next j
End Sub
```

解説 変数 j は各行の値，変数 i は各列の値を示す。(1)1 行から 5 行，1 列から 5 列ま
で全て黒。(2)各行で，黒は各行の値の数 j。(3)各行で黒は 6－各行の値 j。

解答 (1)①　**1 To 5**　②　**1 To 5**　(2)①　**1 To 5**　②　**1 To j**
(3)①　**1 To 5**　②　**1 To 6－j**

4　次のプログラムを実行した時，セル A1 に出力される値として適当なものを次のア～エの中か
ら選びなさい。
ア．44　イ．45　ウ．54　エ．55

```
Sub main()
  Dim i As Long,　sum As Long
  Dim a(9) As Long
  sum = 0
  For i = 0 To 9
    a(i) = i + 1
  Next i
  For i = 1 To 9
    sum = sum + a(i)
  Next i
  Cells(1, 1).Value = sum
End Sub
```

解説 配列 a(i) にはそれぞれ a(0)=1，a(1)=2，……，a(9)=10 が入る。次に変数
sum には a(1) から a(9) までの合計，つまり 2+3+……+9+10=54 が入る。

解答 ウ

5　図 3 は，セル A1 の値が偶数か奇数か判定し，
判定結果を表示するフローチャートである。
セル A1 には，整数が入力されることとして，
次のア～エのうち空欄にあてはまる適当なも
のを選びなさい。
ア．i=2　イ．i=1
ウ．i=0　エ．i=－1

解説 MOD 関数は割り算の余りの値を
返すので，2 で割り切れる（余り
=0）ときは偶数。

解答 ウ

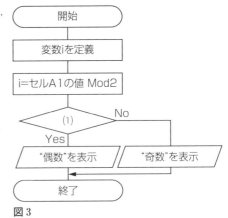

図3

6 次のプログラムは，セル A1 に入力された 0～100 の点数を表1の基準に従って判定し，その結果をセル B1 に表示する。このプログラムの空欄にあてはまるものをそれぞれ答えなさい。

```
Sub main()
  Dim score As Long
  score = Cells(1, 1).Value
  If score  (1)  70 Then
    Cells(1, 2).Value = "A"
  Else
    If score  (2)  30 Then
    Cells(1, 2).Value = "B"
    Else
    Cells(1, 2).Value = "C"
    End If
  End If
End Sub
```

表1　成績を判定する基準

70点以上100点以下	A
30点以上70点未満	B
0点以上30点未満	C

解説 (1) 70以上なので数式は ＞＝。この操作で70以上の値は残っていないので，(2) も同じ数式になる。

解答 (1) ＞＝　　(2) ＞＝

7 図4のようにA列のセルに1から100までの整数を順に表示するプログラムを作成しなさい。ただし，3の倍数の時は「fizz」，5の倍数の時は「buzz」，3と5の倍数の時は「fizzbuzz」と表示しなさい。

	A
1	1
2	2
3	fizz
4	4
5	buzz
89	
90	fizzbuzz
91	91

図4

解答・解説

マクロエディタのプログラムと実行結果を以下に示す。

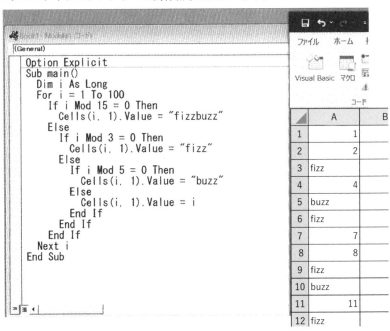

倍数はその数で割るとあまりが0になることを利用している。MOD関数を使うとよい。

[8] 次のプログラムの空欄を埋めて，正の数の小数点以下を切り上げるユーザ定義関数を完成させなさい。

```
Sub main()
  Cells(1, 1).Value = myroundup(6)
  Cells(2, 1).Value = myroundup(6.01)
End Sub
Function myroundup(rndup_value As Double) As Long
  If Int(rndup_value) = rndup_value Then
    myroundup = ［      (1)      ］
  Else
    myroundup = Int(［      (2)      ］)
  End If
End Function
```

解　説▶ INT 関数は与えられた数値の整数部分を返す。数値が整数の場合はそのまま，小数部分がついている場合は 1 を足して整数部分を切り上げるとよい。

解答（1）rndup_value　（2）rndup_value + 1

9　次のプログラムは，図5のフローチャートに従いモンテカルロ法で円周率 π の値を求め，図6 のようにその結果を表示するプログラムである。空欄を埋めて，プログラムを完成させなさい。

```
Sub main()
  Dim i As Long, count As Long, n As Long
  Dim x As Double, y As Double, pi As Double
  n = 100
  count = 0
  For i = 1 To n
    x = Rnd
    y = Rnd
    If [          ] Then
      count = count + 1
    End If
  Next i
  pi = count / n * 4
  Cells(5, 2).Value = n
  Cells(5, 3).Value = count
  Cells(5, 4).Value = pi
End sub
```

図5

	A	B	C	D
1	発生させる乱数の個数	100		
2				
3				
4		発生させた乱数の個数	条件を満たした乱数の個数	π
5	試行結果	100	83	3.32

図6

解　説▶ 半径 r の円の面積は πr^2。この円が内接する正方形の面積は $4r^2$。これらの比から π が計算できる。図5は $0 \leqq x \leqq 1$, $0 \leqq y \leqq 1$ の縦横 2×2 の正方形内の乱数の座標の組 (x, y) を発生させ，その正方形に内接する半径1の円の中に入った座標の数を数えて π を計算している。

解答 x ^ 2 + y ^ 2 <= 1

10　問題9のプログラムを，発生させる乱数の個数をセルB1の値で指定するように変更しなさい。

解　説　図6で，セルB1の値をnの値に用いる。プログラムの4行目 n＝100 の部分のみ変更するとよい。

解答 n＝Cells(1, 2).Value　プログラムの他の部分は共通。

11　問題10で作成したプログラムをもとに，円周率 π を求める処理を100回試行し，結果を図7のように表示するプログラムを作成しなさい。なお，円周率 π の最大値，最小値，平均値は，表計算ソフトの関数を使用して求めること。

	A	B	C	D
1	発生させる乱数の個数	10000	最大値	3.1904
2			最小値	3.0876
3			平均値	3.143856
4		発生させた乱数の個数	条件を満たした乱数の個数	π
5	試行結果 1	10000	7860	3.144
6	試行結果 2	10000	7842	3.1368
7	試行結果 3	10000	7878	3.1512
103	試行結果 99	10000	7861	3.1444
104	試行結果 100	10000	7884	3.1536

図7

解答・解説

以下にプログラムと実行結果を示す。

```
Sub main()
  Dim i, j As Long, Count As Long, n As Long
  Dim x As Double, y As Double, pi As Double, z As Double
  n = 10000
  For j = 1 To 100
    Count = 0
    For i = 1 To n
      x = Rnd
      y = Rnd
      If x ^ 2 + y ^ 2 <= 1 Then
        Count = Count + 1
      End If
```

```
        Next i
        pi = Count / n * 4
        Cells(4 + j, 2).Value = n
        Cells(4 + j, 3).Value = Count
        Cells(4 + j, 4).Value = pi
    Next j
    z = WorksheetFunction.Max(Range("D5:D104"))
    Cells(1, 4).Value = z
    z = WorksheetFunction.Min(Range("D5:D104"))
    Cells(2, 4).Value = z
    z = WorksheetFunction.Average(Range("D5:D104"))
    Cells(3, 4).Value = z
End Sub
```

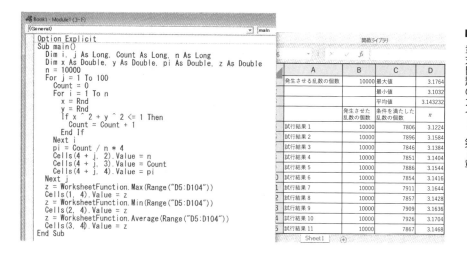

$n=10000$ に変更し，π を求める処理を 100 回繰り返し，100 行分の条件を満たした乱数の数と π の値の中から最大，最小を探索し，π の平均値を求める。マクロでは数式が表計算の数式のスタイルのまま使えない。また，エクセルのシートにはあらかじめ実行例のように必要な文字は入力しておく。

⑫ 発生させる乱数の個数を 1000 個，10000 個，100000 個として問題 11 のプログラムをそれぞれ実行した時に，結果として得られた円周率 π の度数分布表とヒストグラムを図 8 と図 9 のように作成しなさい。

	個数		
	1000	10000	100000
3.00	0	0	0
3.11	5	1	0
3.12	4	9	0
3.13	10	13	4
3.14	5	25	36
3.15	9	18	53
3.16	4	18	7
3.30	0	0	0

図8 度数分布表

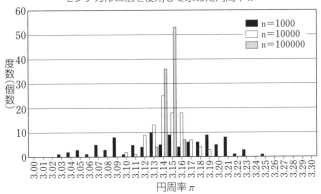

図9 ヒストグラム

解答例 ・ 解 説

　問題 11 の n の値を 1000，10000，100000 と変え，その結果を解答例のように階級幅を 0.01 にして 3 から 3.3 までの階級の度数分布表を作る。

　ヒストグラムは次ページの図のように，階級（3〜3.3 まで）の横のセル範囲を選択し，関数「frequency」を検索バーに入力する。関数の引数ウィザードで，データ配列に π の 100 個分の範囲を，区間配列に階級の範囲を入れ，[Ctrl] キーと [Shift] キーを同時に押しながら[OK] ボタンをクリックすると度数分布が得られる。

　ヒストグラムはこの度数分布の値を用い，エクセルのグラフ記入で棒グラフを選び，タイトル，軸の名称，棒の色や幅等を変更して完成させる。

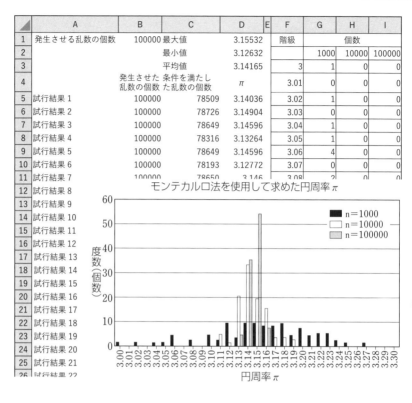

	A	B	C	D	E	F	G	H	I
1	発生させる乱数の個数	100000	最大値	3.15532		階級		個数	
2			最小値	3.12632			1000	10000	100000
3			平均値	3.14165		3	1	0	0
4		発生させた乱数の個数	条件を満たした乱数の個数	π		3.01	0	0	0
5	試行結果 1	100000	78509	3.14036		3.02	1	0	0
6	試行結果 2	100000	78726	3.14904		3.03	0	0	0
7	試行結果 3	100000	78649	3.14596		3.04	1	0	0
8	試行結果 4	100000	78316	3.13264		3.05	1	0	0
9	試行結果 5	100000	78649	3.14596		3.06	4	0	0
10	試行結果 6	100000	78193	3.12772		3.07	0	0	0
11	試行結果 7	100000	78650	3.146		3.08	2	0	0
12	試行結果 8								
13	試行結果 9								
14	試行結果 10								
15	試行結果 11								
16	試行結果 12								
17	試行結果 13								
18	試行結果 14								
19	試行結果 15								
20	試行結果 16								
21	試行結果 17								
22	試行結果 18								
23	試行結果 19								
24	試行結果 20								
25	試行結果 21								
26	試行結果 22								

モンテカルロ法を使用して求めた円周率 π

度数（個数）

n＝1000
n＝10000
n＝100000

円周率 π

章末問題のガイド　第6章

関数ライブラリ　　　　　　　　定義された名前

FREQUE... ✕ ✓ fx =FREQUENCY()

	A	B	C	D	E	F	G	H	I	J	K
1	階級		個数								
2		1000	10000	100000							
3	3	ENCT()									
4	3.01										
5	3.02										
6	3.03										
7	3.04										
8	3.05										
9	3.06										
10	3.07										
11	3.08										
12	3.09										
13	3.1										
14	3.11										
15	3.12										
16	3.13										

関数の引数

FREQUENCY

データ配列 [　　　　　　　　] ⬆ ＝ 参照

区間配列 [　　　　　　　　] ⬆ ＝ 参照

＝

範囲内でのデータの度数分布を、垂直配列で返します。返された配列要素の個数は、区間配列の個数より1つだけ多くなりま

データ配列　には度数分布を求めたい値の配列、または参照を指定します。空白セルお
　　　　　　れます。

数式の結果 ＝

この関数のヘルプ (H)　　　　　　　　　　　　　　　　　　OK

第6章 ② プログラミング

教科書 「Python」 p.129~174
「JavaScript」 p.129~174

教科書の整理

㉚ アルゴリズムとプログラミング

教科書「Python」「JavaScript」 p.130~133

1 アルゴリズムとプログラミング

2 プログラミング言語

表 プログラミング言語の分類例（これ以外にさまざまな分類のしかたがある）

分類方法	種類	特徴と言語
記述の方法による分類	低級言語	CPU が直接実行できる機械語や，それに近いアセンブリ言語
	高級言語	人間の言葉に近い形式で記述される言語
表現方法による分類	テキストプログラミング言語	文字で表現する言語　C，C＋＋，Java，JavaScript，Python，BASIC など
	ビジュアルプログラミング言語	ブロックなど図形で表現する言語　Scratch，VISCUIT など
変換方式による分類	コンパイラ型言語	高級言語を一括して機械語に変換し実行する言語　C，C＋＋，Java など
	インタプリタ型言語（スクリプト）	高級言語を 1 行ずつ機械語に変換し実行する言語　JavaScript，Python など
実行場所による分類	クライアントサイド型言語	クライアント側で実行される言語　JavaScript，Python など
	サーバサイド型言語	サーバ側で実行される言語　PHP，Python，Perl，JavaScript（Node.js）など
方法論による分類	手続き型言語	処理手順を実行する順番に記述する言語　C，Fortran など
	関数型言語	関数を呼び出して処理を行う言語　Haskell など
	論理型言語	記号論理学の体系をもとにした言語　Prolog など
	オブジェクト指向型言語	オブジェクト指向を取り入れた言語　C＋＋，Java，JavaScript，Python など

例題 1　アルゴリズムとフローチャート

おなかがすいている間，回転寿司を食べ続けるアルゴリズムをフローチャートに表しなさい。

考　察　フローチャートは基本的に上から下へと流れていくが，「⑦ループ終端」に達したら「③ループ始端」に戻り，ループの条件が成立している間，③と⑦の間を繰り返し，条件が不成立になればループを脱出する。ここでは「おなかがすいている」という条件が成立している間，③と⑦の間にある④⑤⑥の処理を繰り返し，条件が不成立，すなわち「おなかいっぱい」になればループを脱出する。

　また，「⑤判断」で条件が成立する場合は「⑥処理」を実行するが，条件が成立しない場合は⑥を実行しない。ここでは「まだ食べたい」という条件が成立する場合は「次の皿を取る」を実行し，条件が成立しない場合は「次の皿を取る」を実行しないことになる。

解答例

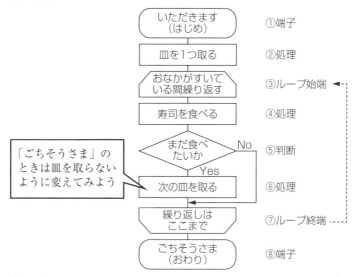

（「まだ食べたいか」が No になれば「おなかいっぱい」としている）

問題 (p.131)　おなかいっぱいになる前に「ごちそうさま」にするにはどのような手順にしたらよいかをフローチャートに表しなさい。

解答例　アルゴリズムはいろいろ考えられるので，一例を示す。条件分岐「まだ食べたいか」を加え，「おなかがすいても」繰り返しから抜け出せるようにする。

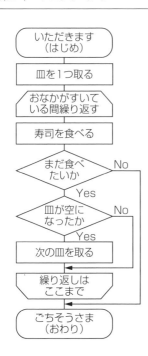

類 題	前ページの例題1の解答例では皿を取って終わってしまうので，食品ロスがないように，皿を空にして終わるよう修正してみよう。

- -

解答例▶

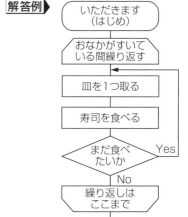

3　プログラムの処理の流れ

　入力装置から入力された値は，プログラム中では**変数**として扱われ処理される。変数は記憶領域のメモリに割り当てられる。

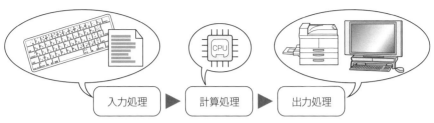

図　プログラムの処理の流れの例

4 プログラミングの流れ

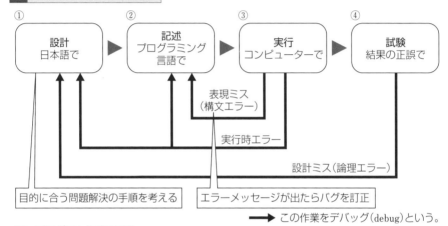

図　プログラム作成の手順

5 さまざまなエラー

● Python

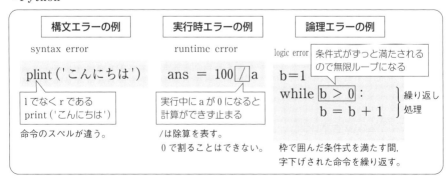

- JavaScript

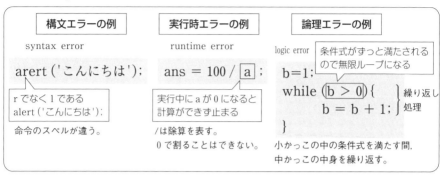

- **エラーの種類**
  - **構文エラー**(syntax error)：タイプミス (つづりの間違い) や全角文字を使う等の, 文法上のミス。機械語に翻訳できない。
  - **実行時エラー**(runtime error)：処理内容や実行時の様々な要因により発生する。メモリ不足や処理範囲を超えるデータ, 必要なプログラムがない等。
  - **論理エラー**(logic error)：意図した結果にならない計算式やロジックの間違い, 不適切な変数や仕様書のミスなどによって発生する。

㉛ プログラミングの基本　教科書「Python」「JavaScript」p.134～137

1 プログラミングの準備 (Python)

- 実行環境(Python のプログラミングができる環境)を用意。ブラウザ上で動作確認できる環境(例：Google Colab) もある。
- 拡張子は py, 文字コードは UTF-8。

1 プログラムの作成方法 (JavaScript)

- JavaScript は, HTML ファイル内の＜script＞と＜/script＞の間に記述する (図)。
- HTML ファイルは, テキストエディタや Word などで作成し, Web ブラウザで表示・実行する。
- ファイル名は半角英数字, 拡張子は html, 文字コードを UTF-8 にして保存する。

```
<!DOCTYPE html>
<html lang = "ja">
  <head>
    <meta charset = "utf-8">
    <title>タイトル</title>
  </head>
  <body>
    <script>
       // JavaScriptプログラム
    </script>
  </body>
</html>
```
図　基本の HTML ファイル

2 プログラムの基本構造

　基本的に各言語とも, VBA というマクロ言語を伝えている教科書「最新」p.164 と共通。反復構造は記述が幾分異なるが, 基本的には同様に処理ができる。

● Python

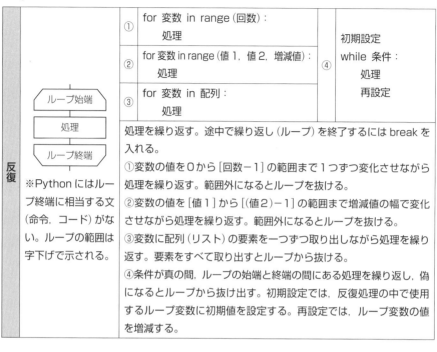

反復	 ループ始端 処理 ループ終端 ※Pythonにはループ終端に相当する文（命令，コード）がない。ループの範囲は字下げで示される。	①	for 変数 in range（回数）： 　処理	④	初期設定 while 条件： 　処理 再設定
		②	for 変数 in range（値1，値2，増減値）： 　処理		
		③	for 変数 in 配列： 　処理		
			処理を繰り返す。途中で繰り返し（ループ）を終了するには break を入れる。 ①変数の値を0から［回数−1］の範囲まで1つずつ変化させながら処理を繰り返す。範囲外になるとループを抜ける。 ②変数の値を［値1］から［（値2）−1］の範囲まで増減値の幅で変化させながら処理を繰り返す。範囲外になるとループを抜ける。 ③変数に配列（リスト）の要素を一つずつ取り出しながら処理を繰り返す。要素をすべて取り出すとループから抜ける。 ④条件が真の間，ループの始端と終端の間にある処理を繰り返し，偽になるとループから抜け出す。初期設定では，反復処理の中で使用するループ変数に初期値を設定する。再設定では，ループ変数の値を増減する。		

● JavaScript

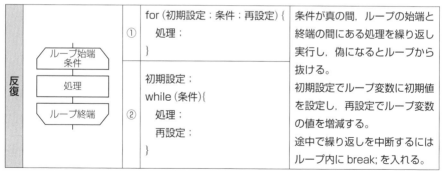

反復	
	ループ始端
	条件
	
	処理
	
	ループ終端
		①	for（初期設定：条件：再設定）{
			　処理；
			}
				条件が真の間，ループの始端と終端の間にある処理を繰り返し実行し，偽になるとループから抜ける。
				初期設定でループ変数に初期値を設定し，再設定でループ変数の値を増減する。
				途中で繰り返しを中断するにはループ内に break; を入れる。

		②	初期設定；
			while（条件）{
			　処理；
			　再設定；
			}	

３ プログラム作成上の基本ルール

・文字列は半角の「'」または，「"」どうしで囲む。どちらを使ってもよいが本書では「'」を用いる。特に，全角スペースは debug 時に見つけにくいので使わないようにする。

教科書の整理　第6章

- **Python**
  - ・文の終わりで改行する。1行の中に複数の文を記述する場合は，文を「；」で区切る。文の途中で改行する場合は半角「¥」を付けて改行するが，単語（命令等）の途中で改行するとエラーになる。
  - ・ifやelse，for，whileなどの後に「：」を記述して改行し，その後の処理は必ず半角スペース4文字分の字下げ（インデント）を行う。
  - ・コメント文は，1行の場合は「#」を先頭に置く。複数行に渡る場合は，半角の「'」または，「"」を3つつなげた「'''」または，「"""」で囲む。
- **JavaScript**
  - ・文（1つの命令）の終わりに「；」を付ける。
  - ・文の途中で改行してもよい。単語の途中で改行するとエラーになる。
  - ・必要な場所にインデントを付けてわかりやすくする。
  - ・プログラムを説明するためのコメント文は，1行の場合は「//」を先頭に置き，複数行の場合は「/*」と「*/」で囲む。

4 演算子

演算子：各種の演算を表す記号。

- **Python**

算術・結合演算子		比較演算子		代入演算子	
+	数値の足し算	==	等しい	=	代入
	文字列の結合	!=	等しくない	論理演算子	
−	引き算	<	未満	and	かつ
*	掛け算	>	超過	or	または
/	割り算	<=	以下	not	ではない
%	割り算の余り	>=	以上	ドット演算子	
				.	～の

- **JavaScript**

　Pythonとは論理演算子が異なり，増減演算子，カンマ演算子が増える。

論理演算子	
&&	かつ
‖	または
!	ではない

増減演算子	
++	1増やす
−−	1減らす

カンマ演算子	
,	式の区切り

5 変数

- **Python**
  - ・代入演算子「＝」を使って最初に変数に値を代入した時点で変数は宣言される。
- **JavaScript**
  - ・「var」を変数名の前に付けて始めに変数の宣言を行う。変数を宣言しないで値を代入することができるが，関数内部で変数の宣言を行うかどうかで働きが異なるので，宣言するのがよい。

6 プログラミング言語に組み込まれた機能の利用

・組み込み関数：あらかじめ用意されたひとまとまりの処理。呼び出して利用できる。
・Python ではモジュール（関数などをファイルとしてまとめたもの）内の関数も利用できる。あらかじめ，モジュールをインポート（機能を取り込む）してから「モジュール名，関数名（引数）」として呼び出す。

教科書「Python」p.136

例題 1 順次構造

名前を入力すると，「こんにちは～さん」と表示するプログラムを作成しなさい。

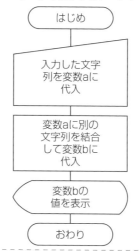

```
はじめ
↓
入力した文字
列を変数aに
代入
↓
変数aに別の
文字列を結合
して変数bに
代入
↓
変数bの
値を表示
↓
おわり
```

解答例▶

①	a ＝ input('名前')
②	b ＝ 'こんにちは' ＋ a ＋ 'さん'
③	print(b)

①	キーボードから入力した文字列を変数aに代入
②	変数aに別の文字列を結合して変数bに代入
③	変数bの値を表示

実行結果

| 名前　鈴木 | ➡ | こんにちは鈴木さん |

解 説

・「print ('こんにちは', input ('名前'), 'さん')」のカンマ区切りも,「+」演算子を使い,「print ('こんにちは' + input ('名前') + 'さん')」も同じ結果になる。
・プログラムは, ①→②→③と上から下へ順に実行される。

教科書「JavaScript」p.136

例題 1　順次構造

名前を入力すると,「こんにちは〜さん」と表示するプログラムを作成しなさい。

解答例

①→②→③の順に実行される。

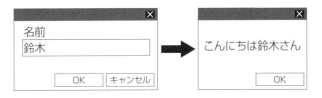

prompt ('表示文字列', '初期値'),
初期値は空文字列

「var」で初回のみ変数宣言する

① var a = prompt ('名前', '');
② var b = 'こんにちは' + a + 'さん';
③ alert (b);

① キーボードから入力した文字列を変数aに代入
② 変数aに別の文字列を結合して変数bに代入
③ 変数bの値を表示

名前
鈴木
　　OK　キャンセル

➡ こんにちは鈴木さん
OK

教科書「Python」p.136

例題 2　選択構造

0 〜99 の範囲の整数の乱数が 50 未満の場合は「50 未満」を表示し, 50 以上の場合は「50 以上」を表示するプログラムを作成しなさい。

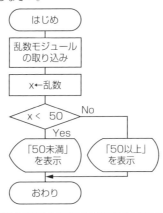

解答例▶

random モジュール

①	import random	①	乱数モジュールのインポート
②	x = random.randint (0 , 99)	②	0〜99の乱数を変数xに代入
③	if x < 50 :	③	xが50未満ならば
④	print (x , 'は50未満です')	④	「50未満」を表示
⑤	else :	⑤	xが50以上ならば
⑥	print (x , 'は50以上です')	⑥	「50以上」を表示

実行例　| 34 は 50 未満です | 78 は 50 以上です |

問題 (p.136) 　例題 2 のプログラムを，乱数ではなく input 関数で入力したデータを処理するように変更しなさい。なお，input 関数で入力したデータは文字列となるため，int 関数で数値に変換すること。

- -

解答例▶

```
y = input( )
x = int(y)
if x < 50 :
    print(x , 'は50未満です')
else :
    print(x , 'は50以上です')

55
55 は50以上です
```

input 関数で入力した y は文字列なので，
int 関数で数値に変える

教科書「JavaScript」p.136

例題 2 　選択構造

入力した数値が 50 未満の場合は「50 未満」を表示し，50 以上の場合は「50 以上」を表示するプログラムを作成しなさい。

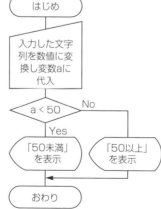

- -

解答例▶

> prompt で受けたデータは文字列型
> Number で数値に変換

① 　var　a　=　Number (prompt(' 数値の入力 ', ' '));
② 　if　(a　<　50){
③ 　　alert(a　+　' は50未満です ');
④ 　}else{
⑤ 　　alert(a　+　' は50以上です ');
⑥ 　}

① 　キーボードから入
　　力した文字列を数
　　値に変換し変数a
　　に代入
② 　aが50未満ならば
③ 　「50未満」を表示
④ 　aが50以上ならば
⑤ 　「50以上」を表示

Let's try! (p.136)

　例題1の3行目を「document.write(b);」に変更すると，Web ブラウザに文字列が表示される
ことを確かめてみよう。

- -

実行例　命令については教科書 p.188 の文法を参照。

こんにちは鈴木さん

教科書「Python」p.137

例題 3　反復構造

1から5までの整数の和を表示するプログラムを作成しなさい。

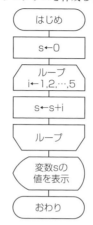

考え方　反復構造をプログラムで表現するには，for 文や while 文を利用する。

解答例

「i を 1 ずつ増やして繰り返し，6になったら終了」

① 　s = 0
② 　for i in range(1, 6, 1):
③ 　　 s = s + i
④ 　print (s)

「s には最終的に 0+1+2+3+4+5 が入る」

① 変数sの宣言とsに0を代入
② 変数iを1から1ずつ増やしていき6になったら繰り返しをやめる
③ 右辺のsにiを足した値を左辺のsに代入
④ 変数sを表示

または

① 　s = 0; i = 1
② 　while i <= 5:
③ 　　 s = s + i
④ 　　 i = i + 1
⑤ 　print(s)

① 変数sの宣言とsに0を代入
　変数iの宣言とiに1を代入
② iが5以下の間，繰り返し
③ 右辺のsにiを足した値を左辺のsに代入
④ iを1増やす
⑤ 変数sを表示

「while 文では i が 1 ずつ増え，5 以下の間繰り返す」

実行結果　15

問題 (p.137)　1から5まで順に左下のように表示したい。次のプログラムをそれぞれ入力して，その結果が同じになることを確かめなさい。

```
1
2
3
4
5
```

```
for i in range(1, 6, 1):
    print(i)
```
for文の場合

```
i = 1
while i <= 5:
    print(i)
    i = i + 1
```
while文の場合

Python では indent が異なるとエラーになるので注意

解答例

```
for i in range(1,6,1):
    print(i)
```
```
1
2
3
4
5
```

```
i = 1
while i <= 5:
    print(i)
    i = i + 1
```
```
1
2
3
4
5
```

Let's try! (p.137)

右のプログラムを実行すると，どのような結果になるか考えてみよう。

```
for i in range(8, 2, -2):
    print(i)
```

解答例　次のように表示される。

```
8
6
4
```

教科書「JavaScript」p.137

例題 3　**反復構造**

1から5までの整数の和を表示するプログラムを作成しなさい。

解答例　実行すると図1のようになる。

① `var s = 0;`	① 変数sの宣言とsに0を代入
② `for (var i = 1; i <= 5; i++ ) {`	② 変数iを1から5まで1ずつ
③ `    s = s + i;`	増やしながら繰り返し
④ `}`	③ 右辺のsにiを足した値を左
⑤ `alert (s);`	辺のsに代入
	④ iの繰り返しはここまで
	⑤ 変数sを表示

変数を宣言する var が必要

i++ は1増やす

フローチャートは Python と同じ

または  変数を宣言する var が必要

①	`var` `s = 0, i = 1;`	①	変数sの宣言とsに0を代入
			変数iの宣言とiに1を代入
②	`while ( i <= 5 ){`	②	iが5以下の間，繰り返し
③	`s = s + i;`	③	右辺のsにiを足した値を左
			辺のsに代入
④	`i++;`	④	iを1増やす（i=i+1;と同じ）
⑤	`}`	⑤	iの繰り返しはここまで
⑥	`alert (s);`	⑥	変数sを表示

図1

考　察▶ ここで，「i++;」は「i=i+1;」と同じ機能である。
なお，図2のように1から5までの整数を表示するプロ
グラムは，改行文字「¥n」を使って表すと以下のように
なる。

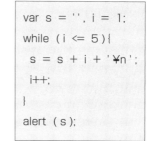

図2

```
var s = '';
for ( var i = 1; i <= 5; i++ ){
 s = s + i + '¥n';
}
alert ( s );
```

```
var s = '', i = 1;
while ( i <= 5 ){
 s = s + i + '¥n';
 i++;
}
alert ( s );
```

「¥n」が無いと「12345」と表示
JavaScript では「+」演算子により，
数値が文字列に自動的に変換される

`'¥n'`	アラート表示での改行
`' '`	Web ブラウザでの改行

例題のガイド　第6章

教科書「JavaScript」p.137

問題 (p.137)　1から5までをWebブラウザに表示したい。右のプログラムを入力して確かめなさい。

```
for ( var i = 1; i <= 5; i++ )
{
    document.write ( i+ ' < br > ');
}
```

実行例　（Google Chrome上で実行した例）

実行結果
1
2
3
4
5

㉜ 配列

教科書「Python」「JavaScript」**p.138～139**

教科書「Python」p.138

● Python

・配列は同じ型のデータしか格納できない。Pythonではリストが配列の役割を担っている。配列を利用するには，モジュールをインポートする必要がある。

　一次元配列の宣言と値の代入は，図1のように，宣言と要素の代入を同時に行う方法や，空の配列（[　]）を宣言し，appendを使って配列末尾へ要素を追加する方法などがある。二次元配列の宣言と値の代入は図2の方法などがあり，i行j列の要素はa[i][j]のように指定する。

配列の宣言	配列名＝[]
配列末尾への要素の追加	配列名.append（値）

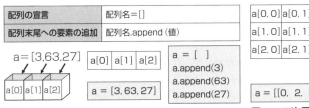

図1　一次元配列の宣言と値の代入例

a[0, 0]	a[0, 1]	a[0, 2]
a[1, 0]	a[1, 1]	a[1, 2]
a[2, 0]	a[2, 1]	a[2, 2]

```
a = [
    [0, 2, 4],
    [1, 3, 5],
    [7, 9, 8],
]
```

a = [[0, 2, 4], [1, 3, 5], [7, 9, 8]]

図2　二次元配列の宣言と値の代入例

例題 **1**　一次元配列

右図のように表示するプログラムを作成しなさい。

```
3
63
27
```

解答例

①	a = [3, 63, 27]	① a[0]～a[2]の設定
②	for i in range(0, 3, 1) :	② i=0,1,2
③	print(a[i])	③ a[i]の表示

添字は 0 から始まる

考　察　②～③行目を「print (a)」に変更すると，下図のようになる。

[3，63，27]　◁ リストがそのまま出力される

問題 (p.138)　空の配列（[　]）を宣言し，配列末尾へ要素を追加する方法で例題１のプログラムを作成しなさい。

解答例

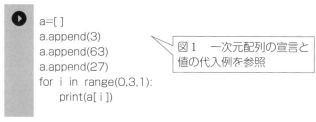

```
a=[ ]
a.append(3)
a.append(63)
a.append(27)
for i in range(0,3,1):
    print(a[ i ])
```

図1　一次元配列の宣言と値の代入例を参照

実行例　3
　　　　63
　　　　27

教科書「Python」p.139

例題 **2** 二次元配列

右図のように表示するプログラムを作成しなさい。

あいうえお
かきくけこ
さしすせそ

解答例▶

①	a = [
②	['あ', 'い', 'う', 'え', 'お'],
③	['か', 'き', 'く', 'け', 'こ'],
④	['さ', 'し', 'す', 'せ', 'そ']
⑤	]
⑥	for i in range(0, 3, 1):
⑦	for j in range(0, 5, 1):
⑧	print(a[i][j], end = ' ')
⑨	print (' ')

print 関数は改行するので，
end を用いる

iとjの変化の順番

	j				
	0	1	2	3	4
i 0	あ	い	う	え	お
1	か	き	く	け	こ
2	さ	し	す	せ	そ

①〜⑤ 二次元配列の設定
⑥ i ←0,1,2
⑦ j ←0,1,2,3,4
⑧ a[i,j]と半角空白の表示
⑨ 改行

はじめ

a[0,0]〜a[2,4]の
設定

i←0,1,…,2

i←0,1,…,4

a[i,j]の値を表示

j

改行

i

おわり

例題 **3** 配列への数値の複数入力

整数である数値を半角の「，」で区切りながらキーボードから複数入力
した時，その和を表示するプログラムを作成しなさい。

解答例▶

①	b = input('数値の複数入力')	①	入力文字列をbに代入
②	a = b.split(',')	②	変数bから「,」で分割し配列aに代入
③	sum = 0	③	変数sumに0を代入
④	for i in range(0, len(a), 1):	④	i←0,1,…,[要素数−1]
⑤	sum =sum + int(a[i])	⑤	文字列を数値に変換しsumに加算
⑥	print('合計=', sum)	⑥	sumを表示

考　察▶ 「split」は変数を区切り文字（この場合は「,」）で分割し
た文字列を配列要素に入れる。「len(a)」は，配列aの要素数
を得る関数である。

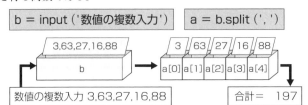

b = input ('数値の複数入力')　　a = b.split (', ')

3,63,27,16,88

b

3 / 63 / 27 / 16 / 88

a[0] a[1] a[2] a[3] a[4]

数値の複数入力 3,63,27,16,88　　合計＝　197

はじめ

入力した文字列を
変数bに代入

変数bから「,」で
分割し配列aに代入

sum←0

i←0,1,
…,要素数−1

a[i]を数値に変換し
sumに加算

i

sumの値を表示

おわり

問題 (p.139) 右図のように表示するよう例題2のプログラムを変更しなさい。
ただし配列の設定はそのままとする。

あ	か	さ
い	き	し
う	く	す
え	け	せ
お	こ	そ

解答例

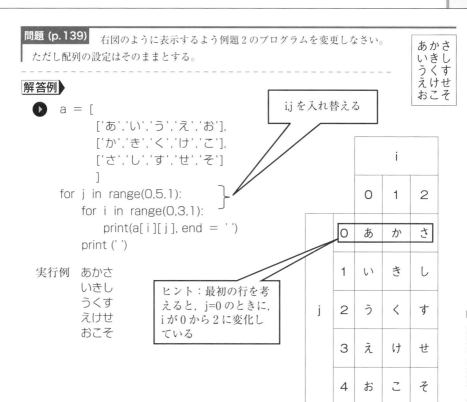

i,j を入れ替える

```
a = [
    ['あ','い','う','え','お'],
    ['か','き','く','け','こ'],
    ['さ','し','す','せ','そ']
    ]
for j in range(0,5,1):
    for i in range(0,3,1):
        print(a[i][j], end = ' ')
    print(' ')
```

実行例　あかさ
　　　　いきし
　　　　うくす
　　　　えけせ
　　　　おこそ

ヒント：最初の行を考えると，j=0のときに，iが0から2に変化している

		i		
		0	1	2
	0	あ	か	さ
	1	い	き	し
j	2	う	く	す
	3	え	け	せ
	4	お	こ	そ

教科書の整理　第6章

教科書「JavaScript」p.138

● **JavaScript**　一次元配列の宣言と値の代入は図1のように，(1)空の配列（[ ]）を宣言し要素を追加する方法や，(2) push を使う方法，(3)宣言と要素の代入を同時に行う方法などがある。二次元配列の宣言と値の代入は(4)の方法などがあり，i 行 j 列の要素は a[i][j]のように指定する。

0番から始める
var a = [3,63,27]

一次元配列の例

| a[0] | a[1] | a[2] |

二次元配列の例

a[0,0]	a[0,1]	a[0,2]
a[1,0]	a[1,1]	a[1,2]
a[2,0]	a[2,1]	a[2,2]

(1)
```
var a = [ ];
a[0] = 3;
a[1] = 63;
a[2] = 27;
```

(2)
```
var a = [ ];
a.push(3);
a.push(63);
a.push(27);
```

(3)
```
var a = [ 3,63,27 ];
```

(4)
```
var a = [[0,2,4 ],[1,3
,5 ],[7,9,8 ]];
```

図1　配列の宣言と値の代入例

例題 1　一次元配列

Webブラウザに右図のように表示するプログラムを作成しなさい。

```
3
63
27
```

解答例

①	var a = [3, 63, 27];	①	a[0]〜a[2]の設定
②	for (var i = 0; i < 3; i++){	②	i←0,1,2
③	document.write (a[i] + ' ');	③	a[i]の表示と改行
④	}	④	繰り返しの終了

フローチャートは
Pythonと共通

考　察　2〜4行目を「document.write(a);」と変更すると，右のように表示される。

```
3, 63, 27
```

問題 (p.138)　図1の(1)と(2)の方法で例題1のプログラムを作成しなさい。

解答例

・図1の(1)の方法
```
var a = [];
a[0] = 3;
a[1] = 63;
a[2] = 27;
for ( var i = 0; i < 3; i++){
    document.write(a[i] + '<br>');
}
```
実行例
```
3
63
27
```

・図1の(2)の方法
```
var a = [];
a.push(3);
a.push(63);
a.push(27);
for ( var i = 0; i < 3; i++){
    document.write(a[i] + '<br>');
}
```
実行例
```
3
63
27
```

例題 2　二次元配列

右図のようにWebブラウザに表示するプログラムを作成しなさい。

```
あいうえお
かきくけこ
さしすせそ
```

解答例▶

```
①   var a =
②   [
③       [ 'あ', 'い', 'う', 'え', 'お' ],
④       [ 'か', 'き', 'く', 'け', 'こ' ],
⑤       [ 'さ', 'し', 'す', 'せ', 'そ' ]
⑥   ];
⑦   for (var i = 0; i < 3; i++){
⑧       for (var j = 0; j < 5; j++) {
⑨           document.write(a[i][j] + ' ');
⑩       }
⑪       document.write('<br>');
⑫   }
```

iとjの変化の順番

		j				
		0	1	2	3	4
i	0	あ	い	う	え	お
	1	か	き	く	け	こ
	2	さ	し	す	せ	そ

フローチャートはPythonと共通

①～⑥　二次元配列の設定
⑨　a[i,j]+半角空白の表示
⑩　jの繰り返しの終了
⑪　改行
⑫　iの繰り返しの終了

例題 3　配列への数値の複数入力

整数である数値を半角の「,」で区切りながらキーボードから複数入力した時，その和を表示するプログラムを作成しなさい。

解答例▶

```
①   var b = prompt('数値の複数入力', ' ');
②   var a = b.split( ',' );
③   var sum = 0;
④   for (var i = 0; i < a.length; i++ ){
⑤       sum =sum + Number(a[ i ]);
⑥   }
⑦   alert(' 合計 = ' + sum);
```

②　変数bの文字列を「,」で分割し，分割した数字を配列aに代入
④　i←0,1,…,[要素数－1]
⑤　数字を数値に変換しsumに加算
⑦　sumを表示

フローチャートはPythonと共通

考 察▶　「split」は変数内の文字列を指定した区切り文字（ここでは「,」）で分割して配列の要素に代入する。「length」は配列の要素数を取得する。

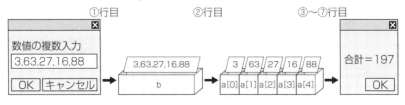

①行目　　　②行目　　　③～⑦行目

数値の複数入力
3,63,27,16,88
OK　キャンセル
→ 3,63,27,16,88 b
→ 3 63 27 16 88 a[0] a[1] a[2] a[3] a[4]
→ 合計＝197 OK

例題のガイド　第6章

教科書「JavaScript」p.139

問題 (p.139)　例題2のプログラムを次のように表示するように変更しなさい。
ただし配列a[0, 0]〜a[2, 4]の設定はそのままとする。

```
あ か さ
い き し
う く す
え け せ
お こ そ
```

解答例▶

```javascript
var a =
[
  ['あ','い','う','え','お'],
  ['か','き','く','け','こ'],
  ['さ','し','す','せ','そ']
];
for (var j = 0; j < 5; j++){
  for (var i = 0; i < 3; i++){
    document.write(a[i][j] + ' ');
  }
  document.write('<br>');
}
```

		i	
	0	1	2
0	あ	か	さ
1	い	き	し
2	う	く	す
3	え	け	せ
4	お	こ	そ

（左端に j）

ヒント：最初の行を考えると、j=0のときに、iが0から2に変化している

実行例
```
あかさ
いきし
うくす
えけせ
おこそ
```

㉝ 関数　教科書「Python」「JavaScript」**p.140〜141**

1 関数

・**関数**：定められた一連の処理を定義し、呼び出して実行する仕組み。

　プログラミング言語にあらかじめ用意された**組み込み関数**と、ユーザが作成する**ユーザ定義関数**がある。

2 関数の定義と呼び出す方法

・**引数**：関数に引き渡す値。

・**戻り値（返り値）**：関数から返される値。

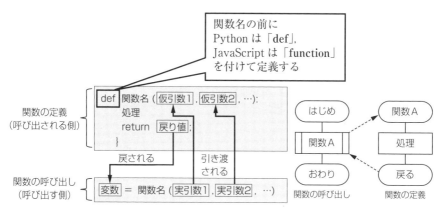

図　関数の定義と呼び出し　　　　　　図　フローチャートでの関数の表し方

3 変数の有効範囲

・**グローバル変数**：関数の外側で宣言した変数。プログラム全体で使える。

・**ローカル変数**：関数内で宣言し，関数内でしか使えない。

　　Python では，使用前に global 変数名を宣言し，最初に変数に値を代入した時点でグローバル変数になる。

　　JavaScript では，関数の外側でvarを付けて宣言するとグローバル変数になる。

教科書「Python」p.141

例題 1 　**関数**

　次の三角形の面積計算のプログラムを，底辺と高さを引数とし，面積を戻り値としたユーザ定義関数 area を用いたプログラムに変更しなさい。

①	a = float(input('底辺 '))
②	b = float(input('高さ '))
③	c = a * b / 2
④	print('面積=', c)

底辺 10.5 ➡ 高さ 5.8 ➡ 面積= 30.45

考察　引数と戻り値の有無によって次の area 関数が考えられる。

　　Ⓐ引数あり，戻り値ありの関数　　　Ⓑ引数あり，戻り値なしの関数

　　Ⓒ引数なし，戻り値ありの関数　　　Ⓓ引数なし，戻り値なしの関数

　　このうち，図のプログラムはⒶのタイプの関数を使っている。

解答例

```
①    def area(x,y):
②        z = x * y / 2
③        return z
④    a = float(input('底辺 '))
⑤    b = float(input('高さ '))
⑥    c = area(a, b)
⑦    print('面積＝ ', c)
```
図　解答例（関数Ⓐ）

例題 2　グローバル変数とローカル変数

右の④，⑦，⑩，⑬行目の各 print 文で表示される数値を答えなさい。

解答　④ 0　⑦ 0　⑩ 0　⑬ 1

考察　①行目は⑥行目から，⑧行目は⑫行目からそれぞれ呼び出される。④行目と⑦行目のxは②行目の「global x」により関数内でもグローバル変数になるため，③行目で0に変更される。⑩行目のxは⑨行目の代入文「x=0」によりローカル変数になるため，0になる。⑬行目のxは⑪行目の代入文「x=1」によりグローバル変数になり関数内で変更されないため，1である。グローバル変数xとローカル変数xは同じ名前であるが異なる変数になる。

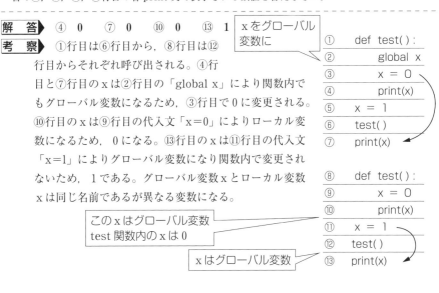

```
①    def test( ):
②        global x
③        x = 0
④        print(x)
⑤    x = 1
⑥    test( )
⑦    print(x)

⑧    def test( ):
⑨        x = 0
⑩        print(x)
⑪    x = 1
⑫    test( )
⑬    print(x)
```

問題 (p.141)　例題1のプログラムをⒷのタイプに変更しなさい。

Let's try! (p.141)

例題1のプログラムをⒸとⒹのタイプにも変更してみよう。

解答例

Ⓑ 引数あり，戻り値なし

z をグローバル変数に

```
def area(x,y):
    global z
    z = x * y / 2
a = float(input('底辺 '))
b = float(input('高さ '))
area(a,b)
print('面積=', z)
```

実行例　底辺 48
　　　　高さ 4
　　　　面積= 96.0

Ⓓ 引数なし，戻り値なし

```
def area( ):
    global z
    z = x * y / 2
x = float(input('底辺 '))
y = float(input('高さ '))
area( )
print('面積=' , z)
```

実行例　底辺 45
　　　　高さ 8
　　　　面積= 180.0

Ⓒ 引数なし，戻り値あり

引数なし　戻り値あり

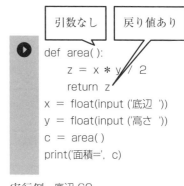

```
def area( ):
    z = x * y / 2
    return z
x = float(input ('底辺 '))
y = float(input ('高さ '))
c = area( )
print('面積=', c)
```

実行例　底辺 60
　　　　高さ 25
　　　　面積= 750.0

教科書「JavaScript」p.141

例題 1 関数

　次の三角形の面積計算のプログラムを，底辺と高さを引数とし，面積を戻り値とした関数 area を用いたプログラムに変更しなさい。

① 　var a = Number(prompt('底辺',' '));
② 　var b = Number(prompt('高さ',' '));
③ 　var c = a * b /2;
④ 　alert(' 面積=' + c);

解答例▶

ユーザ定義関数「area」を定義。仮引数は x,y

```
①    function  area(x,y)  ｛
②      var  z = x * y /2;
③      return  z ;
④    ｝
⑤    var  a = Number(prompt('底辺',' '));
⑥    var  b = Number(prompt('高さ',' '));
⑦    var  c = area(a,b) ;
⑧    alert('面積= '+ c);
```

戻り値は z

図　解答例（関数Ⓐ）

考察▶ 引数と戻り値の有無によって次のような関数が考えられる。

Ⓐ引数あり，戻り値ありの関数　　Ⓑ引数あり，戻り値なしの関数

Ⓒ引数なし，戻り値ありの関数　　Ⓒ引数なし，戻り値なしの関数

このうち，図のプログラムはⒶのタイプの関数を使っている。

例題 2 グローバル変数とローカル変数の有効範囲

右の③，⑦，⑩，⑭の alert 文で表示される数値を答えなさい。

解答▶　③ 0　⑦ 0　⑩ 0　⑭ 1

考察▶ ①は⑥から，⑧は

⑬からそれぞれ呼び出

される。③と⑦の x は⑤でグローバル変数になるため，

②で 0 に変更される。⑩の x は関数内の⑨でローカル

変数になるため，0 になる。⑭の x は⑫でグローバル

変数になり関数内で変更されないため，1 である。グ

ローバル変数 x とローカル

変数 x は同じ名前であるが

異なる変数である。

関数では x をグローバル変数に

このxはローカル変数　test 関数内では 0

x をグローバル変数に

```
①    function test( ) {
②      x = 0;
③      alert(x);
④    }
⑤    var x = 1;
⑥    test( );
⑦    alert(x);

⑧    function  test( ) {
⑨      var  x = 0;
⑩      alert(x);
⑪    }
⑫    var x = 1;
⑬    test( );
⑭    alert(x);
```

問題 (p.141) 例題1のプログラムを⑧のタイプに変更しなさい。

Let's try! (p.141)

例題1のプログラムを©と⑩のタイプにも変更してみよう。

解答例▶

⑧　引数あり，戻り値なし　　　　　　　　© 引数なし，戻り値あり

引数なし

varを取ってzを
グローバル変数に

```
function area( x,y ){
    z = x * y / 2;
}
var a = Number(prompt('底辺',' '));
var b = Number(prompt('高さ',' '));
area(a,b);
alert('面積=' + z);
```

```
function area(){
    var z = x * y /2;
    return z;
}
var x = Number(prompt('底辺',' '));
var y = Number(prompt('高さ',' '));
var c = area( );
alert('面積=' + c);
```

戻り値あり

実行例

⑩　引数なし，戻り値なし

```
function area( ){
    z = x * y / 2;
}
var x = Number(prompt('('底辺',' '));
var y = Number(prompt('('高さ',' '));
var z;
area( );
alert('面積=' + z);
```

※プログラムはいくつもの正
解がある。アルゴリズムや
変数を変えて試してみよう。

教科書の整理　第6章

㉞ 探索のプログラム　　教科書「Python」「JavaScript」**p.142～145**

1 線形探索

・**探索（サーチ）**：配列などから目的の値を見つけること。

・**線形探索**：端（先頭）から順に目的の値を探し出す，探索で最も単純なアルゴリズム。

教科書「Python」p.142

| 例題 1 | 線形探索のプログラム |

5個の整数「57, 16, 99, 10, 45」の中から線形探索で探索値を探し、最初に見つかった場所を表示するプログラムを作成しなさい。

解答例▶

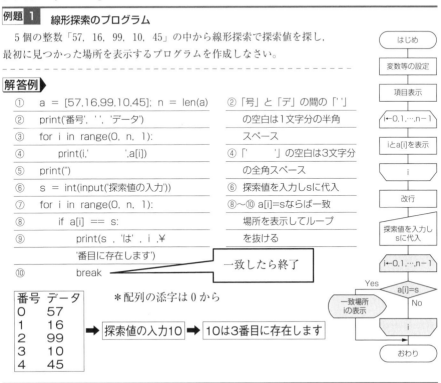

```
①    a = [57,16,99,10,45]; n = len(a)
②    print('番号', ' ', 'データ')
③    for i in range(0, n, 1):
④        print(i,'        ',a[i])
⑤    print('')
⑥    s = int(input('探索値の入力'))
⑦    for i in range(0, n, 1):
⑧        if a[i] == s:
⑨            print(s , 'は' , i , ¥
             '番目に存在します')
⑩            break
```

② 「号」と「デ」の間の「 」の空白は1文字分の半角スペース

④ 「   」の空白は3文字分の全角スペース

⑥ 探索値を入力しsに代入

⑧〜⑩ a[i]=sならば一致場所を表示してループを抜ける

一致したら終了

番号	データ
0	57
1	16
2	99
3	10
4	45

＊配列の添字は0から

探索値の入力10 ➡ 10は3番目に存在します

| 問題 (p.142) | 次の2つの条件を満たすように例題1のプログラムを変更しなさい。 |

・探索値が複数存在した場合はすべての場所を表示する。

・探索値が存在しない場合はそれがわかるように表示する。

解答例▶

```
a = [57,16,99,10,45,16]; n = len(a)
f = 0
print('番号',' ','データ')
for i in range(0, n, 1):
    print(i,'        ',a[i])
print('')
s = int(input('探索値の入力'))
for i in range(0, n, 1):
    if a[i] == s:
        print(s , 'は' , i , '番目に存在します')
        f = f + 1
if f == 0:
    print(s , 'は配列の中に存在しません')
else:
    print('探索は終了しました')
```

一致する回数のフラグ

一致する値がないとき

実行結果

(1) 探索値が複数存在する場合　　(2) 探索値が存在しない場合

番号	データ
0	57
1	16
2	99
3	10
4	45
5	16

番号	データ
0	57
1	16
2	99
3	10
4	45
5	16

探索値の入力16
16は1番目に存在します
16は5番目に存在します
探索は終了しました

探索値の入力20
20は配列の中に存在しません

教科書「JavaScript」p.142

例題 1 線形探索のプログラム

5個の整数「57, 16, 99, 10, 45」の中から線形探索で探索値を探し，最初に見つかった場所を表示するプログラムを作成しなさい。

解答例▶

```
①  var a = [57,16,99,10,45], n = a.length;
②  var msg = '番号　データ¥n';
③  for (var i = 0; i < n; i++){
④    msg = msg + i + '   ' + a[i] + '¥n';
⑤  }
⑥  alert(msg);
⑦  var s = Number(prompt('探索値の入力', ' '));
⑧  for (i = 0; i < n; i++){
⑨    if (a[i] == s){
⑩      alert(s + 'は' + i + '番目に存在');
⑪      break;
⑫    }
⑬  }
```

配列の添字は
0から

一致したら終了

② 「号」と「デ」の間の空白は1文字分の全角スペース

④ msgにiとa[i]を結合する。数値は文字列に変換されて結合される。「　　　」の空白は3文字分の全角スペース

⑦ 探索値を入力しsに代入

⑨ a[i]=sならば

⑩ 一致場所の表示

フローチャートはPythonと共通

問題・例題のガイド 第6章

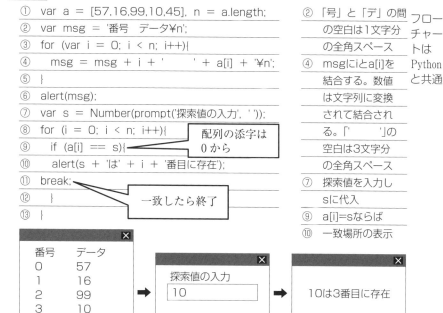

問題 (p.142)　次のすべてを満たすように例題1のプログラムを変更しなさい。

・探索値が複数存在した場合はすべての場所を表示する。

・探索値が存在しない場合はそれがわかるように表示する。

解答例

```
var a = [57,16,99,10,45,99], n = a.length;
var msg = '番号　データ¥n';
for (var i = 0; i < n; i++){
  msg = msg + i + '      ' +a[i] + '¥n';
}
alert(msg);
var s = Number(prompt('探索値の入力',''));
var f = 0;                                    ──── 一致する回数のフラグ
for (i = 0; i < n; i++){
  if (a[i] == s){
    alert(s + 'は' + i + '番目に存在');
    f = f + 1;
  }
}
if ((f == 0)                                  ──── 一致する値がないとき
      alert(s + 'は存在しない');
}
```

実行結果

(1) 探索値が複数存在する場合

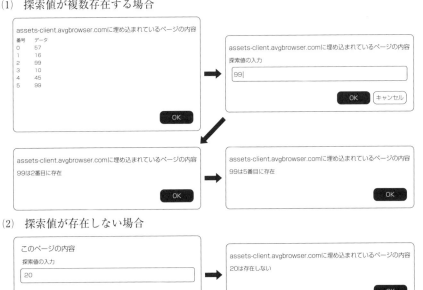

(2) 探索値が存在しない場合

2 二分探索

・**二分探索**：昇順や降順に整列したデータを，探索範囲を半分に狭めることを繰り返して
探索値を絞り込むアルゴリズム。探索範囲にあるデータの中央値と比較して，探索す
べき範囲を絞り込んでいる。

　　配列に格納されているデータ数が大きいほど，線形探索に比べて高速であるが，事
前にデータを並べ替える必要がある。

教科書「Python」p.143

Let's try! (p.143)

　配列 a の5個の要素に1〜99の整数の乱数が設定されるように例題1のプログラムを変更して
みよう。ただし巻末の資料（教科書 p.186〜188）を参考にして random.randint（最小値，最大値）
と配列名 .append（値）を使うこと。

解答例

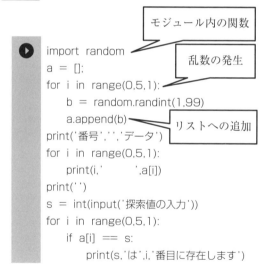

```
import random          モジュール内の関数
a = [];
for i in range(0,5,1):   乱数の発生
    b = random.randint(1,99)
    a.append(b)          リストへの追加
print('番号',' ','データ')
for i in range(0,5,1):
    print(i,'      ',a[i])
print(' ')
s = int(input('探索値の入力'))
for i in range(0,5,1):
    if a[i] == s:
        print(s,'は',i,'番目に存在します')
```

実行結果

```
番号    データ
0       31
1       2
2       86
3       2
4       54
```

探索値の入力2
2は1番目に存在します
2は3番目に存在します

教科書の整理　第6章

教科書「JavaScript」p.143

Let's try! (p.143)

　配列 a の5個の要素に1〜99の整数の乱数が設定されるように例題1のプログラムを変更して
みよう。ただし巻末の資料（教科書 p.186〜188）を参考にして Math.random() と Math.floor
（値），配列名 .push（値）を使うこと。

解答例

```
var a = [ ];
for (var i = 0; i < 5; i++){
    var b = Math.floor(100  *  Math.random());
    a.push(b);
}
var msg = '番号　データ¥n';
for (i = 0; 1 < 5; i++){
    msg = msg + i + '         ' +a[i] + '¥n';
}
alert(msg);
var s = Number(prompt('探索値の入力',''));
for (i = 0; i < 5; i++){
    if (a[i] == s){
        alert(s + 'は' + i + '番目に存在');
}
}
```

0〜1の乱数を発生させ，100倍して整数へ

リストへの追加

実行結果

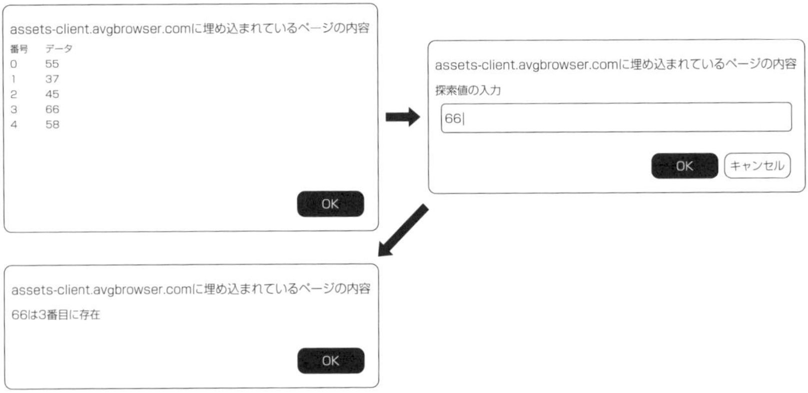

Let's' try! ・例題のガイド　第6章

教科書「Python」p.144

例題 2　二分探索のプログラム

　昇順 (小さい順) で整列された5個の整数「10, 16, 45, 57, 99」の中から，二分探索で探索値「57」を探し，最初に見つかった場所を表示するプログラムを作成しなさい。

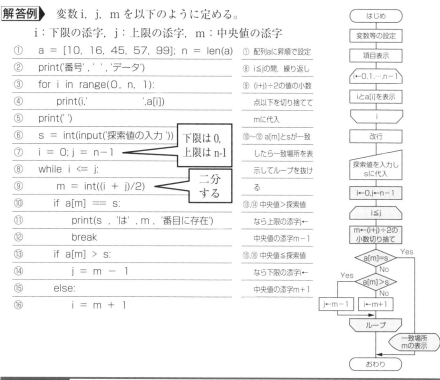

解答例 変数 i, j, m を以下のように定める。

i：下限の添字, j：上限の添字, m：中央値の添字

```
①  a = [10, 16, 45, 57, 99]; n = len(a)
②  print('番号', ' ', 'データ')
③  for i in range(0, n, 1):
④      print(i,'            ',a[i])
⑤  print(' ')
⑥  s = int(input('探索値の入力'))
⑦  i = 0; j = n-1
⑧  while i <= j:
⑨      m = int((i + j)/2)
⑩      if a[m] == s:
⑪          print(s ,'は' , m , '番目に存在')
⑫          break
⑬      if  a[m] > s:
⑭          j = m - 1
⑮      else:
⑯          i = m + 1
```

① 配列aに昇順で設定
⑧ i≦jの間、繰り返し
⑨ (i+j)÷2の値の小数点以下を切り捨ててmに代入
⑩〜⑫ a[m]とsが一致したら一致場所を表示してループを抜ける
⑬,⑭ 中央値>探索値なら上限の添字j←中央値の添字m−1
⑮,⑯ 中央値≦探索値なら下限の添字i←中央値の添字m+1

下限は 0,上限は n-1

二分する

問題 (p.144) 降順（大きい順）に整列された5個の整数「99, 57, 45, 16, 10」の中から，二分探索で探索値「57」を探し，最初に見つかった場所を表示するプログラムを作成しなさい。

解答例

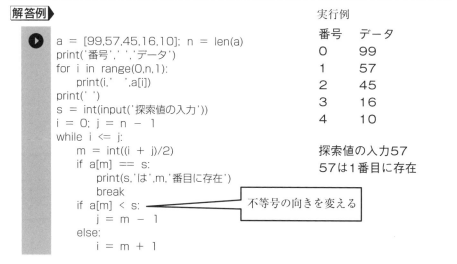

```
a = [99,57,45,16,10]; n = len(a)
print('番号',' ','データ')
for i in range(0,n,1):
    print(i,'     ',a[i])
print(' ')
s = int(input('探索値の入力'))
i = 0; j = n - 1
while i <= j:
    m = int((i + j)/2)
    if a[m] == s:
        print(s,'は',m,'番目に存在')
        break
    if a[m] < s:
        j = m - 1
    else:
        i = m + 1
```

不等号の向きを変える

実行例

番号	データ
0	99
1	57
2	45
3	16
4	10

探索値の入力57
57は1番目に存在

例題・問題のガイド　第6章

教科書「JavaScript」p.144

例題 2　二分探索のプログラム

　昇順（小さい順）で整列された5個の整数「10, 16, 45, 57, 99」の中から，二分探索で探索値「57」を探し，最初に見つかった場所を表示するプログラムを作成しなさい。

解答例▶　変数 i, j, m を以下のように定める。
　　　　i：下限の添字，j：上限の添字，m：中央値の添字

フローチャートは Python と
リスト表示以外共通

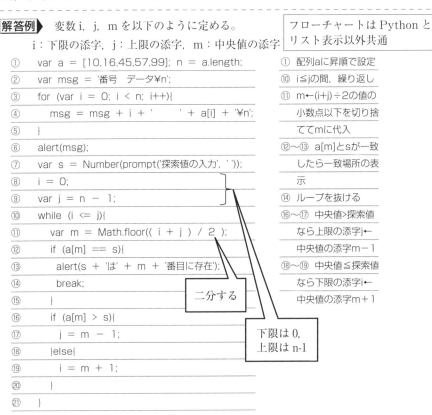

① 　var a = [10,16,45,57,99]; n = a.length;
② 　var msg = '番号　データ¥n';
③ 　for (var i = 0; i < n; i++){
④ 　　msg = msg + i + '　　　' + a[i] + '¥n';
⑤ 　}
⑥ 　alert(msg);
⑦ 　var s = Number(prompt('探索値の入力', ' '));
⑧ 　i = 0;
⑨ 　var j = n − 1;
⑩ 　while (i <= j){
⑪ 　　var m = Math.floor((i + j) / 2);
⑫ 　　if (a[m] == s){
⑬ 　　　alert(s + 'は' + m + '番目に存在');
⑭ 　　　break;
⑮ 　　}
⑯ 　　if (a[m] > s){
⑰ 　　　j = m − 1;
⑱ 　　}else{
⑲ 　　　i = m + 1;
⑳ 　　}
㉑ 　}

⑨ 　配列aに昇順で設定
⑩ 　i≦jの間，繰り返し
⑪ 　m←(i+j)÷2の値の
　　小数点以下を切り捨
　　ててmに代入
⑫～⑬ a[m]とsが一致
　　したら一致場所の表
　　示
⑭ 　ループを抜ける
⑯～⑰ 中央値>探索値
　　なら上限の添字j←
　　中央値の添字m−1
⑱～⑲ 中央値≦探索値
　　なら下限の添字i←
　　中央値の添字m+1

二分する

下限は 0,
上限は n-1

例題のガイド　第6章

問題 (p.144) 降順（大きい順）に整列された5個の整数「99，57，45，16，10」の中から，二分探索で探索値「57」を探し，最初に見つかった場所を表示するプログラムを作成しなさい。

解答例▶

```
var a = [99,57,45,16,10], n = a.length;
var msg = '番号　データ¥n,';
for (var i = 0; i < n; i++){
  msg = msg + i + '        ' +a[i] + '¥n';
}
alert(msg);
var s = Number(prompt('探索値の入力',' '));
i = 0;
var j = n - 1;
while (i <= j){
  var m = Math.floor((i + j)/2);
  if (a[m] == s){
    alert(s + 'は' + m + '番目に存在');
    bleak;
  }
  if (a[m] < s){
    j = m - 1;
  }else{
    i = m + 1;
  }
}
```

不等号の向きを変える

実行結果

assets-client.avgbrowser.comに埋め込まれているページの内容
番号	データ
0	99
1	57
2	45
3	16
4	10

OK

assets-client.avgbrowser.comに埋め込まれているページの内容
探索値の入力
57
OK　キャンセル

assets-client.avgbrowser.comに埋め込まれているページの内容
57は1番目に存在
OK

3 探索回数の比較

・**線形探索**：データ数がnのとき，最小探索回数は最初に探索データがあるときで1回，最大探索回数は最後に探索データがあるときでn回。**平均探索回数**は$(n+1)/2$回になる。線形探索の利点はデータを整列しなくてもよい。

・**二分探索**：最大探索回数は $[\log_2 n]+1$ 回，**平均** $[\log_2 n]$ 回になる。データは整列してある

必要があるが，線形探索より早く探索できる。

> [x] は実数 x を超えない最大の整数

教科書「Python」p.145，「JavaScript」p.145

例題 3　最大探索回数と平均探索回数

データ数が 10 の時，線形探索と二分探索のそれぞれの場合で，平均探索回数と最大探索回数を求めなさい。

- -

解　答　$n=10$ の場合に，線形探索では，最大探索回数は 10 回，平均探索回数は

$\dfrac{10+1}{2}=5.5$ 回になる。

二分探索では，最大探索回数は，

$[\log_2 n]+1=[\log_2 10]+1=[3.32\cdots]+1=$

$\boxed{3}+1=4$ 回になり，$\boxed{平均探索回数}$は 3 回になる。

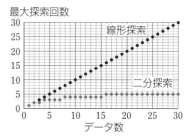

考　察　それぞれの最大探索回数は，右図のようになる。線形探索はデータ数に比例して探索回数も増えるが，二分探索は線形探索に比べてそれほど増えないことがわかる。

Let's try! (p.145)

表計算ソフトウェアの対数を求める関数 LOG を利用して例題 3 のグラフを描いてみよう。また，データ数を増やしてみて二分探索はデータが増えても探索回数があまり増えないことを確認してみよう。

- -

解答例

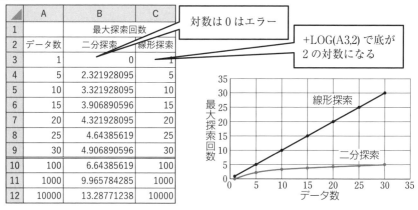

	A	B	C
1		最大探索回数	
2	データ数	二分探索	線形探索
3	1	0	1
4	5	2.321928095	5
5	10	3.321928095	10
6	15	3.906890596	15
7	20	4.321928095	20
8	25	4.64385619	25
9	30	4.906890596	30
10	100	6.64385619	100
11	1000	9.965784285	1000
12	10000	13.28771238	10000

> 対数は 0 はエラー

> +LOG(A3,2) で底が 2 の対数になる

・表計算ソフトを用いて一覧表を作成し，散布図のグラフを描く。

・データ数を 100, 1000, 10000 と増やしても，二分探索での探索回数は線形探索に比べてあまり増えないのがわかる。

㉟ 整列のプログラム　教科書「Python」「JavaScript」**p.146〜149**

1 交換法による整列

- **交換法**（バブルソート）：配列の中の隣り合うデータ（要素）の大小を比較し，交換する方法。
- 要素を交換するための一時退避用変数（ここでは temp）を使う（交換方法は本書 $p.137$ VBA 版を参照）。
- 表1の解説

$i \leftarrow 0$，1，2，$\cdots$，$n-2$ のそれぞれに対して，$j \leftarrow n-2$，$n-3$，$\cdots$，i と変化。

① 要素は $[88, 43, 27, 65]$ の4個なので，$n=4$。

② j：配列の添字，i：j の下限の添字。

③ 最初 $i=0$，$j=4-2=2$ より　$a[j]=a[2]=27$ と $a[j+1]=a[3]=65$ を比較。
　　$a[2]<a[3]$ なので交換なし。

④ $i=0$ はそのまま，$j=4-3=1$ より　$a[1]=43$ と $a[2]=27$ を比較。
　　$a[1]>a[2]$ なので**交換**する。
　　要素は $[88, 27, 43, 65]$ になる。

⑤ $i=0$ はそのまま，$j=4-4=0$ より　$a[0]=88$ と $a[1]=27$ を比較。
　　$a[0]>a[1]$ なので**交換**する。
　　要素は $[27, 88, 43, 65]$ になる。これで，先頭の要素 $a[0]=27$ **が確定**。

⑥ 次に $i=1$，$j=4-2=2$ より　$a[j]=a[2]=43$ と $a[j+1]=a[3]=65$ を比較。

以下この操作を繰り返し，$a[1]$ から $a[3]$ を決定していく。

表1　交換法（データ数 $n=4$）　$i \leftarrow 0$，1，$\cdots$，$n-2$　$j \leftarrow n-2$，$n-3$，$\cdots$，i

	a[0]	a[1]	a[2]	a[3]	処理	i	j	a[j]	a[j+1]
a[0]〜a[3]で最小値(27)を探す	88	43	27	65	a[2]<a[3] のため交換しない	0	2	27	65
	88	43	27	65	a[1]>a[2] のため交換する		1	43	27
	88	27	43	65	a[0]>a[1] のため交換する		0	88	27
	27	88	43	65	a[0] が確定する			27	88
a[1]〜a[3]で最小値(43)を探す	27	88	43	65	a[2]<a[3] のため交換しない	1	2	43	65
	27	88	43	65	a[1]>a[2] のため交換する		1	88	43
	27	43	88	65	a[1] が確定する			43	88
a[2]〜a[3]で最小値(65)を探す	27	43	88	65	a[2]>a[3] のため交換する	2	2	88	65
	27	43	65	88	a[2] が確定する a[3] も確定する			65	88

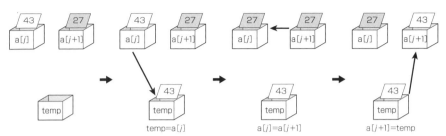

図　データの交換

2 選択法による整列

・要素の中の最小 (最大) を見つけ，先頭にもっていくことを繰り返す方法。

・表2の解説

$i=0$, 1, 2, ……, $n-2$ に対して，$j=i+1$, $i+2$, ……, $n-1$ と変化。

① 要素は $[88, 43, 27, 65]$ の 4 個なので，$n=4$。

② 最初 $i=0$，$j=0+1=1$ より　a[i]=a[0]=88 と a[j]=a[1]=43 を比較。
　　a[0]>a[1] なので交換。要素は $[43, 88, 27, 65]$ になる。

③ $i=0$ はそのまま，$j=0+2=2$ より　a[0]=43 と a[2]=27 を比較。
　　a[0]>a[2] なので**交換**。要素は $[27, 88, 43, 65]$ になる。

④ $i=0$ はそのまま，$j=0+3=3$ より　a[0]=27 と a[3]=65 を比較。
　　a[0]<a[3] なので**交換しない**。これで，先頭の要素 **a[0]=27 が確定**。

⑤ 次に $i=1$，$j=1+1=2$ より a[i]=a[1]=88 と a[j]=a[2]=43 を比較。

以下この操作を繰り返し，a[1] から a[3] を決定していく。

表2　選択法 (データ数 $n=4$)　$i \leftarrow 0$, 1, …, $n-2$　$j \leftarrow i+1$, $i+2$, …, $n-1$

	a[0]	a[1]	a[2]	a[3]	処理	i	j	a[i]	a[j]
	88	43	27	65	a[0]>a[1] のため交換する	0	1	88	43
a[0]~a[3]で	43	88	27	65	a[0]>a[2] のため交換する		2	43	27
最小値 (27) を	27	88	43	65	a[0]<a[3] のため交換しない		3	27	65
探す	27	88	43	65	a[0] が確定する			27	65
a[1]~a[3]で	27	88	43	65	a[1]>a[2] のため交換する	1	2	88	43
最小値 (43) を	27	43	88	65	a[1]<a[3] のため交換しない		3	43	65
探す	27	43	88	65	a[1] が確定する			43	65
a[2]~a[3]で	27	43	88	65	a[2]<a[3] のため交換する	2	3	88	65
最小値 (65) を 探す	27	43	65	88	a[2] が確定する　a[3] も確定する			65	88

● 選択法における交換回数を減らす工夫

表3のように最小値となる要素 a[k] の添字 k を導入する。範囲内の要素の大きさが a[k] よりも小さい場合は，その要素の添字を k に代入して a[k] が常に最小値をもつようにする。範囲内で a[k] が確定したら，それを先頭の値と交換する。要素間の交換回数は，各範囲で最大1回であるが，最後の1個は必然的に決まるので，最大で $(n-1)$ 回，最小で0回になる。なお要素間の比較回数は，表2と同じである。

表3 選択法 (データ数 $n=4$)
$i \leftarrow 0, 1, \cdots, n-2$　$j \leftarrow i+1, i+2, \cdots, n-1$

kの値の推移に注目

	a[0]	a[1]	a[2]	a[3]	処理	i	j	k	a[i]	a[j]	a[k]
a[0]〜a[3]で最小値(27)を探す	88	43	27	65	kにi(=0)を代入，a[0]>a[1]のためkに1を代入	0	1	0	88	43	88
	88	43	27	65	a[1]>a[2]のためkに2を代入		2	1	88	27	43
	88	43	27	65	a[2]<a[3]のためkは2のまま(kに3を代入しない)		3	2	88	65	27
	27	43	88	65	a[0]とa[2](=a[k])を交換し，a[0]が確定				27		88
a[1]〜a[3]で最小値(43)を探す	27	43	88	65	kにi(=1)を代入，a[1]<a[2]のためkは1のまま	1	2	1	43	88	43
	27	43	88	65	a[1]<a[3]のためkは1のまま		3	1	43	65	43
	27	43	88	65	a[1]とa[1](=a[k])を交換し，a[1]が確定				43		43
a[2]〜a[3]で最小値(65)を探す	27	43	88	65	kにi(=2)を代入，a[2]>a[3]のためkに3を代入	2	3	2	88	65	88
	27	43	88	65	a[k]がa[3]になる			3	88		65
	27	43	65	88	a[2]とa[3](=a[k])を交換し，a[2]が確定．a[3]も確定				65		88

教科書の整理　第6章

3 整列における比較回数と交換回数

・交換法や選択法での比較回数は $n(n-1)/2$ 回，交換回数は最大 $n(n-1)/2$ 回，最小 0 回となる。

教科書「Python」p.148

例題 1　交換法による整列

4個の整数「$88, 43, 27, 65$」が配列 a[0]〜a[3] に入っている。これらを交換法で昇順（小さい順）に整列するプログラムを作成しなさい。

解答例▶

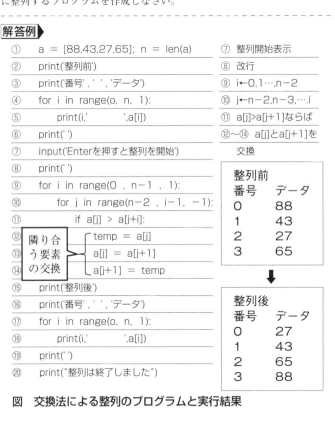

① a = [88,43,27,65]; n = len(a)
② print('整列前')
③ print('番号', ' ', 'データ')
④ for i in range(o, n, 1):
⑤ 　　print(i,'　　',a[i])
⑥ print(' ')
⑦ input('Enterを押すと整列を開始')
⑧ print(' ')
⑨ for i in range(0 , n−1 , 1):
⑩ 　　for j in range(n−2 , i−1 , −1):
⑪ 　　　　if a[j] > a[j+i]:

⑫ 隣り合　┌ temp = a[j]
⑬ う要素　│ a[j] = a[j+1]
⑭ の交換　└ a[j+1] = temp

⑮ print('整列後')
⑯ print('番号', ' ', 'データ')
⑰ for i in range(o, n, 1):
⑱ 　　print(i,'　　',a[i])
⑲ print(' ')
⑳ print("整列は終了しました")

⑦ 整列開始表示
⑧ 改行
⑨ i←0,1…,n−2
⑩ j←n−2,n−3,…,i
⑪ a[j]>a[j+1]ならば
⑫〜⑭ a[j]とa[j+1]を
　　交換

整列前
番号　　データ
0　　　88
1　　　43
2　　　27
3　　　65

↓

整列後
番号　　データ
0　　　27
1　　　43
2　　　65
3　　　88

図　交換法による整列のプログラムと実行結果

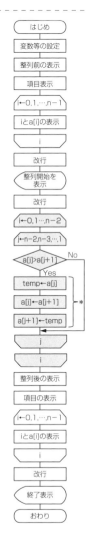

例題 **2** 選択法による整列

例題1のプログラムの9～14行目を教科書 p.147 の表2の選択法に変更しなさい。

解答例

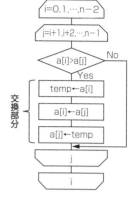

⑨	for i in range(0 , n−1 , 1):
⑩	for j in range(i+1 , n, 1):
⑪	if a[i] > a[j]:
⑫	temp = a[i]
⑬	a[i] = a[j]
⑭	a[j] = temp

*教科書 p.147 の表2の解説を見ながら理解しよう。

考 察 p.147 のコラムにある選択法の場合は，次のようになる。比較すると値の交換部分が，解答例では二重ループの内側にあるが，コラムによる方法では，内側のループの外にある。このことが交換回数の差異になる。

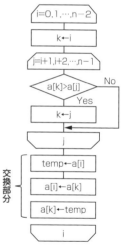

①	for i in range(0 , n−1 , 1):
②	k = i
③	for j in range(i+1 , n, 1):
④	if a[k] > a[j]:
⑤	k = j
⑥	temp = a[i]
⑦	a[i] = a[k]
⑧	a[k] = temp

*コラムの表3の要素の動きを見ながら理解しよう。

教科書「Python」p.149

Let's try! (p.149)

例題1で降順に整列するプログラムを作成してみよう。

- -

解答例▶

```
a = [88,43,27,65]; n = len(a)
print('整列前')
print('番号',' ','データ')
for i in range(0,n,1):
    print(i,'   ',a[i])
print(' ')
input('Enterを押すと整列を開始')
print(' ')
for i in range(0,n-1,1):
    for j in range(n-2,i-1,-1):
        if a[j] < a[j+1]:
            temp = a[j]
            a[j] = a[j+1]
            a[j+1] = temp
print('整列後')
print('番号',' ','データ')
for i in range(0,n,1):
    print(i,'   ',a[i])
print("整列は終了しました")
```

不等号の向き
を変える

実行結果

整列前

番号	データ
0	88
1	43
2	27
3	65

Enterを押すと整列を開始

整列後

番号	データ
0	88
1	65
2	43
3	27

整列は終了しました

教科書「JavaScript」p.148

例題 1　交換法による整列

4個の整数「88，43，27，65」が配列 a[0]～a[3] に入っている。これらを交換法で昇順 (小さい順) に整列するプログラムを作成しなさい。

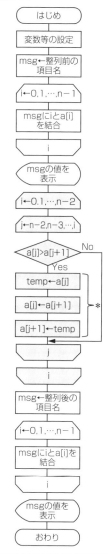

解答例▶

```
①    var a = [88,43,27,65], n = a.length;
②    var msg = '整列前¥n番号　データ¥n';
③    for (var i = 0; i < n; i++){
④      msg = msg + i + '    ' + a[i] + '¥n';
⑤    }
⑥    alert(msg);
⑦    for (i = 0; i < n-1; i++){
⑧      for (var j = n-2; j > i-1 ; j--){
⑨        if (a[j] > a[j+1]){
⑩          var temp = a[j];
⑪          a[j] = a[j+1];
⑫          a[j+1] = temp;
⑬        }
⑭      }
⑮    }
⑯    msg = msg + '¥n整列後¥n番号　データ¥n';
⑰    for (i = 0; i < n; i++){
⑱      msg = msg + i + '    ' + a[i] + '¥n';
⑲    }
⑳    alert(msg);
```

右側注記:
- ⑦ j←0,1,…n−2
- ⑧ j←n−2,n−3,…,i
  - なおj−−は
  - j=j−1;と同じ
- ⑨ a[j]>a[j+1]
  - ならば
- ⑩〜⑫ a[j]とa[j+1]を
  - 交換

⑩〜⑫の中括弧に吹き出し：隣り合う要素の交換

図1　交換法による整列のプログラム例

例題のガイド　第6章

考　察▶

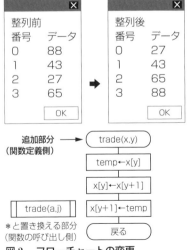

図2　フローチャートの変更

例題 2　選択法による整列

例題 1 のプログラムの 7 ～ 15 行目を 教科書 p.147 の表 2 の選択法に変更しなさい。

解答例

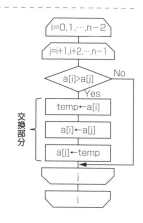

```
⑦    for (i = 0; i < n−1; i++){
⑧      for (var j = i + 1; j < n; j++){
⑨        if (a[i] > a[j]){
⑩          var temp = a[i];
⑪          a[i] = a[j];
⑫          a[j]= temp;
⑬        }
⑭      }
⑮    }
```

＊表 2 の解説を見ながら理解しよう。

考察　教科書 p.147 のコラムにある選択法の場合は，次のようになる（プログラムの行数は，便宜上 1 からとしている）。比較すると値の交換部分が，解答例では二重ループの内側にあるが，コラムによる方法では，内側のループの外にある。このことが交換回数の差異になる。

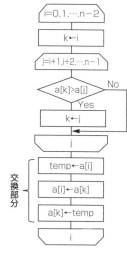

```
①    for (i = 0; i < n−1; i++){
②      var k = i;
③      for (var j = i + 1; j < n; j++){
④        if (a[k] > a[j]){
⑤          k = j;
⑥        }
⑦      }
⑧      var temp = a[i];
⑨      a[i] = a[k];
⑩      a[k] = temp;
⑪    }
```

教科書「JavaScript」p.149

Let's try! (p.149)

例題1で降順に整列するプログラムを作成してみよう。

- -

解答例▶

```
var a = [88,43,27,65], n = a.length;
var msg = 整列前¥n番号　データ¥n';
for (var i =0; i < n; i++){
   msg = msg + i + '      ' + a[i] + '¥n';
}
alert(msg);
for (i = 0; i < n−1; i++){
  for (var j = n−2; j > i−1 ; j−−){
    if (a[j] < a[j+1]){
      var temp = a[j];
      a[j] = a[j+1];
      a[j+1] = temp;
    }
  }
}
msg = msg + '¥n整列後¥n番号　データ¥n';
for (i = 0; i < n; i++){
   msg = msg + i + '      ' + a[i] + '¥n';
}
alert(msg);
```

不等号の向きを
変える

実行結果

assets-client.avgbrowser.comに埋め込まれているページの内容

整列前
番号	データ
0	88
1	43
2	27
3	65

OK

整列後
番号	データ
0	88
1	65
2	43
3	27

OK

ADVANCE　オブジェクト指向プログラミング　教科書「Python」「JavaScript」p.150~153

1　オブジェクト指向プログラミングとその利点

- **オブジェクト指向プログラミング**：コンピュータプログラムの設計や実装についての考え方の一つ。関連するデータ（変数）とそれに対する操作（関数）をまとめて一つのモノ（オブジェクト：object）として定義し，様々なオブジェクトを組み合わせて関連性や相互作用を記述していくことによりシステム全体を構築する手法。

  互いに関連する要素が1つのオブジェクトに集約されるため，分担や統合など複数人での作業や，大規模なソフトウェア設計・開発に向いている。開発が効率化でき，複雑なプログラムをわかりやすく作成できる。

  オブジェクトの属性や固有のデータを**プロパティ**，手続き（関数）を**メソッド**という。（処理の流れに沿ってプログラムを作成する方法は，**手続き型プログラミング**と呼ばれる）

- **オブジェクト指向プログラミングの利点**

  ・**カプセル化**

  　データとメソッドをオブジェクトにまとめ，内部の状態や構造は隠蔽し，外部に必要な情報や手続きのみを提供する。誤った書き換えを防ぎ，プログラムの誤りを減少できる。

  ・**継承**

  　定義されているクラスのプロパティやメソッドを，別のクラスに引き継ぐことができるため，省力化できる。

  ・**多態性**

  　同じメソッド呼び出しに対して異なる動作ができ，プログラムを簡略化できる。

2　オブジェクト指向の考え方

　自動車には属性にあたるプロパティと，操作（振る舞い）にあたるメソッドがある。これらを含めた設計図（型）を**クラス**といい，それで作られた自動車を**オブジェクト**または**インスタンス**（instance）という。

　クラスを作ることをクラスの定義といい，クラスをもとにしてオブジェクトを作ることを**インスタンス化**または**オブジェクトの生成**という。

クラス（自動車の設計図）

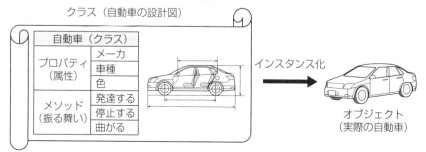

自動車（クラス）	
プロパティ （属性）	メーカ
	車種
	色
メソッド （振る舞い）	発達する
	停止する
	曲がる

インスタンス化

オブジェクト
（実際の自動車）

教科書の整理　第6章

3 オブジェクト指向プログラミングの基礎

オブジェクトの利用は，表のようにクラスからオブジェクトを生成し，ドット演算子「.」を使ってオブジェクト内のプロパティやメソッドを扱う。

表　インスタンス化（オブジェクトの生成），プロパティとメソッドの扱い

プログラムでの扱い方	意味
オブジェクト名＝クラス名（引数）	クラスからオブジェクトを生成する（インスタンス化）
オブジェクト名．プロパティ名＝値	オブジェクトのプロパティに値を代入（設定）する
変数＝オブジェクト名．プロパティ名	変数にオブジェクトのプロパティの値を代入（取得）する
オブジェクト名．メソッド名（引数）	オブジェクトのメソッドを実行する

＊プロパティとメソッドは，特定のクラスだけに利用される。

教科書「Python」p.151

教科書の整理　第6章

例題 1　組み込みクラスのメソッド

表は Python の組み込みクラスのメソッドである。これらを使って，(1)配列に追加した名前と(2)今日の日付を表示するプログラムをそれぞれ作成しなさい。

表　組み込みクラスのメソッド（教科書 p.186〜188）

メソッド		クラス		インスタンス化
append	配列に要素を追加	list	リスト型（配列）	必要
today	今日の日付を取得	date	日付型	不要

解答例

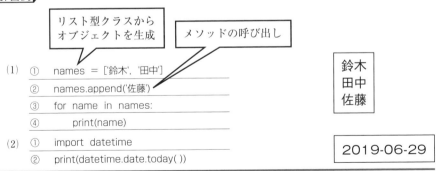

リスト型クラスからオブジェクトを生成
メソッドの呼び出し

```
(1)  ①  names = ['鈴木', '田中']
     ②  names.append('佐藤')
     ③  for name in names:
     ④      print(name)
(2)  ①  import datetime
     ②  print(datetime.date.today())
```

鈴木
田中
佐藤

2019-06-29

問題 (p.151)

リスト型クラスの remove メソッドを使って例題1の配列（リスト）から要素を削除するようにプログラムを変更しなさい。

解答例 例えば「田中」を削除する例は,

```
names = ['鈴木','田中','佐藤']
names.remove('田中')
for name in names:
    print(name)
```

メソッド remove の呼び出し

実行例　鈴木
　　　　佐藤

教科書「JavaScript」p.151

例題 1　組み込みクラスのメソッド

　表は JavaScript の組み込みクラスのメソッドである。これらを使って, 今日の日付と $\sqrt{2}$ の値を表示するプログラムを考えなさい。

表　組み込みクラスのメソッド (教科書 p.188)

メソッド		クラス (オブジェクト)		new 演算子
toDateString	日付を文字列に変換	Date	日付や時刻を扱う	必要
sqrt	平方根を算出	Math	数学的な定数や関数	不要

解答例　Date クラスを元にオブジェクトを作成(インスタンス化)　組み込みクラスのメソッドを呼び出す

(1)
```
var today = new Date( );
alert(today.toDateString( ));
```

(2)
```
alert(Math.sqrt(2));
```

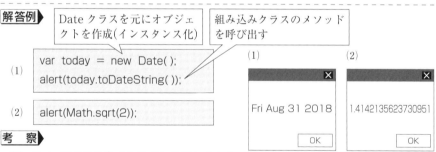

(1)

☒
Fri Aug 31 2018
OK

(2)

☒
1.4142135623730951
OK

考察
(1) Date のクラスをインスタンス化して today オブジェクトを生成してからそのメソッド toDateString を呼び出す。引数は不要である。
(2) Math クラスをインスタンス化しないでメソッド sqrt を呼び出す。

問題 (p.151)　(3)の length はインスタンスプロパティで, (4)の MAX_VALUE は静的プロパティ (インスタンス化せず呼び出すプロパティ) である。実行してその機能を調べなさい。

(3)
```
var str = new String('JaveScript');
alert(str.length);
```

(4)
```
alert(Number.MAX_VALUE);
```

解答例▶

実行結果・解説

(3)

(4)

www.javadrive.jp の内容
1.7976931348623157e+308

　　　　　　　　　　OK

　　String オブジェクトの length メソッドは，文字列の長さを返すプロパティである。
　　Number オブジェクトの MAX_VALUE は，JavaScript が扱える最大値を返すプロパティである。

4　クラスの定義

● **教科書「Python」p.152**
・**クラス**（車の設計図に相当）は，定義をしてから利用し，**コンストラクタ**や**ゲッタメソッド**，**セッタメソッド**，**メソッド**などから構成される（図参照）。
・クラス内で宣言されている変数（データ）を**フィールド**という。

①	class クラス名 :	① クラスの定義
②	def __init__(self,引数):	② コンストラクタの定義
③	self.__フィールド名 = 引数	③ 引数をフィールドに設定
④	@property	④ デコレータ @property
⑤	def プロパティ名(self):	⑤～⑥ ゲッタメソッドの定義
⑥	return self.__フィールド名	⑥ フィールドを戻り値として取得
⑦	@プロパティ名.setter	⑦ デコレータ（@プロパティ名.setter）
⑧	def プロパティ名(self,引数):	⑧～⑨ セッタメソッドの定義
⑨	self.__フィールド名 = 引数	⑨ 引数をフィールドに設定
⑩	def メソッド名(self, 引数) :	⑩～⑫ メソッドの定義
⑪	#ここにメソッドの処理を置く	⑪ ここにメソッドの処理を記述
⑫	return 戻り値	⑫ メソッドの戻り値を返す

図　クラス定義の一般的な表し方の例

例題 2　クラスの定義とオブジェクトの生成

　プロパティに「名前」と「年齢」をもち，「年齢」のプロパティは取得（参照）と設定（変更）ができ，「～の年齢は～です」というメッセージを表示することができるメソッドをもつクラスを定義し，これらの機能を確かめることができるプログラムを作りなさい。

- -

解答例▶

> クラスの定義，
> クラス名は Person

> クラス内の変数を
> フィールドに設定

①	class Person :	①	Person クラスの定義
②	def __init__(self,namae,years):	②	コンストラクタの定義
③	self.__name = namae	③	引数 namae をフィールド name に設定
④	self.__age = years	④	引数 years をフィールド age に設定
⑤	@property	⑤	デコレータ @property
⑥	def nenrei(self):	⑥	ゲッタメソッド nenrei の定義
⑦	return self.__age	⑦	フィールド age を戻り値で取得
⑧	@nenrei.setter	⑧	デコレータ（@プロパティ名.setter）
⑨	def nenrei(self,years):	⑨	セッタメソッド nenrei の定義*
⑩	self.__age = years	⑩	years をフィールド age に設定
⑪	def profile(self):	⑪	メソッド profile の定義*
⑫	print(self.__name , 'の年齢は'¥ ,self.__age , 'です')	⑫	名前と年齢を表示（戻り値なし）
⑬	suzuki = Person('鈴木' , 16)	⑬	オブジェクト suzuki を生成
⑭	tanaka = Person('田中' , 32)	⑭	オブジェクト tanaka を生成
⑮	print(suzuki.nenrei)	⑮	suzuki のプロパティ nenrei を表示
⑯	suzuki.profile( )	⑯	suzuki のメソッド profile を実行
⑰	tanaka.profile( )	⑰	tanaka のメソッド profile を実行
⑱	suzuki.nenrei = 17	⑱	suzuki のプロパティ nenrei を設定（変更）
⑲	suzuki.profile( )	⑲	suzuki のメソッド profile を実行

> メッセージ表示
> メソッド

15行目　| 16 |

16行目　| 鈴木　の年齢は　16　です |

17行目　| 田中　の年齢は　32　です |

19行目　| 鈴木　の年齢は　17　です |

＊メソッドの第一引数を self にするため，メソッドの定義側の引数の数は，呼び出し側よりも1つ多い。

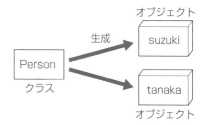

オブジェクト
suzuki

生成

Person
クラス

tanaka
オブジェクト

例題のガイド　第6章

問題 (p.153)　「名前」のプロパティも取得（参照）と設定（変更）ができるように例題2のプログラムを変更しなさい。

解答例・解説

```
class Person:
    def __init__(self, namae, years):
        self.__name = namae
        self.__age = years
    @property
    def sei(self):
        return self.__name
    @sei.setter
    def sei(self, namae):
        self.__name = namae
    def profile(self):
        print(self.__name, 'の名前は', self.__name , 'です')
suzuki = Person('鈴木', 16)
tanaka = Person('田中', 32)
print(suzuki.sei)
suzuki.profile()
tanaka.profile()
suzuki.sei = '佐藤'
suzuki.profile()
```

名前のプロパティ名を「sei」とする

実行結果

鈴木
鈴木　の名前は　鈴木　です
田中　の名前は　田中　です
佐藤　の名前は　佐藤　です

　名前のプロパティ名を「sei」とすると，「suzuki.sei」のように参照できる。

教科書「JavaScript」p.153

例題 2　クラスの定義とオブジェクトの生成

　プロパティに「名前」と「年齢」をもち，「年齢」のプロパティは取得（参照）と設定（変更）ができ，「〜の年齢は〜です」というメッセージを表示することができるメソッドをもつクラスを定義し，これらの機能を確かめることができるプログラムを作りなさい。

解答例▶

①	`class　Person{`	①	クラス Person の定義
②	`constructor(namae,years){`	②	コンストラクタの定義
③	`this.name　=　namae;`	③	引数 namae をフィールド name に設定
④	`this.age　=　years;`	④	引数 years をフィールド age に設定
⑤	`}`	⑥	ゲッタメソッド nenrei の定義
⑥	`get　nenrei( ){`	⑦	フィールド age を戻り値として取得
⑦	`return　this.age;`	⑨	セッタメソッド nenrei の定義
⑧	`}`	⑩	引数 years をフィールド age に設定
⑨	`set　nenrei(years){`	⑫	メソッド profile の定義
⑩	`this.age　=　years;`	⑬	名前と年齢を表示 (戻り値なし)
⑪	`}`	⑯	オブジェクト suzuki を生成＊
⑫	`profile( ){`	⑰	オブジェクト tanaka を生成＊
⑬	`alert(this.name　+　'の年齢は'　+　this.age　+　'です');`	⑱	suzuki のプロパティ nenrei を表示
⑭	`}`	⑲	suzuki のメソッド profile を実行
⑮	`}`	⑳	tanaka のメソッド profile を実行
⑯	`var　suzuki　=　new　Person('鈴木', 16);`	㉑	suzuki のプロパティ nenrei を変更
⑰	`var　tanaka　=　new　Person('田中', 32);`	㉒	suzuki のメソッド profile を実行
⑱	`alert(suzuki.nenrei);`		
⑲	`suzuki.profile( );`		
⑳	`tanaka.profile( );`		
㉑	`suzuki.nenrei　=　17;`		
㉒	`suzuki.profile( );`		

＊1つのクラスから同じプロパティやメソッドをもつ複数のオブジェクト (suzukiとtanaka)を生成することができ, オブジェクトごとに独立したプロパティやメソッドとして扱うことができる。

例題のガイド　第6章

16	鈴木の年齢は16です	田中の年齢は32です	鈴木の年齢は17です
OK	OK	OK	OK
⑱の表示	⑲の表示	⑳の表示	㉒の表示

考　察▶　クラス名を「Person」とし, メッセージ表示用メソッドのメソッド名を「profile」とする。「年齢」のプロパティを「nenrei」とすると, これがゲッタメソッドとセッタメソッドのプロパティ名になる。

教科書「JavaScript」p.153

問題 (p.153)　教科書例題2のプログラムにおいて，「名前」のプロパティも取得（参照）と設定（変更）ができるように修正しなさい。

解答例・解説

・名前のプロパティのみ変更できるようにした例を示す。

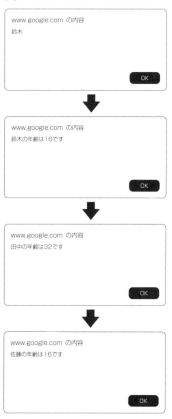

```
class Person{
  constructor(namae,years){
    this.name = namae;
    this.age = years;
  }
  get sei( ){          名前のプロパティ
    return this.name;  名を「sei」とする
  }
  set sei(namae){
    this.name = namae;
  }
  profile( ){
    alert(this.name + 'の年齢は' + this.age + 'です');
  }
}
var suzuki = new Person('鈴木', 16);
var tanaka = new Person('田中', 32);
alert(suzuki.sei);
suzuki.profile( );
tanaka.profile( );
suzuki.sei = '佐藤';
suzuki.profile( );
```

（www.google.com の内容 鈴木 OK）

（www.google.com の内容 鈴木の年齢は16です OK）

（www.google.com の内容 田中の年齢は32です OK）

（www.google.com の内容 佐藤の年齢は16です OK）

　名前のプロパティ名を「sei」とすると，「suzuki.sei」のように参照できる。

ADVANCE　プログラムの設計手法　　教科書「Python」「JavaScript」**p.154〜157**

1　プログラムの構造や振る舞いの図示

　データ構造や処理の流れなどソフトウェアに関連するさまざまな設計や機能を図示する表記法を定めたものが**統一モデリング言語（UML）**である。

　　システムの構造を表す構造図：**クラス図**，**オブジェクト図**，パッケージ図

　　動作や変化を表す振る舞い図：**状態遷移図**，**アクティビティ図**，ユースケース図，シーケンス図

2　状態遷移図と状態遷移表

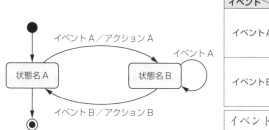

図1　状態遷移図（左）と状態遷移表（右）およびそれらの記述例

● 教科書「Python」「JavaScript」p.155

例題 1　状態遷移図

　50円と100円の2種類の硬貨のみを受け付け，150円の商品1個を販売する自動販売機の状態遷移図を作成しなさい。

・イベント（入力）

　入力なし　　50円投入　　100円投入

・アクション（出力）

　出力なし　　商品排出　　商品と釣銭50円排出

・状態

　累計0円　　累計50円　　累計100円

解答例▶

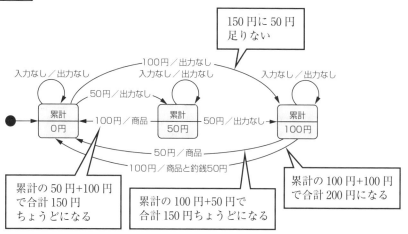

3　クラス図

図のように，クラスの構造（プロパティやメソッドなど）やクラス間でのデータのやりとりを定義する。

例題 2　クラス図

自動車は1つのエンジンと4つのタイヤから構成されていると仮定して，クラス図に表しなさい。

図

解答例▶

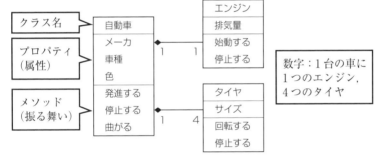

図　クラス図の例

教科書「Python，JavaScript」p.155

問題 (p.155)　100円の硬貨のみを受け付け，300円の商品1個を販売する自動販売機の状態遷移図を作成しなさい。

解答例▶・解説▶

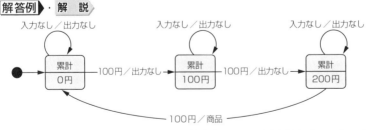

状態として0円，100円，200円が存在する。100円を投入することにより，各状態間の移動が可能になる。

Let's try! (p.155)

例題2で作成したクラス図に曲がる操作を指示するハンドルを追加してみよう。

- -

解答例 ・ 解 説

　　ハンドルは大きさ(直径)がいろいろあり，形状が丸くないものもある。したがって，「大きさ」もプロパティに入れることができる。メソッドとして進行方向を「右に回転」「左に回転」とすることもできる。

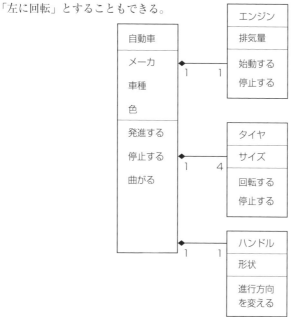

教科書「Python」p.156

例題 3　**自動販売機のプログラム**

　次の状態遷移図を参考にして，自動販売機(50円と100円の2種類の硬貨のみを受け付け，150円の商品1個を販売する)のモデルを実現するプログラムを作成しなさい。なお，累計金額の変数をsとし，入金する金額の変数をiまたはxとする。

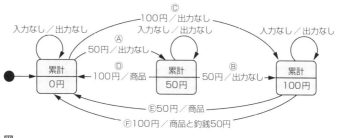

図

解答例▶　JavaScript のプログラムでも，吹き出し解説は同じ。

	s は累計額，x は入金額	
① def sale(x):		① 関数 sale（引数 x）の定義
②　　global s		② グローバル変数 s を関数内で使用
③　　if s == 0 and x == 50:		③ 累計 s =0円かつ入金 x =50円
④　　　print('累計 50円'); s = 50		（図の④）ならば
⑤　　elif s == 50 and x == 50 or s == 0 and x == 100:		④ 「累計50円」の表示，s ←50
⑥　　　print('累計 100円'); s = 100		⑤ S =50 かつ x =50（⑧）または
⑦　　elif s == 50 and x == 100 or s == 100 and x == 50:		S =0 かつ x =100（ⓒ）ならば
⑧　　　print('商品'); s = 0		⑥ 「累計100円」の表示，s ←100
⑨　　elif s == 100 and x == 100:		⑦ S =50 かつ x =100（ⓓ）または
⑩　　　print('商品と釣銭50円'); s = 0		S =100 かつ x =50（ⓔ）ならば
⑪ s = 0		⑧ 「商品」の表示，s ←0
⑫ while True:		⑨ S =100 かつ x =100（ⓕ）ならば
⑬　　i = int(input('金額の入力(50 or 100 終了は0)'))		⑩ 「商品と釣銭50円」の表示，s ←0
⑭　　if i == 50 or i == 100:		⑪ 変数 s の初期値設定（s ←0）
⑮　　　sale(i)	true で 0 が入力されるまで	⑫ 無限ループ
⑯　　elif i == 0:	ループが続く	⑬ 金額を変数 i に代入
⑰　　　break		⑭ i =50 または i =100 ならば
		⑮ 関数 sale を呼び出す
		⑯ i =0 ならば，⑰無限ループを抜ける

教科書「Python」p.157

問題 (p.157)　テレビの「電源スイッチ」を押す（1を入力する）と「電源 ON 状態」と表示し，もう一度押す（1を入力する）と「電源 OFF 状態」と表示する動作を繰り返すプログラムを作成しなさい。

スイッチ押すは 1, 終了は 0	電源 ON 状態	電源 OFF 状態

解答例▶・解　説▷

```
def switch(x):
    global s
    if s == 0 and x == 1:
        print('電源ON状態'); s = 1
    elif s == 1 and x == 1:
        print('電源OFF状態'); s = 0
s = 0
while True:
    i = int(input('スイッチ押すは1，終了は0 '))
    if i == 1:
```

実行結果

スイッチ押すは1，終了は0　1
電源ON状態
スイッチ押すは1，終了は0　1
電源OFF状態
スイッチ押すは1，終了は0　1
電源ON状態
スイッチ押すは1，終了は0　0

```
        switch( i )
    elif  i == 0:
        break
```

s=0 を電源 OFF の状態，s=1 を電源 ON の状態とする。状態遷移図を描いて考え
るとよい。

教科書「JavaScript」p.157

問題 (p.157)　テレビの「電源スイッチ」を押すと「電源 ON 状態」になり，もう一度押すと「電
源 OFF 状態」になる動作を繰り返すプログラムを作成しなさい。

解答例・解説

```
function  onoff( ){
  if  (s == 0){
    alert('電源ON状態');  s  =  1;
  }else if  (s == 1){
    alert('電源OFF状態');  s  =  0;
  }
}
var  s  =  0;
while  (true){
  var  i  =  Number(prompt('スイッチを押すは1，終了は0',''));
  if  (i == 1){
    onoff( i );
  }else if  (i == 0){
    break;
  }
}
```

実行結果

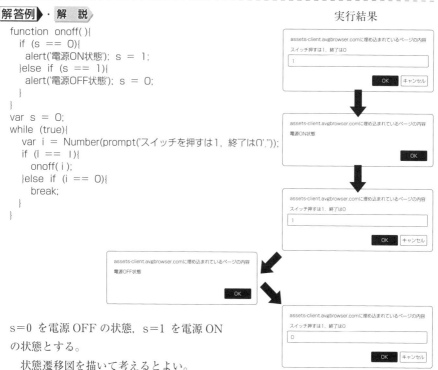

s=0 を電源 OFF の状態，s=1 を電源 ON
の状態とする。
　状態遷移図を描いて考えるとよい。

ADVANCE オープンデータの活用 　教科書「Python」「JavaScript」 **p.158〜165**

● Python

1 プログラムでファイルを扱う方法

ファイルをプログラムで扱うには，ファイルを開き，**ファイルポインタ**や**ファイルオブ
ジェクト**を参照しながら，データを読み書きし，閉じる。

・**オープンデータ**：インターネットを通じて自由に入手し，利用・再配布できるデータ。
・**CSV**：各値をカンマで区切ったテキストデータ。オープンデータは，この形式が多い。

例題 1 プログラムによるオープンデータの活用

気象庁のサイトから，2000年以降の最高気温のデータをダウンロードし，入力した気温以上を
観測した年月日とその気温を表示するプログラムを作成しなさい。

ただし，図1(左)のようにダウンロードしたCSVファイルをテキストエディタで開き，図1
(右)のようにデータ以外の行を削除して保存し，図2のように各値を配列aに取り出すものとす
る。

```
ダウンロードした時刻：2018/09/07　15:32:39

'東京,　東京,　東京

年月日, 最高気温 (°C), 最高気温 (°C), 最高気温 (°C)
…

"品置情報, 均質番号

2000/1/1, 12, 6, 8, 1

2000/1/2, 8, 8, 8, 1

2000/1/3, 16, 5, 8, 1

2000/1/4, 14, 0, 8, 1

2000/1/5, 11, 6, 8, 1
```

```
2000/1/1, 12, 6, 8, 1

2000/1/2, 8, 8, 8, 1

2000/1/3, 16, 5, 8, 1

2000/1/4, 14, 0, 8, 1

2000/1/5, 11, 6, 8, 1
```

```
気温 [°C] の入力　38

2001/7/24：38.1

2004/7/20：39.5

2004/7/21：38.1

2013/8/11：38.3

2018/7/23：39.0
```

図1　データの加工(左：加工前，右：加工後)

図2　実行結果(東京都で38℃の場合)

- -

解答例▶

ファイルポインタの取得　　カンマで分割した各値を配列aに代入

①	t1 = input('気温[°C]の入力　')	①	設定温度を入力 (input) し，変数 t1 に代入
②	fp = open('data.csv', 'rt')	②	data.csv を開きファイルポインタ fp を取得
③	for b in fp:	③	最後までファイルから1行ずつ変数 b に抽出
④	a = b.split(',')	④	各値 (文字列) をカンマで分割し配列 a に代入

⑤　　　　date = a[0]
⑥　　　　t2 = a[1]
⑦　　　　if float(t2)>= float(t1):
⑧　　　　　　print(date + ' : ' + t2)
⑨　　fp.close( )

文字列を数値へ

⑤　a[0] を変数 date（日付）に代入
⑥　a[1] を変数 t2（気温）に代入
⑦　気温≧設定温度で⑧を実行，float で実数に変換
⑧　その時の日付 date と気温 t2 を表示（print）
⑨　ファイルを閉じる

教科書「Python」p.159

問題 (p.159)　最高気温を観測した日付と気温を表示するプログラムを作りなさい。

解答例・**解　説**

```
maxvalue = −50
fp = open('data.csv','rt')
for b in fp:
    a = b.split(',')
    temperature = a[1]
    if float(temperature) > maxvalue:
        maxvalue = float(temperature)
fp.seek( O )
for b in fp:
    a = b.split(',')
    date = a[0]
    temperature = a[1]
    if float(temperature) == maxvalue:
        print(date + ' : ' + temperature)
fp.close( )
```

・気象庁の過去の気象データのダウンロード
①「過去の気象データ・ダウンロード」
②日本地図から地域を選ぶ。

ファイルポインタを先頭に戻す

③データの種類で「日別値」を選ぶ。
④項目で「日最高気温」を選ぶ。
⑤期間を入力する。

　すべてのデータから最高気温の日とその気温を求める。最高気温を保存する変数（Maxvalue 等）にまずありえない値（−50℃ など）を代入しておき，日付の最初から最後まで比較して大きい値のときは置き換える。

＊Python の実行ファイルとデータファイルは，同じディレクトリに入れる。

教科書「JavaScript」p.160

問題 (p.160)　例題のプログラムを最高気温を観測した日付と気温を表示するプログラムに変更しなさい。

解答例・**解　説**

```
function fileChange(event){
  var file = event.target.files;
  reader.readAsText(file[O]);
  }
function fileLoad(event){
  var maxvalue = −100.0;
```

例題・問題のガイド 第6章

```
var txt = '';
var lines=reader.result.split('¥r¥n');
for (var i = 0; i < lines.length−1; i++){
  var a = lines[ i ].split(',');
  var temperature = a[1];
  if (parseFloat(temperature) > maxvalue){
    maxvalue = paraseFloat(temperature);
  }
}
for (var i = 0; i < lines.length−1; i++){
  var a = lines[ i ].split(',');
  var date = a[0];
  var temperature = a[1];
  if (parseFloat(temperature) == maxvalue){
    txt = txt + date + ' : ' + temperature + '〈br〉';
  }
}
contents.innerHTML = txt;
}
var inputFile = document.getElementById('file');
var contents = document.getElementById('text');
var reader = new FileReader( );
inputFile.addEventListener('change',fileChange);
reader.addEventListener('load',fileLoad);
```

・気象庁の過去データのダウンロード

①「過去の気象データ・ダウンロード」

②日本地図から地域を選ぶ。

③データの種類で「日別値」を選ぶ。

④項目で「日最高気温」を選ぶ。

⑤期間を入力する。

　すべてのデータから最高気温の日とその気温を求めるので，最高気温を保存する変数（Maxvalue 等）にまずありえない値（−100℃ など）を代入しておき，日付の最初から最後まで比較して大きい値のときは置き換えるとよい。

教科書「JavaScript」p.161

Let's try! (p.161)

　教科書 p.142 の例題 1（線形探索のプログラム）や p.148 の例題 1（整列のプログラム）において，データをファイルから読み込むようにプログラムを変更してみよう。

- -

解答例▶・解　説▶

① p.142 例題 1

```
function fileChange(event){
  var file = event.target.files;
  reader.readAsText(file[0]);
}
function fileLoad(event){
  var a = [ ];
  var msg = '番号　データ¥n';
  var lines=reader.result.split('¥r¥n');
  var n = lines.length − 1;
  for (var i = 0; i < n; i++){
    a.push(Number(lines[ i ]));
    msg = msg + i + '  ' + a[i] + '¥n';
  }
  alert(msg);
  var s = Number(prompt('探索値の入力', ''));
```

```
    for (i = 0; i < n; i++){
      if (a[ i ] == s){
        alert(s + 'は' + i + '番目に存在します');
        break;
      }
    }
  }
  var inputFile = document.getElementById('file');
  var reader = new FileReader( );
  inputFile.addEventListener('change',fileChange);
  reader.addEventListener('load',fileLoad);
```

② p. 148 例題 1

```
  function fileChange(event){
    var file = event.target.files;
    reader.readAsText(file[O]);
  }
  function fileLoad(event){
    var a = [ ];
    var msg = '整列前\n番号　データ¥n';
    var lines=reader.result.split('¥r¥n');
    var n = lines.length - 1;
    for (var i = 0; i < n; i++){
      a.push(Number(lines[ i ]));
      msg = msg + i + '    ' + a[ i ] + '¥n';
    }
    alert(msg);
    for (i = n−2; i > −1; i−−){
      for (var j = 0; j < i+1 ; j++){
        if (a[ j ] > a[ j+1 ]){
          var temp = a[ j ];
          a[ j ] = a[ j+1 ];
          a[ j+1 ] = temp;
        }
      }
    }
    msg = msg + '¥n整列後¥n番号　データ¥n';
    for (i = 0; i < n; i++){
      msg = msg + i + '    ' + a[ i ] + '¥n';
    }
    alert(msg);
  }
  var inputFile = document.getElementById('file');
  var reader = new FileReader( );
  inputFile.addEventListener('change', fileChange);
  reader.addEventListener('load', fileLoad);
```

　探索，整列では Excel を使って CSV ファイルで保存したデータをブラウザ上のファイル選択領域から選べるようにするとよい。

教科書「Python」p.160

2 GUI プログラムによるデータ活用

・拡張モジュール tkinter を用いてマウスを使う。GUI はマウス使用を前提としている。

例題 2 GUI のプログラム

教科書 p.159 例題 1 のプログラムを GUI に変更した次のプログラムを入力して実行し, 変更内容とその実行結果を確認しなさい。なおプログラムでは, ファイル操作に拡張モジュールである tkinter.filedialog も利用している。

①	`import tkinter as tk`	①	tkinter モジュールの取り込み (別名※tk)
②	`import tkinter.filedialog as fd`	②	tkinter.filedialog モジュールの取り込み
③	`def btn1Click( ):`		(別名fd)
④	`    global file`	③	btn1クリック時のイベント処理の定義
⑤	`    txtbox2.delete('1.0', 'end')`	④	グローバル変数 file を⑧で使用
⑥	`    fTyp = [('CSVファイル', '.csv')]`	⑤	txtbox2 内の文字のすべてを削除
⑦	`    iDir = './'`	⑥	選択するファイルの種別を csv に設定
⑧	`    file = fd.askopenfilename¥`	⑦	CSV ファイルとプログラムファイルは同じ
	`        (filetypes = fTyp, initialdir = iDir)`		場所であることの設定
⑨	`def btn2Click( ):`	⑧	askopenfilename 関数でファイル名を
⑩	`    t1 = txtbox1.get( )`		取得し, file に返す。選択時に表示される
⑪	`    txtbox2.delete('1.0', 'end')`		ファイルの種類は⑥で設定した CSV ファ
⑫	`    txtbox2.insert('end', ' ' + t1 + '℃以上' + '¥n')`		イル。ファイルがある場所は, プログラム
⑬	`    fp = open(file, 'rt')`		と同じ(⑦)。
⑭	`    for b in fp:`	⑨	btn2 クリック時のイベント処理の定義
⑮	`        a = b.split(',')`	⑩	txtbox1 の値を取得し変数 t1 に代入
⑯	`        date = a[0]`	⑪	txtbox2 内のすべての文字を削除
⑰	`        t2 = a[1]`	⑫	txtbox2 の文字の末尾に t1 と℃以上を追加
⑱	`        if float(t2)>= float(t1):`	⑲	日付 date と気温 t2 と改行コード ¥n を
⑲	`            txtbox2.insert('end' , ' ' + date +¥`		txtbox2の末尾 (end) に追加
	`                ' : ' + t2 + '¥n')`	⑳	ファイルを閉じる
⑳	`    fp.close( )`	㉑	グローバル変数 file (④⑧⑬)
㉑	`file = ''`	㉒	tkinter(tk) モジュールのTkクラスから
㉒	`window = tk.Tk( )`		windowオブジェクト (GUIウィンドウ) を生成
㉓	`window.geometry('300×200')`	㉓	window の大きさと㉔タイトル文字の設定
㉔	`window.title('最高気温の検索')`	㉕	btn1 の作成 (クリック時に btn1Click を実行)
㉕	`btn1 = tk.Button(text = 'ファイル選択', ¥`	㉖	btn1 の配置
	`        command = btn1Click)`	㉗	txtbox1 の作成と㉘txtbox1 の配置
㉖	`btn1.place(x=40, y=20, width=70, height=20)`	㉙	btn2 の作成 (クリック時に btn2Click を実行)

㉗　txtbox1 = tk.Entry( )

㉘　txtbox1.place(x=40, y=60, width=70, height=20)

㉙　btn2 = tk.Button(text = '表示', command = btn2Click)

㉚　btn2.place(x=40, y=100, width=70, height=20)

㉛　txtbox2 = tk.Text( )

㉜　txtbox2.place(x=150, y=0, width=150, height=200)

㉝　txtbox1.focus_set( )

㉞　window.mainloop( )

㉚　btn2 の配置

㉛　txtbox2 の作成と㉜txtbox2 の配置

㉝　txtbox1 に焦点を当て入力可能状態に設定

㉞　window の表示

※import モジュール名 as 別名
　取り込んだモジュールをプログラムで使用する場合、モジュール名が長いとプログラムが煩雑になる。そこでモジュールに短い別名をつけて、プログラム中ではそれを使うと簡潔になる。別名は取り込む際に as で指定する。

　マウス操作は「ファイル選択」と「表示」ボタンをクリックする。それぞれ，btn1，btn2のオブジェクトにしている。

解答例▶

window (㉓，㉔，㉞)
　geometry(幅×高さ)：大きさの設定
　title(タイトル)　：タイトルの設定
　mainloop()　　：オブジェクトの表示

各クラスとそのオブジェクト名
Tk　　：ウインドウ　→　window
Button：ボタン　→　btn1，btn2
Entry　：1行テキストボックス　→　txtbox1
Text　：複数行テキストボックス　→　txtbox2

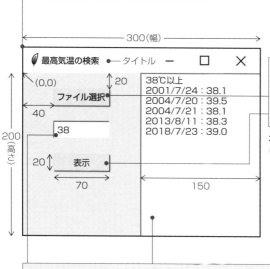

btn1 (㉖) **btn2** (㉚)
　place(x,y,width,height)
　　　：オブジェクトの配置

オブジェクトの生成
(㉒，㉗，㉛　㉕，㉙)
・オブジェクト名=モジュール名，クラス名 ()
・オブジェクト名=モジュール名，クラス名 (引数)
　引数　→　text=文字列：表示する文字列，command=関数名：クリック時に実行する関数

txtbox1 (⑩，㉘，㉝)　**txtbox2** (⑤，⑪，⑫，⑲，㉜)
delete(開始位置，終了位置)：文字列の削除
focus_set()　　　　　　：オブジェクトをアクティブに設定
get()　　　　　　　　　：文字列の取得
insert(位置，文字列)　　：文字列の追加
place(x,y,width,height)　：オブジェクトの配置

例題のガイド　第6章

教科書「Python」p.161

Let's try! (p.161)

教科書 p.142 の探索や p.148 の整列を Tkinter を使って作成しなさい。

- -

解答例 ・ 解 説

例えば, 画面のボタンのクリックで探索を始める。

① 教科書 p.142 の例題 1 「線形探索」

実行結果

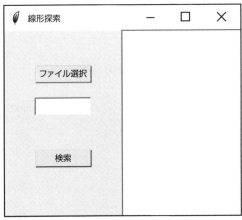

```python
import tkinter as tk
import tkinter.filedialog as fd
def btn1Click( ):
    txtbox1.delete(0, tk.END)
    txtbox2.delete('1.0','end')
    a.clear( )
    fTyp = [('CSVファイル','.csv')]
    iDir = './'
    file = fd.askopenfilename\
        (filetypes = fTyp, initialdir = iDir)
    fp = open(file,'rt')
    for b in fp:
        a.append(int(b))
    fp.close( )
    n = len(a)
    txtbox2.insert('end','番号　データ' + '\n')
    for i in range(0, n, 1):
        txtbox2.insert('end', ' ' + str( i ) \
            + '　　' + str(a[i]) + '\n')
def btn2Click( ):
    n = len(a)
    s = txtbox1.get( )
    for i in range(0, n, 1):
        if a[i] == int(s):
```

```
            txtbox2.insert('end','¥n' + s ¥
            + 'は' + str( i ) + '番目に存在' + '¥n')
            break
    a = [ ]
    window = tk.Tk( )
    window.geometry('300×200')
    window.title('線形探索')
    btn1 = tk.Button(text = 'ファイル選択', ¥
                    command = btn1Click)
    btn1.place(x=40, y=20, width=70, height=20)
    txtbox1 = tk.Entry( )
    txtbox1.place(x=40, y=60, width=70, height=20)
    btn2 = tk.Button(text = '検索',command = btn2Click)
    btn2.place(x=40, y=100, width=70, height=20)
    txtbox2 = tk.Text( )
    txtbox2.place(x=150, y=0, width=150, height=200)
    txtbox1.focus_set( )
    window.mainloop( )
```

② p.148 の例題 1 「交換法による整列」

解答例▶

```
import tkinter as tk
import tkinter.filedialog as fd
def btn1Click( ):
    txtbox2.delete('1.0','end')
    a.clear( )
    fTyp = [('CSVファイル','.csv')]
    iDir = './'
    file = fd.askopenfilename¥
            (filetypes = fTyp, initialdir = iDir)
    fp = open(file,'rt')
    for b in fp:
        a.append(int(b))
    fp.close( )
    n = len(a)
    txtbox2.insert('end','整列前' + '¥n' ¥
            + '番号　データ' + '¥n')
    for i in range(0, n, 1):
        txtbox2.insert('end', ' ' + str( i ) ¥
            + '    ' + str(a[i]) + '¥n')
def btn2Click( ):
    n = len(a)
    for i in range(n-2 , -1 , -1):
        for j in range(0 , i+1 , 1)
            if a[ j ] > a[ j+1 ]:
                temp = a[ j ]
                a[ j ] = a[ j+1 ]
                a[ j+1 ] = temp
    txtbox2.insert('end','¥n' + '整列後' ¥
            + '¥n' + '番号　データ ' + '¥n')
    for i in range(0, n, 1):
        txtbox2.insert('end',' ' + str( i ) ¥
            + '    ' + str(a[i]) + '¥n')
a = [ ]
```

```
window = tk.Tk( )
window.geometry('300×200')
window.title('交換法による整列')
btn1 = tk.Button(text = 'ファイル選択', ¥
                 command = btn1Click)
btn1.place(x=40, y=20, width=70, height=20)
btn2 = tk.Button(text = '整列',command = btn2Click)
btn2.place(x=40, y=100, width=70, height=20)
txtbox2 = tk.Text( )
txtbox2.place(x=150, y=0, width=150, height=200)
window.mainloop( )
```

実行結果

　探索，整列では，Excel を使って CSV ファイルで保存したデータを GUI 画面から操作
できるようにするとよい。

教科書「Python」「JavaScript」p.162

3 キーバリュー型のデータ構造の扱い

① **ビッグデータとデータベース**

ネットワークで流通している複雑な構造のビッグデータは **NoSQL** で対応する。

② **キーバリュー型データベース**

キー(**項目名**)とバリュー(**値**)の組で表し，システム構成の改変に対応できるデータベース。Python は辞書で扱い，添字の代わりに使う文字が**キー**，キーに紐付くデータが**バリュー**となる。JavaScript では連想配列(辞書，ハッシュともいう)で扱い，キーとなる文字列などを用いる。

教科書「Python」p.163

例題 3 辞書

辞書を使って，右図のように表示するプログラムを作成しなさい。

解　答▶

キー	バリュー

```
① 　a ＝{'名前' : '佐藤健太' , '電話' : '012-345-6789' , ¥
　　　　'部活動' : 'サッカー'}
② 　for key in a:
③ 　　print(key , ' : ' , a[key])
```

名前	：	佐藤健太
電話	：	012-345-6789
部活動	：	サッカー

① 辞書 a の宣言

②〜③ 辞書 a から変換 key に，キーの「名前」，「電話」，「部活動」を順に1つずつ取り出しながらキーがなくなるまで表示を繰り返す

例題 4 二次元辞書

二次元辞書を使って，右図のように表示するプログラムを作成しなさい。

名前	：	佐藤健太
電話	：	012-345-6789
部活動	：	サッカー
名前	：	鈴木美香
電話	：	098-765-4321
名前	：	渡辺梨花
部活動	：	吹奏楽

解答例▶

append メソッドで末尾に追加

```
① 　a = [ ]
　　a.append({'名前' : '佐藤健太' , '電話' : '012-345-6789' , ¥
② 　　　　'部活動' : 'サッカー'})
③ 　a.append({'名前' : '鈴木美香' , '電話' : '098-765-4321'})
```

① 空の配列 a の宣言

②〜④ 順に i = 0, 1, 2 の要素を追加

⑤ 配列 a の要素数を取得して，

教科書の整理　第6章

④	a.append({'名前'：'渡辺梨花'，'部活動'：'吹奏楽'})	3回繰り返す
⑤	for i in range(0, len(a), 1):	⑥〜⑦　辞書からキーをなくなる
⑥	for key in a[i]:	まで順に取り出し、取り出した
⑦	print(key , ' : ' , a[i] [key])	キーとバリューを表示
⑧	print('')	⑧　空行の表示

　Pythonには辞書からキーとバリューを取り出しながら要素がなくなるまで繰り返す構文として「for キー，バリュー in 辞書.items()」がある。これを用いると，例題3と例題4は以下のようになる。

例題3
の
②〜③
行目

```
for k,v in a.items( ):
    print(k,' : ',v)
```

例題4
の
⑤〜⑧
行目

```
for b in a:
    for k,v in b.items( ):
        print(k,' : ',v)
    print('')
```

教科書「Python」p.163

Let's try! (p.163)

　教科書p.163例題4の8行目の後で渡辺梨花の部活動を「柔道」に変更してみよう。

解答例

　単純に消去して追加するとよい。いろいろな方法を試してみよう。

```
a.remove({'名前'：'渡辺梨花'，'部活動'：'吹奏楽'})
a.append({'名前'：'渡辺梨花'，'部活動'：'柔道部'})
```

実行結果

[{'名前'：'渡辺梨花'，'部活動'：'吹奏楽'}] が [{'名前'：'渡辺梨花'，'部活動'：'柔道部'}
に変更されている。

参考　一次元辞書では，下図のようにできる。

```
a = {'名前'：'渡辺梨花'，'部活動'：'吹奏楽'}
print(a)
a['部活動'] = '柔道部'}
print(a)
```

{'名前'：'渡辺梨花'，'部活動'：'吹奏楽'}
{'名前'：'渡辺梨花'，'部活動'：'柔道部'}

教科書「JavaScript」p.163

Let's try! (p.163)

教科書 p.163 例題 3 の⑨の後で渡辺梨花の部活動を「柔道」に変更しなさい。

- -

解答例 ・ **解 説**

```
var a = [ ];
    a.push({'名前' : '佐藤健太' , '電話' : '012-345-6789'
        , '部活動' : 'サッカー'});
    a.push({'名前' : '鈴木美香' , '電話' : '098-765-4321'});
    a.push({'名前' : '渡辺梨花' , '部活動' : '吹奏楽'});
    for(var i = 0; i < a.length ; i++){
      for(var key in a[i]){
        document.write( key + ' : ' + a[i][key] + '<br>');
      }
      document.write('<br>');
    }
    a[2]['部活動'] = '柔道';
    for(i = 0; i < a.length ; i++){
      for(var key in a[i]){
        document.write( key + ' : ' + a[i][key] + '<br>');
      }
      document.write('<br>');
    }
```

実行結果

名前：佐藤健太
電話：012-345-6789
部活動：サッカー

名前：鈴木美香
電話：098-765-4321

名前：渡辺梨花
部活動：吹奏楽

名前：佐藤健太
電話：012-345-6789
部活動：サッカー

名前：鈴木美香
電話：098-765-4321

名前：渡辺梨花
部活動：柔道

　すでに作成した辞書は，後でキーを指定して要素の値が変更できる。また，辞書に存在しないキーを指定したときは，新しい要素を辞書に追加できる。

　document.write() メソッドは，() 内の文字列などの情報をウェブブラウザ上に表示させる。

教科書「Python」「JavaScript」p.164

4 データの可視化（グラフ表示）

　Python では，グラフを描くための外部モジュール matplotlib をインポートして使うとよい。JavaScript ではライブラリ（関数群）を設定する。

教科書「Python」p.164

例題 5　**グラフ描画プログラムによる人口予測**

　人口 14 万人・1 年間あたりの人口増加率（増加率）1％ の A 市と，人口 11 万人・増加率 6％ の B 市の人口変化をグラフ表示するプログラムを作成して，今後 10 年間に B 市の人口が A 市を上回るかどうかを予測しなさい。

- -

解答例　実行結果のグラフより，5 年後付近で B 市の人口が A 市を上回ると予想できる。

行	コード		説明

① import matplotlib.pyplot as plt　① 別名 plt で matplotlib の取り込み

② x = [ ]; y1 = [ ]; y2 = [ ]　② 空の配列 x, y1, y2 の設定

③ num0 = 14; num1 = 11; dt =1; nen =0　③〜④ A市とB市の, 人口の初期値 num0と

④ rate0 = 0.01; rate1 = 0.06　num1,増加率 rate0, rate1 および

　時間間隔 dt, 年 nenの初期値の設定

⑤ for i in range(0,11,1):　⑤〜⑪ 各市の x 座標と y 座標を配列に設定

⑥ 　　x.append(nen)　⑥ 配列 x の末尾に nen を追加(x 座標)

⑦ 　　y1.append(num0)　⑦ 配列 y1 の末尾に num0 を追加(y 座標

⑧ 　　y2.append(num1)　　である A 市のその年の人口)

⑨ 　　nen = nen +dt　⑧ 配列 y2 の末尾に num1 を追加

⑩ 　　num0 = num0 + rate0 * num0 * dt　⑨ nen を dt だけ増加

⑪ 　　num1 = num1 + rate1 * num1 * dt　⑩〜⑪ dt 年後の人口

⑫ plt.plot(x, y1, color ='blue', label='city A', marker='o')　=現在人口+増加率×現在人口×時間間隔

⑬ plt.plot(x, y2, color ='red', label='city B', marker='o')　⑫ 配列 x と y1 をデータとして A市のグラフを描画

⑭ plt.legend( )　⑬ 配列 x と y2 をデータとして B市のグラフを描画

⑮ plt.title('JINKOU YOSOKU')　⑭ label で設定した凡例を表示する設定

⑯ plt.xlabel('Jikan[nen]')　⑮〜⑰ タイトル, x 軸ラベル, y 軸ラベルの設定

⑰ plt.ylabel('Jinkou[mannin]')

⑱ plt.show( )　⑱ グラフの表示

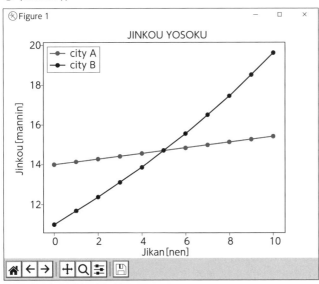

図　プログラム例と実行結果

問題 (p.165) 教科書 p.165 例題 5 のプログラムを CSV ファイルからデータを読み込んでグラフ表示するように変更しなさい。

解答例 ・ 解 説

教科書 p.159 の例題 1 の CSV ファイルの読み込み操作，教科書 p.160 例題 2 のプログラムを利用する。

```
import tkinter as tk                        実行結果
import tkinter.filedialog as fd
import matplotlib.pyplot as plt
def btn1Click( ):
    global file
    txtbox2.delete('1.0', 'end')
    fTyp = ['CSVファイル','.csv')]
    iDir = './'
    file = fd.askopenfilename¥
            (filetypes = fTyp, initialdir = iDir)
def btn2Click( ):
    txtbox2.delete('1.0', 'end')
    x = [ ]; y1 = [ ]; y2 = [ ]
    fp = open(file, 'rt')
    for b in fp:
        a = b.split(',')
        x.append(float(a[0]))
        y1.append(float(a[1]))
        y2.append(float(a[2]))
        txtbox2.insert('end', ' ' + a[0] +¥
                ' : ' + a[1] + ' , ' + a[2])
    fp.close( )
plt.plot(x, y1, color = 'blue', label = 'city A', ¥
        marker = 'o')
plt.plot(x, y2, color = 'red', label = 'city B', ¥
        marker = 'o')
plt.legend( )
plt.title('JINKOU YOSOKU')
plt.xlabel('Jikan[nen]')
plt.ylabel('Jikou[mannin]')
plt.show( )
file = ' '
window = tk.Tk( )
window = geometry('300×200')
window.title('人口の変化')
btn1 = tk.Button(text = 'ファイル選択', ¥
                command = btn1Click)
btn1.place(x=30, y=20, width=70, height=20)
btn2 = tk.Button(text = '表示', command = btn2Click)
btn2.place(x=30, y=100, width=70, height=20)
txtbox2 = tk.Text( )
txtbox2.place(x=130, y=0, width=170, height=200)
window.mainloop( )
```

教科書「JavaScript」p.165

問題 (p.165) 教科書 p.165 例題 4 のプログラムを CSV ファイルからデータを読み込んでグラフ表示するように変更しなさい。

- -

解答例▶

〈script〉～〈/script〉に挟まれた部分を示す。

```
var graph0 = {x: [ ],y: [ ],type: 'scatter', mode: 'markers+lines',marker:
{color : 'red',size: 5}};
var graph1 = {x: [ ],y: [ ],type: 'scatter', mode:
'markers+lines',marker:{color : 'blue',size: 5}};
var data = [graph0, graph1];
var layout = {title: '人口の変化',
    xaxis: {title: '時間[年]',range: [0, 11]},
    yaxis: {title: '人口[万人]',range: [0, 20]}
};
function fileChange(event){
    var file = event.target.files;
    reader.readAsText(file[0]);
}
function fileLoad(event){
    var txt = ' ';
    var lines = reader.result.split('¥r¥n');
    for (var i = 0; i <= 10; i++){
        var a = lines[ i ].split(',');
        graph0.x.push(a[0]);
        graph0.y.push(a[1]);
        graph1.x.push(a[0]);
        graph1.y.push(a[2]);
        txt = txt + a[0] + ' : ' + a[1] + ', ' + a[2] + '〈br〉';
    }
    Plotly.plot(area, data, layout);
    contents.innerHTML = txt;
}
var area = document.getElementById('stage');
var inputFile = document.getElementById('file');
var contents = document.getElementById('text');
var reader = new FileReader( );
inputFile.addEventListener('change',fileChange);
reader.addEventListener('load',fileLoad);
```

ADVANCE プログラムによる動的シミュレーション 教科書「Python」「JavaScript」 **p.166～169**

1 動く図形を表示する方法

動く図形はウィンドウ（window）の上にキャンバス（canvas）を配置し，図形を描く。

教科書「Python」p.166

①	import tkinter	①	GUI操作モジュールの取り込み
②	import math	②	計算用モジュールの取り込み
③	def move( ):	③	move関数の定義
④	#Ⓐ	④	図形描画処理
⑯	window.after(50, move)	⑯	50ミリ秒後にmoveの呼び出し
⑰	width = 1000; height = 500	⑰	キャンバスの幅と高さ
⑱	#Ⓑ	⑱	変数の初期設定部分
㉕	window = tkinter.Tk( )	㉕	Tkクラスのオブジェクト生成
㉖	window.geometry('1020×520')	㉖	windowの幅と高さの設定
㉗	window.title('動く図形')	㉗	windowのタイトル文字設定
㉘	canvas = tkinter.Canvas(window, width = 1000, ¥	㉘～㉙	window上に設置。canvas
㉙	height = 500, bg='white')		の幅と高さ，色の設定
㉚	canvas.place(x=10, y=10)	㉚	windowとcanvasの間隔
㉛	#Ⓒ	㉛	初期位置に図形を描画
㉝	move( )	㉝	関数moveの呼び出し
㉞	window.mainloop( )	㉞	window表示

図1　キャンバス上の図形を一定時間ごとに動かすプログラムの基本構造の例

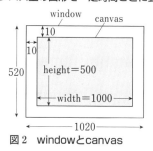

図2　windowとcanvas

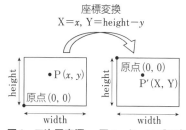

図3　二次元座標　図4　キャンバス座標

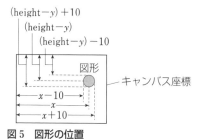

図5　図形の位置

教科書「Python」p.168

例題 **1** 放物運動のモデル化とシミュレーション

　物体の初期位置を (x_0, y_0)，初速度を v_0，仰角を θ にして投げ上げる時の物体の動きをシミュレーションするプログラムを本書 p.226（教科書 p.168）のプログラムに追加する形で作成しなさい。ただし空気抵抗は無視し，重力加速度を g とする。この時，初速度と時刻 t から微小時間 Δt 後の速度と位置は，次のように求められるものとする。

$$v_x(0) = v_{x0} = v_0 \cos\theta \qquad \cdots(1) \quad x \text{方向の初速度}$$

$$v_y(0) = v_{y0} = v_0 \sin\theta \qquad \cdots(2) \quad y \text{方向の初速度}$$

$$v_x(t+\Delta t) = v_x(t) = v_{x0} \qquad \cdots(3) \quad x \text{方向の速度}$$

$$v_y(t+\Delta t) = v_y(t) - g\Delta t \qquad \cdots(4) \quad y \text{方向の速度}$$

$$x(t+\Delta t) = x(t) + v_{x0}\Delta t \qquad \cdots(5) \quad x \text{方向の位置}$$

$$y(t+\Delta t) = y(t) + \frac{1}{2}\{v_y(t) + v_y(t+\Delta t)\}\Delta t \quad \cdots(6) \quad y \text{方向の位置}$$

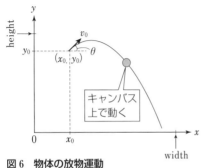

初速度を入力してください 50
角度°を入力してください 45

図6　物体の放物運動

- -

解 答▶

④ global x, y, vy, t	④ グローバル変数の設定
⑤ canvas.delete('ball')	⑤ 前回描画の円を削除
⑥ canvas.create_oval(x−10, (height−y)−10, x+10, ¥	⑥～⑦ 中心位置が(x,y)に半径10
⑦ 　　　　　(height−y)+10, fill='red', tags='ball')	の円を描画
⑧ if 0<= x and x <= width and 0<= y and y <= height:	⑧～⑬ (x,y)がcanvasの範囲内
⑨ 　　x = x + vx0 * dt	ならば
⑩ 　　v1 = vy; v2 = vy −g * dt	⑨ $x(t+\Delta t)=x(t) + v_{x0}\Delta t$
⑪ 　　y = y + (v1 + v2)/2.0 * dt	⑩ $v_1=v_y(t),\ v_2=v_y(t)-g\Delta t$
⑫ 　　vy = v2	⑪ $y(t+\Delta t)=y(t)+\frac{1}{2}(v_1+v_2)\Delta t$
⑬ 　　t = t + dt	⑫ $v_y(t+\Delta t)=v_2$
⑭ else:	⑬ 時刻tからΔt時間後の$t+\Delta t$を
⑮ 　　x = x0; y = y0; vy = vy0; t = t0	計算
	⑭～⑮ 範囲内でないならば（範囲
	外ならば）最初の位置にする

図7　p.225　図1の⒜の部分　物体の移動

⑱ t0 = 0.0; dt = 0.1; g = 9.8	⑱ $t_0, \Delta t, g$ の設定
⑲ v0 = float(input('初速度を入力してください'))	⑲ v_0 の値をキー入力
⑳ degrees = float(input('角度°を入力してください'))	⑳ θ の値をキー入力
㉑ vx0 = v0 * math.cos(degrees * math.pi /180)	㉑ v_{x0} の計算
㉒ vy0 = v0 * math.sin(degrees * math.pi /180)	㉒ v_{y0} の計算
㉓ x0 = width/4; y0 = 3* height/4	㉓ x_0, y_0 の設定
㉔ x = x0; y = y0; vy = vy0; t = t0	㉔ $x(t), y(t), v_y(t), t$ の設定

図8　p.225 図1の⑧の部分　初期設定

㉛ canvas.create_oval(x−10, (height−y)−10, x+10, ¥	㉛〜㉜　中心位置が(x,y)に
㉜ 　　　　　　　(height−y)+10, fill='red', tags='ball')	半径10の円を描画

図9　p.225 図1の⑥の部分　物体の描画

以上のプログラムをまとめると以下のようになる。インデントに注意して入力する必要がある。

```
import tkinter
import math
def move( ):
    global x, y, vy, t
    canvas.delete('ball')
    canvas.create_oval(x−10,(height−y)−10,x+10,(height−y)+10,fill='red',tags='ball')
    if 0<= x and x <= width and 0<= y and y <= height:
        x = x + vx0 * dt
        v1 = vy; v2 = vy −g * dt
        y = y + (v1 + v2)/2.0 * dt
        vy = v2
        t = t + dt
    else:
        x = x0; y = y0; vy = vy0; t = t0
    window.after(50, move)
width = 1000; height = 500
t0 = 0.0; dt = 0.1; g = 9.8
v0 = float(input('初速度を入力してください'))
degrees = float(input('角度° を入力してください'))
vx0 = v0 * math.cos(degrees * math.pi /180)
vy0 = v0 * math.sin(degrees * math.pi /180)
x0 = width/4; y0 = 3* height/4
x = x0; y = y0; vy = vy0; t = t0
window = tkinter.Tk( )
window.geometry('1020×520')
window.title('動く図形')
```

インデント処理に注意する部分

例題のガイド　第6章

```
canvas = tkinter.Canvas(window, width = 1000 ,height = 500, bg='white')
canvas.place(x=10, y=10)
canvas.create_oval(x−10, (height−y)−10, x+10, ¥
(height−y)+10,fill='red',tags='ball')
move( )
window.mainloop( )
```

実行結果

異なる時刻のボールの落下の様子を示す。⑤行の前に「＃」を付けて注釈行にすると，
軌跡を描くことができる。

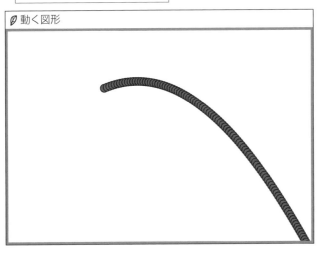

```
初速度を入力してください50
角度°を入力してください20
```

教科書「Python」p.169

問題 (p.169)　教科書 p.168 例題 1 の⑨〜⑫行目を，放物運動の公式 $x(t)=x_0+v_{x0}t$ と
$y(t)=y_0+v_{y0}t-\dfrac{1}{2}gt^2$ を使って計算したプログラムに変更して，物体の軌跡が例題 1 とほとん
ど変わらないことを確かめなさい。

- -

解答例・解説

　　例題 1 の⑧〜⑪行の数値積分部分を (x, y) の座標の公式に変更し，v_{x0}，v_y，v_{y0} を削
除する。

　　　x＝v0*math.cos(degrees * math.pi/180)*t+x0　　　　　　　　　：x 座標
　　　y＝−(g/2)*t**2+v0* math.sin(degrees * math.pi/180)*t+y0　　：y 座標
実行すると同様な動画が得られる。

```
import tkinter
import math
def move():
    global x, y, vy, t
    canvas.delete('ball')

    canvas.create_oval(x−10, (height−y)−10, x+10, (height−y)+10,fill='red',¥
    tags='ball')
    if 0<= x and x <= width and 0<= y and y <= height:
        x= v0*math. cos(degrees * math.pi/180)*t+x0
        y = −( g/2)*t**2+v0* math.sin(degrees * math.pi/180)*t+y0
        t = t + dt
    else:
        x=x0; y=y0; t = t0
    window.after(50, move)
width = 1000; height = 500
t0 = 0.0; dt = 0.1; g = 9.8
v0 = float(input('初速度を入力してください'))
degrees = float(input('角度° を入力してください'))
x0 = width/4; y0 = 3 * height/4
x = x0; y = y0; t = t0
window = tkinter.Tk( )
window.geometry('1020×520')
window.title('動く図形')
canvas = tkinter.Canvas(window, width = 1000 ,height = 500,bg='white')
canvas.place(x = 10, y=10)
canvas.create_oval(x−10,(height−y)−10,x+10,(height−y)+10,fill='red',tags='ball')
move()
window.mainloop()
```

Let's try! (p.169)

例題1において，物体が速度に比例する空気の抵抗力を受けるとして，それを数式モデルで表し，プログラムを作成してみよう。

解答例・解説

速度 v に比例する空気抵抗の場合を考える。比例定数を k' とすると，$-k'v$ の力を受けるため，加速度は物体の質量を m とすると，$-k'v/m$ だけ減る。
$k=k'/m$ として x, y 方向の加速度 a_x, a_y を考えると，空気抵抗により，
$$a_x=-kv_x,\ a_y=g-kv_y$$
となる。したがって，例題1の⑨～⑫行は以下に置き換えられる。また，新しく追加された変数を定義する必要がある。

$$v3 = vx; \quad v4 = vx - k*vx*dt$$

$$x = x + (v3 + v4)/2.0 * dt$$

$$vx = v4$$

$$v1 = vy; \quad v2 = vy -(g-k*vy) * dt$$

$$y = y + (v1 + v2)/2.0 * dt$$

$$vy = v2$$

以下にプログラムを示す。

```python
import tkinter
import math
def move():
    global x, y, vx, vy, t
    canvas.delete('ball')

    canvas.create_oval(x-10,(height-y)-10,x+10,(height-y)+10,fill='red',¥
    tags='ball')
    if 0<= x and x <= width and 0<= y and y <= height:
        v3 = vx; v4 = vx - k*vx*dt
        x = x + (v3 + v4)/2.0 * dt
        vx = v4; v1 = vy
        v2 = vy - (g -k*vy) * dt
        y = y + (v1 + v2)/2.0 * dt
        vy = v2;
        t = t + dt
    else:
        x=x0; y=y0; vx = vx0; vy = vy0; t = t0
    window.after(50, move)
width = 1000; height = 500
t0 = 0.0; dt = 0.1; g = 9.8; k = 0.2
v0 = float(input('初速度を入力してください'))
degrees = float(input('角度° を入力してください'))
vx0 = v0 * math.cos(degrees * math.pi /180)
vy0 = v0 * math.sin(degrees * math.pi /180)
x0 = width/4; y0 = 3 * height/4
x0 = x0; y = y0; vx = vx0; vy = vy0; t = t0
window = tkinter.Tk()
window.geometry('1020×520')
window.title('動く図形')
canvas = tkinter.Canvas(window, width = 1000 ,height = 500,bg='white')
canvas.place(x = 10, y=10)
canvas.create_oval(x-10,(height-y)-10,x+10,(height-y)+10,fill='red',tags='ball')
move()
window.mainloop()
```

実行結果　🖉 動く図形

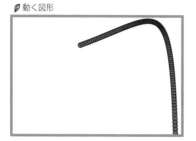

教科書「JavaScript」p.169

問題 (p.169)　例題1のプログラムを，放物運動の公式である $x(t)=x_0+v_{x0}t$ と

$y(t)=y_0+v_{y0}t-\dfrac{1}{2}gt^2$ を使って計算したプログラムに変更して，実行結果の物体の動きがほと

んど変わらないことを確かめなさい。

解答例

例題1の②〜⑤を以下に変えるとよい。

x ＝ x0 ＋ vx0 ＊ t;

y ＝ ＋ y0 ＋ vy0 ＊ t−(g/2)＊t＊t;

```
function draw(){
        if (0<= x && x <= canvas.width && 0 <=y && y <= canvas.height ){
        x = x0 + vx0 * t;
        y = y0 + vy0 * t − g/2.0 * t * t;
        t = t + dt;
        }else{
          x = x0, y = y0, vy = vy0, t = t0;
        }
        context.clearRect(0, 0, canvas.width, canvas.height);
        context.beginPath( );
        context.arc(x, canvas.height − y, 20, 0, 2*Math.PI, false);
        context.closePath( );
        context.fillStyle = 'rgb(255, 0, 0)';
        context.fill( );
    }
    var canvas = document.getElementById('mycanvas');
    var context = canvas.getContext('2d');
    var timerID = setInterval('draw( )', 50);
    canvas.width = 1000, canvas.height = 500;
    var t0 = 0.0, dt = 0.1, g = 9.8;
    var v0 = Number(prompt('初速度を入力してください', ' '));
    var degrees = Number(prompt('角度° を入力してください', ' '));
    var vx0 = v0 * Math.cos(degrees * Math.PI /180);
    var vy0 = v0 * Math.sin(degrees * Math.PI /180);
    var x0 = canvas.width/4, y0 = 3* canvas.height/4;
    var x = x0, y = y0, vy = vy0, t = t0;
```

Let's try!・問題のガイド　第6章

Let's try! (p.169)

例題1において，物体が速度に比例する空気の抵抗力を受けるとして，それを数式モデルで表し，プログラムを作成してみよう。

- -

解答例 ・ 解　説　Python の解答例を参考にするとよい。

図6の②，③行を以下に入れ替える。

　　var v1 = vx; v2 = vx − k * vx * dt;

　　x = x + (v1 + v2) / 2.0 * dt;

　　vx = v2;

　　var v3 = vy; v4 = vy −(g − k * vy) * dt;

⑧行に vx を追加。

　　x = x0, y = y0, vx = vx0, vy = vy0, t = t0;

図7の①行に k の値を追加。

　　var t0 = 0.0, dt = 0.1, g = 9.8, k = 0.2;

⑦行に vx を追加。

　　var x = x0, y = y0, vx = vx0, vy = vy0, t = t0;

```
function draw(){
        if (0<= x && x <= canvas.width && 0 <=y && y <= canvas.height){
          var v1 = vx, v2 = vx −k * vx;
          x = x + (v1 + v2)/2.0 * dt;
          vx = v2;
          var v3 = vy, v4 = vy −g − k * vy;
          y = y + (v3 + v4)/2.0 * dt;
          vy = v4;
          t = t + dt;
        }else{
          x = x0, y = y0, vx = vx0, vy = vy0, t = t0;
        }
        context.clearRect(0, 0, canvas.width, canvas.height);
        context.beginPath( );
        context.arc(x, canvas.height − y, 20, 0, 2*Math.PI, false);
        context.closePath( );
        context.fillStyle = 'rgb(255, 0, 0)';
        context.fill( );
        }
      var canvas = document.getElementById('mycanvas');
      var context = canvas.getContext('2d');
      var timerID = setInterval('draw( )', 50);
      canvas.width = 1000, canvas.height = 500;
      var t0 = 0.0, dt = 0.1, g = 9.8, k = 0.2;
      var v0 = Number(prompt('初速度を入力してください', ' '));
      var degrees = Number(prompt('角度° を入力してください', ' '));
      var vx0 = v0 * Math.cos(degrees * Math.PI /180);
      var vy0 = v0 * Math.sin(degrees * Math.PI /180);
      var x0 = canvas.width/4, y0 = 3* canvas.height/4;
      var x = x0, y = y0, vx = vx0, vy = vy0, t = t0;
```

ADVANCE 計測・制御とプログラミング　教科書「Python」「JavaScript」**p. 170〜173**

1 計測・制御

　温度や明るさなどの物理量を電気信号に変換する装置を**センサ**，センサを用いて測定することを**計測**という。また，目的にそって装置などを動作させることを**制御**といい，その装置に**アクチュエータ**などがある。

2 コンピュータによる計測・制御

　自然界の物理量はアナログであり，コンピュータで扱うためデジタルに変換するハードウェアを **AD コンバータ**，逆に，デジタルをアナログに変換するハードウェアを **DA コンバータ**という。コンピュータには外部装置との電気信号のやりとりを行う**入力ポート**，**出力ポート**がある。

3 AD 変換の基本的考え方

　連続的に変化するアナログ入力電圧に対し，デジタル信号は離散的（とびとびの値をとる）に変化する。しかし，ビット数を大きくとると，ほぼ連続的変化とみなせる。

4 計測・制御のためのプログラミングの基本

　ステッピングモーターはデジタル信号で動かすが，ミニ四駆などに使われている従来のモーターはアナログ信号で動かす。CdS やフォトダイオードなどの光センサやサーミスタなどの温度センサからの信号はアナログ信号だが，スイッチや人感センサなどはデジタル信号である。これらの入出力に対応した関数が各言語に準備されている。

- **Python**
  - **pin.read_digital()**：二値の電圧（0 V または 3.3 V）を二値の整数のデータ 0 または 1 に変換して戻り値として取得。
  - **pin.write_digital(d)**：二値のデータ d（0 または 1）を二値の電圧（0 V または 3.3 V）にそれぞれ変換してデジタル出力ポート pin に出力。
  - **pin.read_analog()**：入力された一定範囲の電圧（0 V〜3.3 V）を一定範囲の整数のデータ（0〜1023）に変換して戻り値として取得。
  - **pin.write_analog(d)**：一定範囲の整数のデータ d（0〜1023）を一定範囲の電圧（0 V〜3.3 V）に変換してアナログ出力ポート pin に出力。
- **JavaScript**
  　pins.digitalReadPin(P)，pins.digitalWritePin(P,D)，pins.analogReadPin(P)，pins.analogWritePin(P,D) などの関数がある。

教科書の整理　第6章

教科書「Python」p.172

例題 1　アナログ入力プログラム

　温度 t によって出力電圧 V が図1のように変化する温度センサがある。この温度センサを教科書 p.170 図1の特性をもつ AD コンバータが内蔵されたコンピュータのアナログ入力ポート pin2 に図2のように接続した。

　温度センサの出力電圧が AD コンバータの入力電圧に等しいとして，温度を表示するプログラムを作成しなさい。

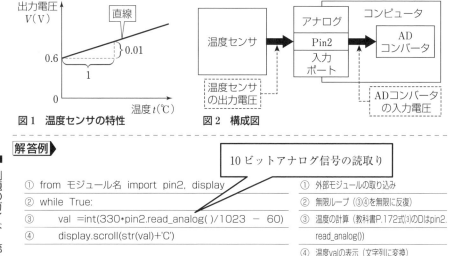

図1　温度センサの特性　　　図2　構成図

解答例

10 ビットアナログ信号の読取り

```
① from モジュール名 import pin2, display
② while True:
③     val =int(330*pin2.read_analog( )/1023 − 60)
④     display.scroll(str(val)+'C')
```

① 外部モジュールの取り込み
② 無限ループ（③④を無限に反復）
③ 温度の計算（教科書P.172式⑶のDはpin2. read_analog()）
④ 温度valの表示（文字列に変換）

図3　温度計測プログラム作成例

教科書「Python」p.173

例題 2　アナログ入力＋デジタル出力プログラム

　例題1の温度センサに加えて，LED（発光ダイオード）をデジタル出力ポート pin0 に接続し，pin0 に1を出力すると LED が点灯し，0を出力すると消灯するようにする。室温が30℃以上の場合に LED が点灯し，そうでない場合は消灯するプログラムを作成しなさい。

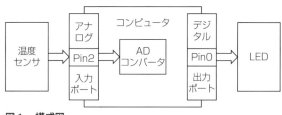

図1　構成図

解答例▶

```
① from モジュール名 import pin0, pin2, display
② while True:
③     val =int(330*pin2.read_analog( ) / 1023  -  60)
④     display.scroll(str(val)+'C')
⑤     if val >= 30:
⑥         pin0.write_digital(1)
⑦     else:
⑧         pin0.write_digital(0)
```

① 外部モジュールの取り込み
③ 温度の計算
④ 温度valの表示（文字列に変換）
⑤～⑧ 温度が30℃以上ならば，
pin0に1を出力しLEDを点灯す
る。そうでなければ，pin0に0
を出力しLEDを消灯する

温度が30℃以上だと LED を ON

図2 温度計測・LED制御プログラム作成例

問題 (p.173) 例題1・2と同様の，温度センサと2つのLEDを下図のように接続する。右下表のようにLEDの点灯と消灯を制御するプログラムを作成しなさい。

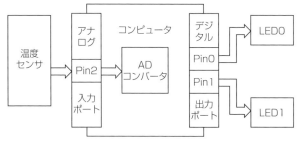

条件	LED0	LED1
30℃ 未満	消灯	消灯
30℃ 以上 かつ 35℃ 未満	点灯	消灯
35℃ 以上	消灯	点灯

解答例▶・解 説▶

温度が35℃以上，30℃以上，その他で場合分けするとよい。

```
from モジュール名 import pin0, pin1, pin2, display
while True:
    val =int(330*pin2.read_analog( )/1023  -  60)
    display.scroll(str(val)+'C')
    if val >= 35:
        pin0.write_digital(0)
        pin1.write_digital(1)
    else:
        if val >= 30:
            pin0.write_digital(1)
            pin1.write_digital(0)
        else:
            pin0.write_digital(0)
            pin1.write_digital(0)
```

例題・問題のガイド 第6章

教科書「JavaScript」p.173

問題 (p.173) 例題1・2と同様の，温度センサと2つのLEDを下図のように接続する。右下表のようにLEDの点灯と消灯を制御するプログラムを作成しなさい。

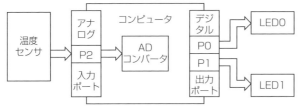

条件	LED0	LED1
30°C 未満	消灯	消灯
30°C 以上 かつ 35°C 未満	点灯	消灯
35°C 以上	消灯	点灯

解答例・解説

温度が35°C以上，30°C以上，その他で場合分けするとよい。

```
let val = 0;
basic.forever(function () {
    val = Math.floor(330 * pins.analogReadPin(AnalogPin.P2) / 1023 -
60);
    basic.showNumber(val);
    basic.showString('C');
    if (val >= 35) {
        pins.digitalWritePin(DigitalPin.P0, 0);
        pins.digitalWritePin(DigitalPin.P1, 1);
    }
    else if (val >= 30) {
        pins.digitalWritePin(DigitalPin.P0, 1);
        pins.digitalWritePin(DigitalPin.P1, 0);
    }
    else {
        pins.digitalWritePin(DigitalPin.P0, 0);
        pins.digitalWritePin(DigitalPin.P1, 0);
    }
})
```

章末問題のガイド

教科書「Python」「JavaScript」**p.174**

＊**1**，**2**，**4**は Python，JavaScript 共通

1 図1において，①→②→③→⑤→②→③→④→②→⑥の順に実行させるために，①においてx
とyに与えるべき初期値aとbの関係はどれか。ここでa，bはともに正の整数とする。また
「x←a」はaの値をxに代入することを表している。

ア．a＝2b
イ．2a＝b
ウ．2a＝3b
エ．3a＝2b
オ．a＝b

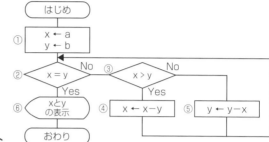

図1　フローチャート

解説 エでは①で x＝a，y＝b＝3a/2，②，③で No となり⑤でy は 3a/2−a＝a/2。
②で x＝a，y＝a/2。②で No，③で Yes となり，④でx は a−a/2＝a/2 とな
り，②で Yes となり，⑥へ進む。

解答 エ

2 「8，15，24，56，64，77，85」のデータの中から，「8」，「64」，「85」を探索する場合，線形探
索と二分探索のそれぞれで何回の比較で探索できるか。

解答例・解説

探索回数の比較

目的値	線形探索	二分探索
8	1	3
64	5	3
85	7	3

　　線形探索では1つずつ順番に左から探すため，その数値の左からの位置が探索
回数になる。

　　8は二分探索では①中央の値 56 より小さく，②小さい側の 8〜24 の中央の 15
より小さいので，③8 に当たる。

　　64は二分探索では①中央の値 56 より大きく，②64〜85 の中央の 77 より小さ
いいので，③64 に当たる。

　　85は二分探索では①中央の値 56 より大きく，②64〜85 の中央の 77 より大き
いので，③85 に当たる。

　　これらの探索回数はいずれも 3 回になる。

章末問題のガイド　第6章

3 関数が自分自身を呼び出すことを**再帰呼び出し**という。図2は関数 saiki の中から saiki を呼び出している再帰呼び出しのプログラムである。if 文の条件が真の間，再帰呼び出しを繰り返し，偽になると再帰呼び出しを終了する。プログラムを実行しないで，画面にどのように出力されるかを考えなさい。また，再帰呼び出しを行わないで，同じ出力結果が得られるプログラムを考えなさい。

● **Python**
```
def saiki(n):
    if n != 0:
        return n * saiki(n-1)
    else:
        return 1
i = 5
print(saiki(i))
```
図2　再帰呼び出し

● **JavaScript**
```
function saiki(n){
  if (n != 0){
    return n * saiki (n-1);
  }else{
    return 1;
  }
}
i = 5;
alert(saiki(i));
```
図2　再帰呼び出し

解　説 最初 n=5 なので saiki(5) を呼び，これは saiki(5)=5×saiki(4)。
次に saiki(4)=4×saiki(3)，saiki(3)=3×saiki(2)，saiki(2)=2×saiki(1)，saiki(1)=1×saiki(0)，saiki(0)=1，5×4×3×2×1=120 となり，順に先の計算に戻り，5!=120 となる。
　　プログラムは関数 kaijo(n) を定義し，i を n から1ずつ減らし，j×i を j に代入して戻り値を j とする。

解答 120 と表示される。

● **Python**
```
def kaijo(n):
    j = 1
    for i in range(n, 0, -1):
        j = j * i
    return j
x = 5
print(kaijo(x))
```

● **JavaScript**
```
function kaijo(n){
  var j = 1;
  for(var i = n; i >= 1; i--){
    j = j * i;
  }
  return j;
}
x = 5;
alert(kaijo(x));
```

4 図 3 において，初期状態が S_1 で「01101101」のビット列の入力があった場合に，出力のビット列を答えなさい。また，最終的な状態の位置は S_1 と S_2 のどちらになるかを答えなさい。図中の表記は「入力/出力」を表しているものとする。

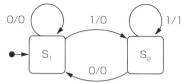

図 3　状態遷移図

解説 ① 入力 0 に対する出力は 0 （入力データ「0**1101101**」，出力データ「**0**」）

② 続いて入力「1」に対する出力は「0」（入力データ「01**101101**」，出力データ「0**0**」）

③ 続いて入力「1」に対する出力は「1」（入力データ「011**01101**」，出力データ「00**1**」）

④ 続いて入力「0」に対する出力は「0」（入力データ「0110**1101**」，出力データ「001**0**」）

⑤ 続いて入力「1」に対する出力は「0」（入力データ「01101**101**」，出力データ「0010**0**」）

⑥ 続いて入力「1」に対する出力は「1」（入力データ「011011**01**」，出力データ「00100**1**」）

⑦ 続いて入力「0」に対する出力は「0」（入力データ「0110110**1**」，出力データ「001001**0**」）

⑧ 最後に入力「1」に対する出力は「0」（入力データ「01101101」，出力データ「0010010**0**」）

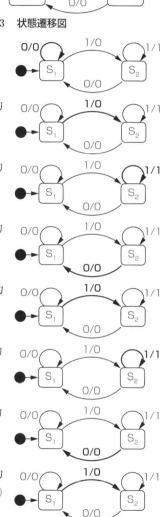

解答 出力　**00100100**　最終的な状態は S_2

総合問題のガイド

教科書「Python」「JavaScript」**p.176〜182**

*❶〜⓱ は Python，JavaScript 共通

❶　問題文省略。

解　説　教科書 p.5　③情報の定義と分類では，生命情報は生きていくための選択に役立てる情報。社会情報はコミュニケーションで用いられる情報。機械情報は社会情報の記号だけが独立した情報である。

解答(1)① 　c　② 　a　③ 　b　④ 　c　(2)[A] 　a　[B] 　c　[C] 　b

❷　図は，ある共通ポイントカードの会員ページにあるフォームである。この共通ポイントカードには多数の企業が加盟しており，加盟企業には会員の個人情報が提供される。会員はこのフォームを使えば，加盟企業への自身の個人情報の提供を停止することができる。会員から見た，このフォームのデザインにおける問題点をあげよ。

> ### 提携先への個人情報提供の停止
>
> 提携先への個人情報提供の停止をご希望の方は，以下のチェックを外してください。
>
> | AAA 株式会社 | ☑ |
> | BBB 株式会社 | ☑ |
> | CCC 株式会社 | ☑ |
> | ⋮ | |
> | ZZZ 株式会社 | ☑ |
>
> すべての提携先への個人情報提供を停止する　☑
> （停止する場合は，チェックを外してください）
>
> [前へ戻る]　[設定を変更する]

解答例▶ チェックを付けることによって，ある事象を遂行することが多いので，このようにチェックを外すという行為は間違いを起こしやすい。多くの利用者が，間違えて企業への情報提供をしてしまいやすい。

❸　解像度が 1024×768 ピクセルの画像がある。それが赤，緑，青各 256 階調で表現されていた場合，その画像のデータ量は何 [B] になるか。また，この画像を 1 フレームの静止画として，30 fps の割合で 4 分間連続して表示する動画を作成すると，そのデータ量は何 [GB] になるか。ただし，1 [GB]＝1024^3 [B] とする。

解答例▶・**解　説**▶ 教科書 p.56 参照

静止画像データ量　**2,359,296 B**

動画像データ量　**約 16 GB**

256 階調は 8 ビット＝1 B（バイト）。

1024×768 ピクセル×3色／ピクセル×1 B＝2,359,296 B

2,359,296 B/flame×30 flame/s×4 min×60 s/min÷1024^3 B/GB＝15.8 GB

4　解像度 1024×768 ピクセル，30 fps，24 ビットフルカラーの画質で録画すると，1 GB の動画データは約何秒になるか。

> **解　説**　教科書 p.56，57 参照　24 ビットフルカラーは 3 B。1 GB＝1024³ B
>
> 　1024³ B÷(1024×768 ピクセル/flame×3 B/ピクセル×30 flame /s)＝15.17秒

解答　約 **15 秒**

5　標本化周波数 44.100 [kHz]，量子化ビット数 16 ビット，ステレオで録音すると，1 MB の音声データは何秒になるか。

> **解　説**　教科書 p.54，55 参照　ステレオ録音ではモノラルの 2 倍の情報量となる。また，16 ビットは 2 B である。1 MB は 1024² B。
>
> 　1024² B÷(2×44100/s×2 B)＝5.9 秒

解答　約 **6 秒**

6　CD の音質は，標本化周波数 44.100 [kHz]，量子化ビット数 16 ビット，ステレオ (2 チャンネル) である。この音質でデジタル録音する時，1 秒あたり何 [KB] のデータ量になるか。また，1 時間録音した時のデータ量は何 [MB] になるか。ただし，圧縮しないものとする。

> **解　説**　教科書 p.54，55 参照　2×44100 /s×2 B÷1024 B/KB＝172 KB/s
>
> 　172 KB/s×3600 s/h÷1024 KB/MB＝605 MB

解答　1 秒あたり **約 172 KB**

　　　　1 時間で **605 MB**

7　A高校とB高校の間と，A高校とC高校の間をネットワークでつなぎ，データのやり取りができる。ただし，A-B間のネットワークが正常に稼動する確率は 0.8 で，A-C間は 0.9 とする。ここで，B高校とC高校にネットワークを新設すると，B高校を経由するルートとC高校へ直接やり取りするルートの 2 つのルートが出来上がるので，A高校とC高校間での正常にやり取りする確率を上げることができる。A高校とC高校間での正常にやり取りする確率を 0.95 以上にするには，B高校とC高校間に新設するネットワークの正常動作の確率を最低いくらにする必要があるか答えなさい。

> **解　説**　B高校とC高校の間の稼働率を x とする。ABC 間の稼働率は直列なので，それらの積 $0.8x$ となる。この経路が停止する確率は $1-0.8x$。AC 間の停止する確率は $1-0.9＝0.1$。ABC 間と AC 間は並列なので，どちらかが動作する確率は，$1-(1-0.8x)×0.1≧0.95$ より，$x≧0.625$

解答　**0.625**

⑧ 次の文章のうち，誤っているものはどれか。

ア．ウイルス対策ソフトウェアは，マルウェアにも有効である。

イ．公開鍵は暗号化の時に使い，復号の時には使わない。

ウ．ファイアウォールがあっても絶対に安全とは限らない。

エ．1ビットのパリティビットで検出できない誤りがある。

解　説 教科書 p.88〜93 参照　デジタル署名の利用では，複号は送信者の公開鍵で行う。

解答 イ

⑨ 次の文の空所に適当な語句を入れなさい。

集団の状態を表すのに用いられる代表値として，合計をデータ数で割った（　1　）がよく用いられる。しかし，より多くの人にメリットのある解決策を策定するには，最も多い値である（　2　）を用いたり，分布を考慮して集団の真ん中である（　3　）とその上下の中間にあたる（　4　）や（　5　）を調べたりする必要がある。(3)(4)(5)を表すグラフとして（　6　）がある。

解答 教科書 p.104 参照

(1)　平均値　　(2)　最頻値　　(3)　中央値　　(4)　第1四分位数

(5)　第3四分位数　　(6)　箱ひげ図

⑩ あるデータを使って統計量を計算した。その後，データの1つが外れ値であることがわかり，データから除くことにした。この時，平均値，中央値，最頻値の値はどのように変化するか。影響の大きさを比較して述べなさい。

解答例 平均値は大きく影響を受けやすいが，中央値，最頻値はあまり影響を受けない。平均値は大きな外れ値を除くと合計値が大きく変わり，分母のデータ数も1減るので影響が大きい。中央値は大きさ順に並べた中央の値であり，順位の変動が少なく影響は小さい。外れ値は最頻値になる可能性が低いので，最頻値への影響は少ない。

⑪ ある人にコインを投げて出る裏表を予測してもらったところ，5回連続で的中させた。この人に予知能力があるといえるか。有意水準5％で検定しなさい。コインの表と裏がでる確率は同じとする。

解　説 教科書 p.110 参照　コインの裏表が当たる確率は1/2。

帰無仮説は「この人に予知能力はない」とし，5回連続当たる確率を計算すると，

$$(1/2)^5 = 1/32 = 0.0313 < 0.05\,(5\,\%)$$

したがって帰無仮説は棄却され，有意性があり，予知能力はあるといえる。

解答 予知能力はあるといえる。

⑫　あるクラスの模擬試験の結果を右の表に示す。これについて、次の問いに有意水準5％で答えなさい。

(1)　A組の生徒とB組の生徒の結果には違いがみられるといえるか。

(2)　A組の生徒は、前回よりよかったといえるか。

(3)　A組の生徒は、昨年のA組の生徒よりよかったといえるか。

解答例▶・解説

(1)　A組とB組で有意な差は見られない。

組が違うので、対応のないデータである。

初めに等分散性の検定を行う。F-検定の結果より、等分散性がある。このときのt検定は

p値=0.0803＞有意水準 α=0.05 より、差がないとした帰無仮説は棄却されないので、A組とB組で点数の母平均に差があるといえない。

F-検定：2標本を使った分散の検定

	変数1	変数2
平均	55.7	60.325
分散	134.1641	138.3276
観測数	40	40
自由度	39	39
観測された分散比	0.969901	
P(F<=f) 片	0.462231	
F 境界値 片	0.586694	

t-検定：等分散を仮定した2標本による検定

	変数1	変数2
平均	55.7	60.325
分散	134.1641	138.3276
観測数	40	40
プールされた分類	136.2458	
仮説平均との差異	0	
自由度	78	
t	−1.77201	
P(T<=f) 片	0.040149	
t 境界値 片	1.664625	
P(T<=f) 両	0.080299	
t 境界値 両	1.990847	

生徒	今年 A組	(1) 今年 B組	(2) 前回 A組	(3) 前年 A組
1	32	59	19	82
2	40	51	57	43
3	49	39	40	56
4	66	70	64	71
5	52	80	63	66
6	73	67	50	36
7	57	67	32	57
8	51	67	66	49
9	51	78	60	48
10	61	46	52	49
11	35	70	61	45
12	66	63	50	45
13	63	43	31	40
14	64	57	35	49
15	55	81	53	41
16	78	65	49	49
17	46	73	35	68
18	50	56	53	62
19	63	35	58	32
20	41	54	42	49
21	50	65	43	58
22	61	38	53	61
23	69	63	61	59
24	30	58	56	50
25	56	57	47	39
26	69	60	56	56
27	56	73	40	51
28	55	52	65	46
29	40	57	50	59
30	61	76	38	31
31	66	54	41	27
32	54	72	60	61
33	62	64	77	55
34	59	52	44	64
35	70	37	76	61
36	73	69	37	55
37	51	55	34	48
38	60	64	61	66
39	39	67	51	
40	54	59	74	

T. TEST

$(,\ ,2,\ 2)$

両側　等分数

p 値＝0.080299

(2) A組は前回よりよかったといえる。組が同じなので，対応のあるデータであり，等分散性の検定は不要。p 値（片側）＝0.0341＜有意水準 α＝0.05 であり，帰無仮説「平均に差は無い」は棄却され，平均点 55.7 点と 50.9 点には有意差があり，成績がよかったといえる。

t-検定：一対の標本による平均の検定ツール

	変数1	変数2
平均	55.7	50.85
分散	134.1641	171.3615
観測数	40	40
ピアソン相関	0.125849	
仮説平均との差異	0	
自由度	39	
t	1.875954	
P(T<=f) 片側	0.03408	
t 境界値 片側	1.684875	
P(T<=f) 両側	0.068161	
t 境界値 両側	2.022691	

T.TEST
(, , 1, 1)
片側　対をなすデータ
p 値＝0.03408

(3) 昨年のA組よりよかったとはいえない。メンバーが違うので，対応のないデータである。初めに等分散性の検定を行う。

　　F-検定の結果より，等分散性がある。　このときの t 検定は

p 値（片側）＝0.0948＞有意水準 α＝0.05 より，差がないとした帰無仮説は棄却されないので，A組の成績は昨年のA組よりよかったとはいえない。

F-検定：2 標本を使った分散の検定

	変数1	変数2
平均	55.7	52.21053
分散	134.1641	136.6572
観測数	40	38
自由度	39	37
観測された分散比	0.981757	
P(F<=f) 片側	0.476389	
F 境界値 片側	0.583699	

T.TEST(, , 1, 3)
片側　非等分数
p 値＝0.094809

t-検定：等分散を仮定した2標本による検定

	変数1	変数2
平均	55.7	52.21053
分散	134.1641	136.6572
観測数	40	38
仮説平均との差異	0	
自由度	76	
t	1.3236	
P(T<=t) 片側	0.094802	
t 境界値 片側	1.665151	
P(T<=t) 両側	0.189604	
t 境界値 両側	1.991673	

⓭ 学校で行った2つのイベントに対して、生徒と来場者に○、△、×で評価してもらったところ、次のような結果が得られた。

イベントA

	○	△	×	計
生徒	576	324	75	975
来場者	197	125	12	334
全体	773	449	87	1309

イベントB

	○	△	×	計
生徒	585	342	72	999
来場者	186	119	11	316
全体	771	461	83	1315

(1) それぞれのイベントについて、生徒の評価と来場者の評価には相関があると考えてよいか。有意水準5%で答えなさい。

(2) イベントA、Bのうち、生徒と来場者との間に評価のずれが大きかったのはどちらか。

(3) (2)のイベントで、生徒と来場者の評価にどのような差があるか述べなさい。

解答例▶・解説 教科書p.119参照 (1) カイ二乗検定より、イベントA、Bとも p 値が 0.05 より小さいため生徒と来場者の評価には相関があるといえる。

(2) カイ二乗値は期待度からのずれの度合いであり、また、p 値も A<B なので、イベントAの方が評価のずれが大きい。

(3) イベントA、Bとも、期待度に対して生徒は△が少ない分×が多くなっている。来場者はその逆であり、イベントに対する評価が高くなっている。

A、Bそれぞれのクロス集計表を作る。教科書p.119の例題2を参照する。

自由度＝(行数−1)×(列数−1)＝1×2＝2

カイ二乗検定の有意水準5%の棄却値は教科書p.119 表3より 5.991

エクセルの新しいバージョンでは CHITEST 関数→CHISQ.TEST 関数、CHIINV 関数→CHISQ.INV.RT 関数

イベントA

	○	△	×	計
生徒	576	324	75	975
来場者	197	125	12	334
全体	773	449	87	1309

期待度数A

	○	△	×	計
生徒	576	334	65	975
来場者	197	115	22	334
全体	773	449	87	1309

自由度	2
p 値	0.022744
x^2 値	7.566951

イベントB

	○	△	×	計
生徒	585	342	72	999
来場者	186	119	11	316
全体	771	461	83	1315

期待度数B

	○	△	×	計
生徒	586	350	63	999
来場者	185	111	20	316
全体	771	461	83	1315

自由度	2
p 値	0.047658
x^2 値	6.087429

⓮ 図のように石垣を積み上げた。この構造では、どの石にも上に載っている石が受ける力の合計の半分の力がかかるものとする。すべての石が 60 kg（重力が 60 kg重）であるとして、石垣を 8 段積み上げた時、それぞれの石の下の面にかかる力は何 kg重になるか求めなさい。さらに最上段に 10 個の石がならぶ8段の石垣を作った場合、下面に最も大きな力のかかる石では、その力は何 kg重になるか。

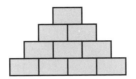

解　説 表計算ソフトウェアでシミュレーションを行うとよい。右側の図は各セルに対応したブロックを示す。8段の最下段では左から各ブロックに，120，235，333，392，392，333，235，120 kg重の重力がかかる。

C5 のセルには「＝＋B4/2＋C4/2＋$B$3（自重）」が入っている。このように，上に乗ったブロックにかかっている重さの半分が加わるように式を作るとよい。

◢	A	B	C	D	E	F	G	H	I	J	K	L	M	N	O	P	Q	R	S	T
1																				
2	段													b3						
3	1	60											b4		c4					
4	2	90	90									b5		c5		d5				
5	3	105	150	105							b6		c6		d6		e6			
6	4	113	188	188	113					b7		c7		d7		e7		f7		
7	5	116	210	248	210	116														
8	6	118	223	289	289	223	118													
9	7	119	231	316	349	316	231	119												
10	8	120	235	333	392	392	333	235	120											

上に 10 個ならべた場合，最下段の中央 5 個に480 kg重 の重力がかかる。

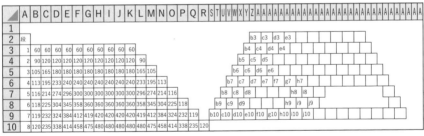

解答例 8 段のとき　順に，120，235，333，392，392，333，235，120 kg重
　　　　　10 段のときの最大荷重　**480 kg重**

🔢 2000 m² の牧草地に牛が 5 頭放されている。1 頭の牛は 1 日に100 m² の牧草を食べ，牧草は1 日経つと 1.2 倍に増えるものとする。次の設問に対して，表計算ソフトウェアを使ってシミュレーションしなさい。

(1) 1 日ごとに牧草の面積はどう変化するか。

(2) 牛も牧草も 24時間同じ速さで活動するものとすると，1 時間ごとに牧草の面積はどう変化するか。なお，1 時間あたりの牛の食べる量は (100/24) m²，牧草の成長は {1.2^(1/24)} 倍で表される。

(3) (2)のモデルで牧草の初期条件を変えて，5 頭の牛を養うためには最低何 m² の牧草が必要か求めなさい。

[解答例]▶・解 説

(1) 1日ごとの牧草の面積の変化を示す。牛が食べるのと牧草が増えるのと，順序によって変わるのがわかる。

(a)では B4 のセルに「＝＋C4－$D$4」，C4 のセルに「＝＋B3*1.2」を入れる。

(b)では G4 のセルに「＝＋1.2*H4」，H4 のセルに「＝＋G3－$I$4」を入れる。

	A	B	C	D	E	F	G	H	I
1	(a) 牧草が増えてから牛が食べる					(b) 牛が食べてから牧草が増える			
2	日	面積	増加後面積	減少面積		日	面積	減少後面積	減少面積
3	0	2000				0	2000		
4	1	1900	2400	500		1	1800	1500	500
5	2	1780	2280			2	1560	1300	
6	3	1636	2136			3	1272	1060	
7	4	1463	1963			4	926	772	
8	5	1256	1756			5	512	426.4	
9	6	1007	1507			6	14	11.68	
10	7	708	1208			7	-583	-485.984	
11	8	350	850						
12	9	-80	420						

(2) 1時間ごとの3日間の牧草の面積の変化を示す。

(a)では B5 のセルに「＝＋C5－$D$5」，C5 のセルに「＝＋1.2^(1/24)*B4」を入れる。

(b)では G5 のセルに「＝＋1.2^(1/24)*H5」，H5 のセルに「＝＋G4－$I$5」を入れる。なお，D5 のセルに「＝100/24*5」を入れる。

	A	B	C	D	E	F	G	H	I
1	(a) 牧草が増えてから牛が食べる					(b) 牛が食べてから牧草が増える			
2	1時間ごとの集計 (a)					1時間ごとの集計 (b)			
3	時間	面積	増加後面積	減少面積		時間	面積	減少後面積	減少面積
4	0	2000				0	2000		
5	1	1994	2015	20.83333		1	1994	1979	20.83333
6	2	1989	2010			2	1988	1973	
7	3	1983	2004			3	1983	1968	
8	4	1977	1998			4	1977	1962	
9	5	1972	1992			5	1971	1956	
72	68	1505	1526			68	1491	1480	
73	69	1496	1516			69	1481	1470	
74	70	1486	1507			70	1472	1460	
75	71	1477	1498			71	1462	1451	
76	72	1467	1488			72	1452	1441	

(3) 牧草が減少しないように初期条件を変えるとよい。

(a)では牧草の面積を 2732 m^2, (b)では 2753 m^2 にする。

	A	B	C	D	E	F	G	H	I
1	1時間ごとの集計 (a)					1時間ごとの集計 (b)			
2	時間	面積	増加後面積	減少面積		時間	面積	減少後面積	減少面積
3	0	2732				0	2753		
4	1	2732	2753	20.83333		1	2753	2732	20.83333
5	2	2732	2753			2	2753	2732	
6	3	2732	2753			3	2753	2732	
7	4	2732	2753			4	2753	2732	
8	5	2732	2753			5	2753	2732	
73	70	2732	2753			70	2753	2732	
74	71	2732	2753			71	2753	2732	
75	72	2732	2753			72	2753	2732	

16 あるお菓子には 10 種類の景品がある。1 つのお菓子には必ず景品のどれか 1 つが同じ確率で入っているものとして，全部の景品を集めるには何個買えばよいか。

(1) 実際に買うとお金がかかるので，別の何かを使ってこの現象を実験できるようにモデル化しなさい。

(2) 1 人 10 回試行を行って必要なお菓子の個数を調べ，各自で標本平均を計算しなさい。

(3) 得られた標本平均をクラスで集計し，期待値 (平均値) と 95 % 信頼区間を求めなさい。

ヒント (1) 景品に番号を1~10 までふる。表計算ソフトウェアのあるセルに「=INT(RAND()*10)+1」を入れ，このセルを表の各セルにコピーして，1 から 10 まで全てそろう試行回数を調べる。

(2) (1)の調査を 10 回行い，その平均回数を求める。

(3) クラス全員で集計し，その平均値が期待値になる。95 % 信頼区間は，クラスの平均値 $\pm 1.96 \times \dfrac{標準偏差}{\sqrt{クラスの人数}}$ で得られる。

解答例 (1) 表計算ソフトウェアを用い，各生徒が以下の集計表のセルに乱数を発生させ，1 ~10 の数字が全てそろう回数を記録する。次のページは集計例である。

生徒	1	2	3	4	5	6	7	8	9	10	11	12	13	14	15	16	17	18	19	20	21	22	23	24	25	26	27	28	29	30	完成回
1	6	7	3	3	7	1	6	7	8	3	10	3	4	3	10	7	2	7	9	9	1	10	5	5	4	1	3	4	5	8	25
2	7	3	6	2	2	4	3	4	6	2	2	3	10	7	8	4	5	9	3	6	6	3	5	1	10	8	3	4	9	6	24
3	10	10	7	10	9	3	10	8	6	6	6	4	3	2	4	5	8	9	3	8	1	6	3	2	8	3	4	9	4	4	21
5	9	3	3	4	2	6	2	2	4	1	4	9	7	2	9	5	5	4	3	1	1	2	10	3	2	3	2	3	5	2	23
6	5	5	9	1	6	1	8	3	4	10	6	4	10	5	2	2	9	8	6	2	2	8	10	6	4	5	10	3	8	8	17
7	6	6	6	10	9	8	10	7	5	7	6	2	10	9	2	4	3	1	8	9	1	10	8	10	6	8	9	6	9	8	18
8	2	8	4	3	5	9	6	1	2	10	10	10	8	6	6	9	6	8	1	1	6	1	9	6	8	9	4	8	7	8	29

(2)　(1)の操作を各自 10 回行い，その標本平均を記録する。

(3)　生徒がもし 40 人ならば，セル C3～C42 に各生徒の標本平均を入れる。

　　　セル F4 に「＝AVERAGE(C3:C42)」を入れる。

　　　セル F5 に「＝VAR.S(C3:C42)」を入れる。

　　　セル F6 に「＝SQRT(F5/F3)」を入れる。

　　　セル F8 に「＝F4−F6＊1.96」，セル H8 に「＝F4−F6＊1.96」を入れる。

　　　下に(2)，(3)の実行例を示す。

	A	B	C	D	E	F	G	H
1								
2		生徒	標本平均					
3		1	22.0		サンプル数 n	40		
4		2	20.8		期待値	21.5		
5		3	21.5		不偏分散 u2	0.707		
6		5	21.3		SQRT(u2/n)	0.133		
7		6	22.6					
8		7	21.9		95% 信頼区間	21.2	～	21.8

17　次の各問いに答えなさい。

(1)　表計算ソフトウェアを使って正規分布に従う乱数を発生させ，平均 0，標準偏差 0.80 のデータ 10 個からなる標本を 100 個作りなさい。

(2)　これらの標本平均について，0.00 から 1.00 までの 0.01 間隔の度数分布をとりなさい。

(3)　度数分布を棒グラフ（ヒストグラム）にしなさい。

(4)　度数分布から 5 区間の移動平均をとり，折れ線グラフにしなさい。

総合問題のガイド

解答例▶・解説

(1), (2), (3), (4)

	A	B	C	D	E	F	G	H	I	J	K	L	M	N	O	P	Q	R	S
1	標本	1	2	3	4	5	6	7	8	9	10	平均		母平均	標準偏差		度数分布		
2	1	0.58	0.12	1.26	0.22	1.57	0.86	-0.45	-0.03	-1.18	0.97	0.39		0	0.8		階級	度数	移動平均
3	2	-0.75	0.43	-0.58	-1.61	-0.89	0.59	0.20	-0.57	-2.08	0.40	-0.49					-1	0	
4	3	-0.58	0.27	-0.55	0.24	-0.22	-0.06	-0.35	-1.86	-0.61	1.08	-0.26					-0.9	0	
5	4	-0.54	1.04	0.16	1.49	-0.78	-0.71	0.39	-0.56	0.75	-0.34	0.09					-0.8	0	0.6
6	5	0.42	0.19	2.09	-0.69	1.85	1.66	0.23	-0.29	-0.05	-0.66	0.47					-0.7	1	1.4
7	6	-1.38	-0.01	0.49	-0.66	0.34	-0.07	-0.82	-0.16	-0.72	-0.80	-0.38					-0.6	2	2.6
8	7	-0.95	1.71	-0.55	-0.61	1.06	-0.90	-0.73	-1.37	0.03	-2.59	-0.49					-0.5	4	4.4
9	8	1.19	-0.01	1.38	-0.09	-0.80	0.17	-1.43	-0.34	0.25	-0.14	0.02					-0.4	6	7
10	9	-1.26	-0.71	-1.23	0.12	-1.36	-0.24	1.14	-0.35	-0.11	-0.65	-0.46					-0.3	9	9.6
11	10	0.73	-0.29	0.18	-0.41	-0.54	0.17	-0.60	0.78	1.04	1.53	0.26					-0.2	14	12.2
12	11	-0.79	-0.59	0.18	0.48	0.19	0.76	0.43	1.13	-1.00	0.25	0.10					-0.1	15	13.4
13	12	0.28	0.19	1.21	0.38	-0.59	0.58	-2.43	0.38	0.21	-0.51	-0.03					0	17	13.6
14	13	-1.12	-0.69	0.91	-1.16	0.09	0.53	0.56	-0.20	-0.13	0.14	-0.11					0.1	12	12.2
15	14	1.04	-0.44	-0.33	-0.53	1.16	-0.55	0.52	-0.35	-0.22	-2.16	-0.19					0.2	10	9.8
16	15	-0.30	-0.22	-0.63	-1.17	1.42	-0.41	-0.15	-1.12	1.06	-1.17	-0.27					0.3	7	6.4
17	16	-0.37	-0.53	0.02	-0.28	0.44	1.05	-0.83	-1.40	1.40	0.01	-0.05					0.4	3	4
18	17	-0.83	-0.66	0.50	-0.26	-0.33	-0.57	-0.90	0.58	0.56	0.40	-0.15					0.5	0	2
19	18	-0.58	-0.84	0.08	0.25	1.32	-0.83	-0.72	0.81	0.25	0.29	0.00					0.6	0	0.6
20	19	-1.42	-0.63	0.18	0.88	0.33	0.03	0.13	1.49	0.32	0.01	0.13					0.7	0	0
21	20	1.01	0.46	0.21	0.94	0.19	1.51	-1.27	0.25	-0.86	0.00	0.25					0.8	0	0
22	21	0.41	-1.13	-0.63	-0.28	-0.76	1.26	0.17	-1.75	-0.32	0.07	-0.23					0.9	0	
23	22	-0.37	1.51	-0.20	-1.01	-0.48	-0.43	-0.29	-0.59	-0.55	0.91	-0.15					1	0	
24	23	0.79	1.06	1.74	-0.27	-0.27	0.60	-0.39	-0.03	-0.57	-0.28	0.24					1.1		
25	24	0.09	-0.48	0.46	-0.40	-0.60	-0.41	-0.77	-0.08	0.27	0.14	-0.18					計	100	

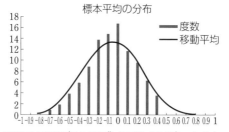

標本平均の分布

■ 度数
― 移動平均

セル B2 に「=NORM.INV(RAND(),$N$2,$O$2)」を入れ，標本のセル全てにコピーする。

度数はセル R3 に「=COUNTIF($L$2:$L$102,"<"&Q3)-COUNTIF($L$2:$L$102,"<"&Q2)」を入れる。

移動平均はセル S5 に「=AVERAGE(R3:R7)」を入れ，それぞれ下のセルにオートフィルを行う。グラフは「集合縦棒」を使う。

18　配列 a のデータをクイックソートと呼ばれる方法で整列するプログラムを考える。次の説明文を読んで，各問いに答えなさい。

(1) 基準値を決める。

整列範囲の中で基準値 kijun を決める。ここでは基準値を先頭と末尾の平均を整数化した値にする。変数 start，end，left，right を右下の表のように決めると，下の例では，kijun は 5，start は 0，end は 8 になる。最初，left に start の値を，right に end の値をそれぞれ代入しておく。

start	整列範囲の先頭位置の要素の添字（先頭位置）
end	整列範囲の末尾位置の要素の添字（末尾位置）
left	基準値より大きい値を探す際に使用する添字（左の位置）
right	基準値より小さい値を探す際に使用する添字（右の位置）

left → ... ← right

left	kijun	right	a[0]	a[1]	a[2]	a[3]	a[4]	a[5]	a[6]	a[7]	a[8]
0	5	8	4	8	6	5	2	1	3	9	7

start ... end

(2) a[left] が kijun より大きな値が見つかるまで left を 1 つ右に進め，a[right] が kijun より小さな値が見つかるまで right を 1 つ左に進める。

left と right が衝突しなければ，a[left] と a[right] を交換し，left を 1 つ右に進め，right を 1 つ左に進める。この作業を衝突するまで繰り返す。

left	kijun	right	a[0]	a[1]	a[2]	a[3]	a[4]	a[5]	a[6]	a[7]	a[8]
1	5	6	4	8	6	5	2	1	3	9	7
2	5	5	4	3	6	5	2	1	8	9	7
3	5	4	4	3	1	5	2	6	8	9	7

(3) 下図のように衝突したら繰り返しを終了する。この時点で，基準値より小さいグループと大きいグループに分割されていることになる。分割されたそれぞれのグループのデータに対して同様の処理を繰り返していくと，最終的にすべてのデータが小さい順に整列する。

left	kijun	right	a[0]	a[1]	a[2]	a[3]	a[4]	a[5]	a[6]	a[7]	a[8]
4	5	3	4	3	1	2	5	6	8	9	7

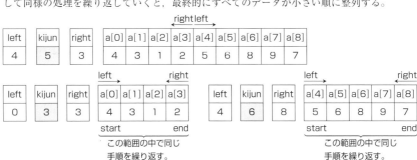

left	kijun	right	a[0]	a[1]	a[2]	a[3]
0	3	3	4	3	1	2

start ... end

この範囲の中で同じ手順を繰り返す。

left	kijun	right	a[4]	a[5]	a[6]	a[7]	a[8]
4	6	8	5	6	8	9	7

start ... end

この範囲の中で同じ手順を繰り返す。

● Python

①	def quickSort(start, end):	①	quickSort関数（先頭の添字,末尾の添字）
②	kijun = int((a[start] + a[end]) / 2)	②	範囲の中央の値を基準値にする
③	left = start	③	左の位置leftに先頭位置startを代入する
④	right = end	④	右の位置rightに末尾位置endを代入する
⑤	while True:	⑤	無限ループ
⑥	while a[left] < kijun:	⑥	左の値a[left]が基準値kijunより小さいならば
⑦	left = left + 1	⑦	左leftを1つ右に進める
⑧	while kijun < a[right]:	⑧	右の値a[right]が基準値kijunより大きいならば
⑨	right = right − 1	⑨	右rightを1つ左に進める
⑩	if right <= left:	⑩	leftとrightが交差したならば
⑪	break	⑪	無限ループを抜け出す
⑫	tmp = a[left]		
⑬	(ア) = (イ)	⑫〜⑭	左の値a[left]と右の値a[right]を交換する
⑭	a[right] = tmp		
⑮	left = left + 1	⑮	左leftを1つ右に進める
⑯	right = right − 1	⑯	右rightを1つ左に進める
⑰	if (ウ) < (エ) :	⑰	左の範囲に2つ以上のデータがあるならば
⑱	quickSort((ウ) , (エ))	⑱	左の範囲のデータを整列する（再帰呼び出し）
⑲	if (オ) < (カ) :	⑲	右の範囲に2つ以上のデータがあるならば
⑳	quickSort((オ) , (カ))	⑳	右の範囲のデータを整列する（再帰呼び出し）
㉑	a = [4,8,6,5,2,1,3,9,7]	㉑	整列前のデータ
㉒	print('整列前 = ', a)	㉒	整列前のデータの表示
㉓	quickSort(0, len(a) − 1)	㉓	先頭から末尾まで整列する関数の呼び出し
㉔	print('整列後 = ', a)	㉔	整列後のデータの表示

● JavaScript

①	<script>		
②	function quickSort(start,end){	②	quickSort関数（先頭の添字,末尾の添字）
③	var kijun = Math.floor((a[start] + a[end])/ 2);	③	先頭と末尾の平均を基準値にする
④	var left = start;	④	左の位置leftに先頭位置startを代入する
⑤	var right = end;	⑤	右の位置rightに末尾位置endを代入する
⑥	while (true){	⑥	無限ループ
⑦	while (a[left] < kijun){	⑦	左の値a[left]が基準値kijunより小さい ならば
⑧	left++;	⑧	左leftを1つ右に進める
⑨	}		
⑩	while (kijun < a[right]){	⑩	右の値a[right]が基準値kijunより大きい ならば
⑪	right−−;	⑪	右rightを1つ左に進める
⑫	}		
⑬	if (right <= left){	⑬	leftとrightが衝突したならば

⑭	`break;`		⑭ 無限ループを抜け出す
⑮	`}`		
⑯	`var tmp = a[left];`		⑯〜⑱ 左の値a[left]と右の値a[right]を交換
⑰	`(ア) = (イ);`		する
⑱	`a[right] = tmp;`		
⑲	`left++;`		⑲ 左leftを1つ右に進める
⑳	`right--;`		⑳ 右rightを1つ左に進める
㉑	`}`		
㉒	`if ( (ウ) < (エ) ){`		㉒ 左の範囲に2つ以上のデータがあるならば
㉓	`quickSort( (ウ) , (エ) );`		㉓ 左の範囲のデータを整列する(再帰呼び
㉔	`}`		出し)
㉕	`if ( (オ) < (カ) ){`		㉕ 右の範囲に2つ以上のデータがあるならば
㉖	`quickSort( (オ) , (カ) );`		㉖ 右の範囲のデータを整列する（再帰呼び
㉗	`}`		出し)
㉘	`}`		
㉙	`var a = [4,8,6,5,2,1,3,9,7];`		㉙ 整列前のデータ
㉚	`var msg = '整列前 = ' + a;`		㉚ 整列前の表示用文字列
㉛	`quickSort(0, a.length-1);`		㉛ 先頭から末尾まで整列する関数の呼び出し
㉜	`msg = msg + '¥n' + '整列後 = ' + a;`		㉜ 整列前+整列後の表示用文字列
㉝	`alert(msg);`		㉝ 整列前+整列後のデータの表示

㉞ `</script>`

実行結果

　整列前 ＝4，8，6，5，2，1，3，9，7

　整列後 ＝1，2，3，4，5，6，7，8，9

a．(ア)〜(カ)に当てはまる内容を答えなさい。

b．基準値として整列範囲の先頭と末尾の中央に存在する値とする場合に，上記の②行をどのように変更したらよいか答えなさい。

解 説 (ア)，(イ)は並べ替えの手順。Tmp の変数に退避させて交換。

　　(ウ)，(エ)は左側の範囲に2つ以上のデータがあるときは start＜left−1 となる。

　　(オ)，(カ)は右側の範囲に2つ以上のデータがあるときは right＋1＜end となる。

解答例 a． ・Python でも JavaScript でも同じ答えになる。

　　(ア) **a[left]**　(イ) **a[right]**　(ウ) **start**　(エ) **left−1**

　　(オ) **right＋1**　(カ) **end**

　b． ●**Python**　　**kijun＝a[int((start＋end)/2)]**

　　　 ●**JavaScript**　　**var kijun＝a[Math.floor((start＋end)/2)];**

教科書「Python」p.182

19　モンテカルロ法を用いて円周率の計算をしたい。空欄の(ア)〜(カ)に当てはまる数値や記号，コードを答えなさい。

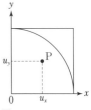

図1のように半径1の4分円を含む。1辺が1の正方形を考え，0以上1未満の乱数 u_x と u_y を発生させ，座標 (u_x, u_y) の点Pを正方形内に配置する。正方形内の内部に n 個のランダムな点を配置し，このうち，4分円の内部に配置される点の数を $count$ とする。ランダムな点が4分円の内部にある相対度数 $\dfrac{count}{n}$ は，n が十分大きい場合，正方形と4分円の面積比から得られる確率にほぼ等しくなる。円周率を π とすると，

$$相対度数 = \frac{count}{n} = \frac{4分円の面積}{正方形の面積} = \boxed{(ア)}$$

したがって，円周率 π の値は，$\pi = \boxed{(イ)}$ となる。

図2のように5000個の点のうち，4分円の内側に赤色の点を，外側に青色の点を表示させ，計算した円周率の値をその下に表示させる。プログラムは図3のようになる。グラフは散布図を描く関数を用いて描画する。色と点の大きさをキーワード引数で指定すると，描画関数は以下のようになる。

> plt.scatter (x 座標, y 座標, c='点の色', s=点の大きさ)

図3のプログラムでは，引数の「x 座標」と「y 座標」には，点の x 座標と y 座標をそれぞれ設定し，「点の色」には，赤色の場合は「red」を，青色の場合は「blue」を設定する。また，「点の大きさ」には「5」を設定する。

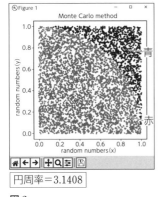

円周率＝3.1408

図2

```
import random
import matplotlib.pyplot as plt
n = 5000
count = 0
for i in range (n) :
    ux = random.random( )
    uy = random.random( )
    if   [  (ウ)  ] <= 1.0:
        count = count + 1
        [       (エ)       ]
    else:
        [       (オ)       ]
print('円周率 = ', [  (カ)  ] )
plt.title ('Monte Carlo method')
plt.xlabel ('random numbers(x)')
plt.ylabel ('random numbers(y)')
plt.show( )
```

図3

解　説 (ア) $(\pi \times 1^2)/(4 \times 1^2)$。　　(イ)　4×相対度数。

(ウ)　点が円内にある条件は x, y の二乗の和が1以下になる。

(エ)　点が円とその内部にあるとき，大きさ5の点をその座標位置に赤で表示する。

(オ)　点が円の外部にあるとき，大きさ5の点をその座標位置に青で表示する。

(カ)　(イ)の式で求まる。

解答例 (1) (ア)　$\pi/4$　　(イ)　$\dfrac{4count}{n}$　　(ウ)　ux**2+uy**2

(エ)　plt.scatter(ux, uy, c='red', s=5)

(オ)　plt.scatter(ux, uy, c='blue', s=5)　(カ)　4*count/n

教科書「JavaScript」p.182

19 モンテカルロ法を用いて円周率の計算をしたい。空欄の(ア)〜(カ)に当てはまる数値や記号，コードを答えなさい。

図1のように半径1の4分円を含む，1辺が1の正方形を考え，0以上1未満の乱数 u_x と u_y を発生させ，座標 (u_x, u_y) の点Pを正方形内に配置する。正方形内の内部に n 個のランダムな点を配置し，このうち，4分円の内部に配置される点の数

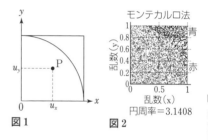

図1　　　　図2

を $count$ とする。ランダムな点が4分円の内部にある相対度数 $\dfrac{count}{n}$ は，n が十分大きい場合，正方形と4分円の面積比から得られる確率にほぼ等しくなる。円周率を π とすると，

相対度数$=\dfrac{count}{n}=\dfrac{4分円の面積}{正方形の面積}=\boxed{(\tau)}$ したがって，円周率 π の値は，$\pi=\boxed{(\tau)}$ となる。

図2のように5000個の点のうち．4分円の内側に赤色の点を，外側に青色の点を表示させ，計算した円周率の値をその下に表示させる。プログラムは次のようになる。グラフは散布図を描く関数を用いて描画する。

```
<body>
  <div id="stage"></div>
  <script src="https://cdn.plot.ly/plotly-latest.min.js"></script>
  <script>
  var graph0 = {x: [ ],y: [ ],type: 'scatter', mode: 'markers',
    marker:{color : 'red',size: 3}};
  var graph1 = {x: [ ],y: [ ],type: 'scatter', mode: 'markers',
    marker:{color : 'blue',size: 3}};
  var data = [graph0, graph1];
  var layout = {title: 'モンテカルロ法',
    xaxis: {title: '乱数(x)',range: [0, 1.1]},
    yaxis: {title: '乱数(y)',range: [0, 1.1]}
  };
```

```
var n = 5000;
var count = 0;
for (var i = 0; i < n; i++){
  var ux = Math.random();
  var uy = Math.random();
  if (          (ウ)          <= 1.0){
    count = count + 1;
              (エ)
  }else{
              (オ)
  }
}
var area = document.getElementById('stage');
Plotly.plot(area, data, layout);
document.write('円周率 = ',          (カ)          );
</script>
</body>
```

図3

解　説 Python の総合問題⑲を参照。

解答例 (ア) $\pi/4$ (イ) $\dfrac{4count}{n}$ (ウ) ux*ux＋uy*uy

(エ) graph0.x.push(ux);graph0.y.push(uy);

(オ) graph1.x.push(ux);graph1.y.push(uy) (カ) 4*count/n